ÊTRE

INDICATIF

Présent
je suis
tu es
elle est
nous sommes
vous êtes
ils sont

Imparfait
j'étais
tu étais
elle était
nous étions
vous étiez
ils étaient

Passé composé
il a été
ils ont été

Plus-que-parfait
elle avait été
elles avaient été

Futur simple
je serai
tu seras
elle sera
nous serons
vous serez
ils seront

Passé simple
je fus
tu fus
elle fut
nous fûmes
vous fûtes
ils furent

Passé antérieur
il eut été
ils eurent été

Futur antérieur
elle aura été
elles auront été

SUBJONCTIF

Présent
que je sois
que tu sois
qu'elle soit
que nous soyons
que vous soyez
qu'ils soient

CONDITIONNEL

Présent
je serais
tu serais
elle serait
nous serions
vous seriez
ils seraient

IMPÉRATIF

Présent
sois
soyons
soyez

PARTICIPE

Présent
étant

Passé
été

Ortho Collège 5e

Daniel BERLION
Inspecteur d'académie

Catherine KMIECKOWIAK
Professeur en collège

HACHETTE
Éducation

Som

Orthographe grammaticale

Conjuguer...

Conjuguer...

Accorder...

Accorder...

Ne pas confondre...

Maquette de la couverture et de l'intérieur : Laurent CARRÉ - Mise en page : Stéphanie BENOIT

ISBN : 2011253969 - © HACHETTE LIVRE, 2006 - 43, quai de Grenelle, 75905 PARIS Cedex 15 - www.hachette-education.com

maire

Orthographe lexicale

Écouter pour bien écrire

La phrase et des lettres

Des mots à connaître

Ne pas confondre...

1 Le présent de l'indicatif : être-avoir, verbes du 1er groupe

Pour débuter

Les verbes du 1er groupe en bleu sont conjugués au présent de l'indicatif. Trouvez le pronom personnel sujet qui convient pour compléter chaque phrase.

1 … cherches tes clés.

a) Tu
b) Nous
c) Ils

2 … présente son carnet de correspondance.

a) Ils
b) Vous
c) Elle

3 … écoute les conseils de mon professeur.

a) Vous
b) Elles
c) J'

4 … éclatons de rire.

a) Tu
b) Il
c) Nous

5 … proclament leur innocence.

a) Je
b) Elle
c) Ils

À retenir

Le présent de l'indicatif exprime généralement des actions qui se déroulent au moment où l'on parle, où l'on écrit.

		auxiliaires		1er groupe
		être	**avoir**	**entrer**
singulier	1re pers.	*je suis*	*j' ai*	*j'entre*
	2e pers.	*tu es*	*tu as*	*tu entres*
	3e pers.	*elle est*	*elle a*	*elle entre*
pluriel	1re pers.	*nous sommes*	*nous avons*	*nous entrons*
	2e pers.	*vous êtes*	*vous avez*	*vous entrez*
	3e pers.	*ils sont*	*ils ont*	*ils entrent*

Il faut bien connaître les formes des deux auxiliaires - **avoir** et **être** - au présent de l'indicatif puisqu'elles sont utilisées pour former le passé composé.

Astuce

Pour les auxiliaires, certaines formes sont homophones (même prononciation). Pour éviter les erreurs, il faut **chercher le verbe et la personne à laquelle il est conjugué** avant d'écrire la forme correcte.
On peut aussi essayer de **changer de personne** et on entend alors la différence.

Tu [ε] peureux.	*auxiliaire être*	2e personne du singulier	→	*es*
Il [ε] peureux.	*auxiliaire être*	3e personne du singulier	→	*est*
J'[ε] peur.	*auxiliaire avoir*	1re personne du singulier	→	*ai*
Tu [a] peur.	*auxiliaire avoir*	2e personne du singulier	→	*as*
Elle [a] peur.	*auxiliaire avoir*	3e personne du singulier	→	*a*

Attention

Pour les verbes du 1er groupe, quatre terminaisons sont **muettes** :
j'entre ; tu entres ; il entre ; elles entrent
Il faut donc bien chercher la personne à laquelle le verbe est conjugué.

Même si le verbe **aller** se termine par **-er** à l'infinitif, il n'appartient pas au 1er groupe, puisque ses formes conjuguées ne sont pas régulières.

Exercices

1 *Complétez ces phrases avec un sujet (pronom personnel ou nom) qui convient.* *Difficulté* ■□□

1. … sommes devant le portail.
2. … refuses de te laisser distancer.
3. … avez les pieds nus.
4. … pousse mon caddie.
5. … imitent ces chanteurs.
6. … ai la tête ailleurs.
7. … n'êtes pas d'accord avec nous.
8. … décolle dans un bruit d'enfer.

2 *Écrivez les verbes en bleu au présent de l'indicatif.* *Difficulté* ■■□

1. Très satisfaits de votre travail, vous se frotter les mains.
2. Tu se ridiculiser en te costumant en bergère.
3. Grand-père nous raconter toujours la même histoire.
4. Concernant nos prochaines vacances, nous être encore dans le doute.
5. Les organisateurs annuler le concert prévu en fin de semaine.
6. Grégory s'affirmer comme un excellent nageur.
7. Fatiguée, tu avoir des cernes sous les yeux.
8. Je ne pas supporter l'odeur du chou-fleur.

3 *Conjuguez les verbes en bleu de ces expressions au présent de l'indicatif. N'oubliez pas de modifier éventuellement les déterminants placés devant les noms.* *Difficulté* ■■□

1. détourner le regard
2. parler entre ses dents
3. regagner sa chambre
4. être chez ses amis
5. avoir une place réservée
6. préparer ses affaires

4 *Écrivez les verbes en bleu au présent de l'indicatif en utilisant chacun des sujets proposés.* *Difficulté* ■■□

ne pas respecter les instructions et ne pas arriver à brancher l'imprimante

1. Je …
2. Nous …
3. Tu …
4. Vous …
5. Léonard …
6. Ces élèves …

5 *Complétez ces phrases uniquement avec un verbe du 1er groupe de votre choix. Vous l'écrirez au présent de l'indicatif.* *Difficulté* ■■■

1. En fin de journée, nous … en vain contre le sommeil.
2. Les pions … sous la table et Sylvia les … un à un.
3. Tu … les détails de ce vitrail de la cathédrale de Chartres.
4. Les électeurs … en grand nombre en ce dimanche d'avril.
5. Le chef de gare … aimablement les voyageurs.
6. Je ne … pas de ta sincérité dans cette affaire.
7. En ville, on ne … pas un air très pur.
8. Nous … un équipement spécial pour faire de la plongée.

Pour terminer

10 min

Copiez ces phrases en écrivant les verbes en bleu au présent de l'indicatif.

1. Je proposer une sortie au parc d'attractions.
2. Ces secrétaires utiliser des ordinateurs perfectionnés.
3. Tu demander un certificat de scolarité.
4. Le principal se trouver dans son bureau.
5. Nous retourner au collège après la visite du centre équestre.
6. Vous ne pas oublier votre badge pour le self.
7. Tu avoir confiance en toi.
8. L'autobus avoir un peu de retard.
9. Mon vélo être contre le mur.
10. Tu dévaler les escaliers car tu être pressé.

Dictée préparée

Guy s'approche et lance à la jeune fille :
« - Si tu arrives d'Espagne, la France te semble sûrement, comme à moi, un pays triste et gris.
- Il l'est, avoue-t-elle sans même tourner les yeux vers lui.
- Le soleil ne te manque pas ?
- Le soleil n'est pas tout. »
Et elle repousse une mèche de cheveux qui lui barre la joue.

D'après Jacqueline Mirande, *Double Meurtre à l'abbaye*, Castor Poche-Flammarion, 1998.

A *Relevez les verbes conjugués de ce texte.*

B *Recopiez ceux du 1er groupe et justifiez leur terminaison.*

C *Quel est l'infinitif du verbe restant ?*

2

Le présent de l'indicatif : verbes des 2e et 3e groupes

Pour débuter

Les verbes des 2e et 3e groupes en bleu sont conjugués au présent de l'indicatif. Trouvez le sujet qui convient pour compléter chaque phrase.

1. … agissent en secret.

   a) Nous
   b) Tu
   c) Les espions

2. … réfléchit un instant.

   a) Le candidat
   b) Ils
   c) Vous

3. … attendez l'ascenseur.

   a) Nous
   b) Vous
   c) Je

4. … défends ton opinion.

   a) Vous
   b) Les joueurs
   c) Tu

5. … apprends mon résumé.

   a) Élise
   b) Nous
   c) J'

À retenir

		2e groupe en -ir	3e groupe en -re ou -ir	3e groupe en -dre
		agir	**courir**	**perdre**
singulier	1re pers.	*j'agis*	*je cours*	*je perds*
	2e pers.	*tu agis*	*tu cours*	*tu perds*
	3e pers.	*elle agit*	*elle court*	*elle perd* → pas de terminaison
pluriel	1re pers.	*nous agissons*	*nous courons*	*nous perdons*
	2e pers.	*vous agissez*	*vous courez*	*vous perdez*
	3e pers.	*ils agissent*	*ils courent*	*ils perdent*

Les verbes du 2e groupe ont un infinitif en **-ir**. Pour les personnes du pluriel, on intercale l'élément « **ss** » entre le radical et les terminaisons.

Astuce

Pour trouver le groupe d'un verbe en **-ir**, on le conjugue à la **1re personne du pluriel** du présent de l'indicatif.

agir → *nous agissons*
La 1re personne du pluriel **se termine** par **-issons**.
Agir est donc un verbe du 2e groupe.

courir → *nous courons*
La 1re personne du pluriel **ne se termine pas** en **-issons**.
Courir est donc un verbe du 3e groupe.

Attention

• Il existe plusieurs formes homophones. Pour éviter les erreurs, il faut chercher le verbe et la personne avant de placer la terminaison.

agir → *j'agis ; tu agis ; il agit*

courir → *je cours ; tu cours ; il court ; elles courent*

• Quelques verbes du 3e groupe (**offrir**, **couvrir**, **cueillir**, **tressaillir**, **souffrir** et ceux de la même famille) prennent les terminaisons des verbes du 1er groupe aux personnes du singulier.

couvrir → *je couvre* **cueillir** → *tu cueilles* **tressaillir** → *elle tressaille*

Exercices

1 ***Écrivez les verbes en bleu au présent de l'indicatif et aux personnes demandées.*** *Difficulté* ■□□

1. sourire	je …	elle …	nous …
2. se défendre	tu …	vous …	ils …
3. obéir	il …	nous …	elles …
4. descendre	on …	nous …	vous …
5. bondir	tu …	nous …	elles …
6. se perdre	je …	tu …	il …

2 ***Écrivez les verbes en bleu au présent de l'indicatif.*** *Difficulté* ■■□

1. En automne, les feuilles jaunir rapidement.
2. Nous se réjouir de voir que vous comprendre notre message.
3. Ces phares, mal réglés, éblouir les autres conducteurs.
4. Tu intervertir ces deux numéros.
5. La notice prétendre que cette chemise ne pas rétrécir au lavage.
6. Je rompre le silence en posant une question.
7. Plantés à l'ombre, les hortensias fleurir mieux.
8. Tu attendre la récréation pour bavarder avec Nelly.
9. Beaucoup de pays abolir la peine de mort.

3 ***Complétez ces phrases avec un sujet qui convient.*** *Difficulté* ■■□

1. … réussit à poser son avion sans aucun dommage.
2. … choisis une écharpe assortie à la couleur de mes chaussures.
3. … ralentissent leur progression le long de la falaise.
4. … réagissons vivement à vos propos.
5. … confonds ta droite et ta gauche.
6. … n'entendez pas la sonnerie du téléphone : elle est trop faible.
7. … étend une seconde couche de peinture sur les murs de la cuisine.
8. … rendent la monnaie aux clients.

4 ***Écrivez les verbes en bleu au présent de l'indicatif.*** *Difficulté* ■■□

1. Une pincée de sel suffire pour ce plat.
2. Nous exclure toute participation aux championnats d'académie.
3. Vous interrompre votre lecture et vous répondre à notre question.
4. Tu se détendre en écoutant de la musique.
5. Des marins périr quelquefois en mer.
6. Le prix de ce meuble inclure les frais de transport.
7. Je souffrir d'une violente douleur au pied.
8. Tu courir à la poursuite de ton chien.
9. Le trafic aérien dépendre des conditions météorologiques.

5 ***Copiez ce texte en écrivant les verbes en bleu au présent de l'indicatif.*** *Difficulté* ■■■

Comme tu ne pas saisir ce que signifier ce mot, tu réfléchir un instant puis tu ouvrir ton dictionnaire. Tu parcourir rapidement les pages et tu finir par le trouver. Hélas, plusieurs définitions correspondre à ce mot. Finalement, tu conclure qu'il s'agir de la dernière, celle où le mot, employé au sens figuré, ne pas se confondre avec les autres.

Pour terminer

10 min

Copiez ces phrases en écrivant les verbes en bleu au présent de l'indicatif.

1. Tu offrir un cadeau à tes parents.
2. Ces chauffards encourir une lourde amende.
3. Vous s'attendrir devant ce nouveau-né.
4. J'attendre mon anniversaire avec impatience.
5. Après la partie de tennis, nous se rafraîchir.
6. Tu accueillir la nouvelle avec beaucoup de joie.
7. Nous mordre à pleines dents dans notre part de tarte.
8. En attendant le contrôle vidéo, l'arbitre suspendre sa décision.
9. Les pompiers secourir les blessés de l'accident.
10. Cette colle durcir en quelques secondes.

Expression écrite

En une dizaine de lignes, racontez l'histoire suivante :
Un voleur entre dans un appartement. Il fouille partout, dérange les meubles et les objets, puis trouve ce qu'il cherchait et quitte rapidement les lieux.

1. Dans votre récit, vous utiliserez six des verbes suivants à la 3e personne du singulier du présent de l'indicatif : parcourir - agir - répandre - choisir - ouvrir - perdre - aboutir - remplir - saisir - accomplir - entendre.

2. Réécrivez le même texte à la 3e personne du pluriel du présent de l'indicatif en imaginant qu'il y a deux voleurs.

3

Le présent de l'indicatif : quelques verbes du 3e groupe

Pour débuter

***Les verbes du 3e groupe en bleu* sont conjugués au présent de l'indicatif. Trouvez le sujet qui convient pour compléter chaque phrase.**

1 … traduisez ce texte écrit en portugais.

a) Tu
b) Nous
c) Vous

2 … te transmets mon numéro de téléphone.

a) Les secrétaires
b) Nous
c) Je

3 … rejoins tes amis au cinéma.

a) Tu
b) Vous
c) Ils

4 Consent-… à me laisser sa place ?

a) elle
b) nous
c) ils

5 Pourquoi se plaignent-… du mauvais temps ?

a) il
b) elles
c) nous

À retenir

• Les verbes **battre**, **mettre**, **partir**, **sentir**, **sortir**, **dormir**, **servir**, **suivre**, **vivre** (ainsi que ceux de la même famille) perdent la dernière lettre de leur radical aux trois personnes du singulier du présent de l'indicatif.

Le « **t** » de la 3e personne du singulier, pour les verbes terminés par **-tir** à l'infinitif, est celui de la terminaison.

		sortir	partir	sentir	vivre
singulier	1re pers.	*je sors → s*	*je pars → s*	*je sens → s*	*je vis → s*
	2e pers.	*tu sors → s*	*tu pars → s*	*tu sens → s*	*tu vis → s*
	3e pers.	*il sort → t*	*il part → t*	*il sent → t*	*il vit → t*

• Les verbes terminés par **-indre** à l'infinitif, comme **peindre**, perdent le « **d** » du radical aux trois personnes du singulier. Pour celles du pluriel, le radical est modifié.

• Le radical des verbes terminés par **-uire** à l'infinitif, comme **conduire**, est modifié pour les trois personnes du pluriel.

		peindre	conduire
singulier	1re pers.	*je peins → s*	*je conduis → s*
	2e pers.	*tu peins → s*	*tu conduis → s*
	3e pers.	*elle peint → t*	*elle conduit → t*
pluriel	1re pers.	*nous peignons → ons*	*nous conduisons → ons*
	2e pers.	*vous peignez → ez*	*vous conduisez → ez*
	3e pers.	*ils peignent → ent*	*ils conduisent → ent*

Astuce

Pour ne pas confondre des formes **homonymes**, il faut toujours chercher l'infinitif qui nous indique le groupe auquel appartient chaque verbe.

Tu [sɛʀ] les boulons.	verbe **serrer** →	1er groupe	→	*serres*
Tu [sɛʀ] le rôti.	verbe **servir** →	3e groupe	→	*sers*

Exercices

1 ***Conjuguez les verbes en bleu de ces expressions au présent de l'indicatif. Pour les 3es personnes, vous emploierez des noms sujets.*** *Difficulté* ■□□

1. enduire les panneaux de vernis
2. ne jamais mentir
3. se rendormir facilement
4. se repentir amèrement

2 ***Écrivez les verbes en bleu au présent de l'indicatif.*** *Difficulté* ■■□

1. Les visiteurs repartir, ravis par l'originalité de l'exposition.
2. Vous combattre les idées racistes de vos voisins.
3. Bien décidée à nous convaincre, tu poursuivre ton idée.
4. Avec l'arrivée du printemps, je revivre.
5. Les quenelles cuire à feu doux.
6. Cette région produire d'énormes quantités de fruits.
7. Le renard s'introduire dans le poulailler.

3 ***Écrivez les verbes en bleu au présent de l'indicatif en utilisant chaque fois les sujets proposés.*** *Difficulté* ■■□

pressentir l'arrivée de l'orage et ne pas sortir immédiatement

1. Je …
2. Le conducteur …
3. Les randonneurs …
4. Vous …
5. Tu …
6. Nous …

4 ***Écrivez les verbes en bleu au présent de l'indicatif.*** *Difficulté* ■■□

1. En partant, tu éteindre toujours la lumière.
2. Je me demande comment vous survivre dans cette atmosphère enfumée.
3. C'est décidé : je restreindre ma consommation de sucre !
4. Tu feindre l'indifférence, mais tu ressentir une immense satisfaction.
5. Nous craindre une chute brutale de la température.
6. Aveuglé par la pluie, le motard rabattre sa visière.
7. Pour plaire à leur public, ces musiciens teindre leurs cheveux en bleu !

5 ***Copiez ces phrases en les complétant avec un verbe de la famille de mettre que vous écrirez au présent de l'indicatif. Aidez-vous de la liste qui suit.*** *Difficulté* ■■■

permettre - démettre - soumettre - promettre - retransmettre - commettre - remettre - omettre - émettre

1. L'ingénieur … son invention à un public d'experts.
2. À l'examen du permis de conduire, je ne … aucune faute.
3. En écrivant l'adresse sur l'enveloppe, vous … le code postal.
4. Cette clé … d'ouvrir le cadenas de la porte de la cave.
5. Me …-tu d'être à l'heure ?
6. Je ne … pas en cause votre décision.
7. La télévision … la finale de la coupe d'Europe.
8. Pourquoi mon téléphone …-il un bruit bizarre ?
9. Le Président de la République … le Premier ministre de ses fonctions.

Pour terminer

10 min

Copiez ces phrases en écrivant les verbes en bleu au présent de l'indicatif.

1. Tu admettre que ce magazine est intéressant.
2. Les pompiers détruire les nids de frelons.
3. Je vivre une aventure merveilleuse.
4. Vous ne pas enfreindre les règles du jeu.
5. M. Flandre se servir d'une perceuse pour poser ce tableau.
6. Nous repeindre la clôture du jardin.
7. Vous atteindre le sommet après bien des efforts.
8. La réalité démentir toutes tes illusions.
9. Tu suivre tous les documentaires historiques à la télévision.
10. Les éléments déchaînés contraindre les sauveteurs à arrêter les recherches.

Expression écrite

Un habitant d'une terre encore inconnue explique quel est son mode de vie à l'explorateur qui vient de le rencontrer.

Vous rédigerez un texte d'une dizaine de lignes et emploierez, au présent de l'indicatif, les verbes suivants dans l'ordre qui vous plaira : dormir - mettre - partir - se battre - sortir - vivre.

4

Le présent de l'indicatif : verbes irréguliers

Pour débuter

Les verbes du 3e groupe en bleu sont conjugués au présent de l'indicatif. Trouvez leur infinitif.

1. Vous ne dites jamais de méchancetés gratuites.

   a) dicter
   b) dire
   c) dîner

2. Tu lis au moins deux romans par semaine.

   a) lister
   b) lire
   c) lier

3. Les bateaux font un détour.

   a) faire
   b) fondre
   c) fonder

4. Ce DVD vaut quinze euros.

   a) vautrer
   b) valoir
   c) vendre

5. Ferdinand croit aux histoires de sorcellerie.

   a) croire
   b) croiser
   c) croître

À retenir

Certains verbes du 3e groupe, souvent employés, ont des formes particulières au présent de l'indicatif. Il faut très bien les connaître.

aller	*je vais*	*elle va*	*nous allons*	*ils vont*
faire	*tu fais*	*il fait*	*vous faites*	*elles font*
venir (tenir)	*je viens*	*elle vient*	*vous venez*	*ils viennent*
pouvoir (vouloir)	*je peux*	*il peut*	*nous pouvons*	*elles peuvent*
connaître	*tu connais*	*il connaît*	*vous connaissez*	*ils connaissent*
dire	*je dis*	*nous disons*	*vous dites*	*elles disent*
voir	*tu vois*	*nous voyons*	*vous voyez*	*ils voient*
plaire	*tu plais*	*elle plaît*	*vous plaisez*	*ils plaisent*
vaincre	*je vaincs*	*il vainc*	*vous vainquez*	*ils vainquent*
valoir	*tu vaux*	*il vaut*	*vous valez*	*elles valent*
lire	*je lis*	*il lit*	*nous lisons*	*ils lisent*
s'asseoir*	*je m'assois*	*il s'assoit*	*nous nous assoyons*	*ils s'assoient*
	tu t'assieds	*elle s'assied*	*vous vous asseyez*	*elles s'asseyent*

* Les deux conjugaisons sont acceptées.

Attention

• Les verbes **résoudre**, **dissoudre** perdent le « **d** » aux trois personnes du singulier. Leur radical est modifié aux trois personnes du pluriel.
je résous ; tu résous ; il résout ; nous résolvons ; vous résolvez ; elles résolvent

Mais les verbes **coudre**, **découdre**, **moudre** conservent le « **d** » aux trois personnes du singulier.
je couds ; tu couds ; il coud ; nous cousons ; vous cousez ; ils cousent

• Quelques verbes ne s'emploient qu'à certaines personnes, généralement la 3e personne du singulier.
falloir ➔ *il faut* **pleuvoir** ➔ *il pleut* **neiger** ➔ *il neige*

Exercices

1 Conjuguez les verbes en bleu de ces expressions au présent de l'indicatif. *Difficulté ■□□*

1. aller de l'avant
2. revenir sur ses pas
3. se plaire à la montagne
4. savoir ouvrir ce logiciel

2 Écrivez les verbes en bleu au présent de l'indicatif. *Difficulté ■■□*

1. Les mannequins se refaire une beauté avant le défilé.
2. Ces importations de pétrole provenir du Venezuela ou du Gabon.
3. Vous ne pas fuir vos responsabilités.
4. La fusée Ariane disparaître pendant quelques minutes dans les nuages.
5. Pour jouer du violon, il falloir beaucoup s'exercer.
6. Le cavalier maintenir son cheval d'une main ferme.
7. Je vouloir m'abonner à un journal hebdomadaire pour adolescents.

3 Écrivez les verbes en bleu au présent de l'indicatif en utilisant chaque fois les sujets proposés. *Difficulté ■■□*

apercevoir un début d'incendie et intervenir sans délai

1. Tu …
2. Vous …
3. Le gardien …
4. Nous …
5. J'…
6. Les pompiers …

4 Écrivez les verbes en bleu au présent de l'indicatif. *Difficulté ■■□*

1. Vous ne faire aucune difficulté pour nous aider à préparer le matériel.
2. Tu tenir vraiment à terminer ton exposé avant samedi.
3. Ce marathonien connaître un passage à vide en fin de parcours.
4. Je ne pas pouvoir envoyer mon SMS : il n'y a plus de réseau.
5. Le professeur ne pas se satisfaire d'une réponse incomplète.
6. Les derniers arrivés s'asseoir au premier rang.
7. Qui a dit : « La garde mourir, mais ne pas se rendre ! » ?
8. Nous vaincre notre fatigue et nous progresser lentement.
9. Le mathématicien résoudre ce problème en quelques secondes.

5 Copiez ces phrases en les complétant par un verbe du 3e groupe pris dans la liste suivante et conjuguez-le au présent de l'indicatif. *Difficulté ■■■*

devoir - souscrire - vouloir - voir - pleuvoir - convaincre - apprendre

1. Les réfugiés … leurs provisions diminuer de jour en jour.
2. Le candidat au poste de député … les électeurs de voter pour lui.
3. Nous … nos poésies par cœur au dernier moment.
4. Au stop, on … impérativement s'arrêter.
5. Malgré une nuit de repos, la fièvre ne … pas tomber.
6. Il … à verse, les rues du village sont inondées.
7. Ces parents … une assurance scolaire pour leurs enfants.

Pour terminer

10 min

Copiez ces phrases en écrivant les verbes en bleu au présent de l'indicatif.

1. De plus en plus de personnes croire à l'utilité du recyclage des déchets.
2. Les ouvriers élire leurs délégués syndicaux.
3. Vous écrire à l'encre violette ; quelle bonne idée !
4. J'entrevoir la fin de mes recherches.
5. Ce marin ne pas méconnaître les dangers de ce détroit.
6. Nous prévoir une période de forte chaleur.
7. Avec ce télescope, on aller observer les étoiles.
8. Cette substance se dissoudre dans l'eau.
9. Les faits contredire les suppositions que le détective avait pu faire.
10. Tu soutenir ton camarade dans ses projets.

Dictée préparée

Quand on traverse la plaine d'Ormuz*, on y voit beaucoup de dattes et d'autres fruits. On admire aussi de nombreux oiseaux que nous ne connaissons pas. Lorsqu'on avance pendant deux journées, on va vers l'océan. Sur le rivage, le voyageur peut découvrir Ormuz et, quand il s'assied, il contemple les marchands qui conduisent leurs navires depuis l'Inde.

D'après Marco Polo, *Les Merveilles de l'Orient*, 1298.

*L'île d'Ormuz se situe dans le golfe Persique.

A Relevez chaque verbe conjugué avec son sujet et donnez son infinitif.

B Réécrivez chacun d'eux à la personne correspondante du pluriel ou du singulier.

5

L'imparfait de l'indicatif

Pour débuter

***Les verbes en bleu** sont conjugués à l'imparfait de l'indicatif. Trouvez le sujet qui convient pour compléter chaque phrase.*

1 … se nourrissaient le plus souvent de racines.

a) Le seigneur
b) Les hommes préhistoriques
c) Nous

2 … maîtrisais facilement ton enthousiasme.

a) Tu
b) Le judoka
c) Vous

3 … apercevions les côtes espagnoles.

a) Vous
b) Les pêcheurs
c) Nous

4 … buvais chaque matin mon verre de lait.

a) Les enfants
b) Nous
c) Je

5 … rassemblait ses outils.

a) Je
b) Le jardinier
c) Les combattants

À retenir

À l'imparfait de l'indicatif, tous les verbes prennent les **mêmes terminaisons**.

		1er groupe reculer	2e groupe agir	3e groupe attendre
singulier	1re pers.	*je reculais*	*j'agissais*	*j'attendais*
	2e pers.	*tu reculais*	*tu agissais*	*tu attendais*
	3e pers.	*elle reculait*	*elle agissait*	*elle attendait*
pluriel	1re pers.	*nous reculions*	*nous agissions*	*nous attendions*
	2e pers.	*vous reculiez*	*vous agissiez*	*vous attendiez*
	3e pers.	*ils reculaient*	*ils agissaient*	*ils attendaient*

Pour les verbes du 2e groupe, on ajoute l'élément « **ss** » entre le radical et la terminaison.

		auxiliaire avoir	auxiliaire être
singulier	1re pers.	*j'avais*	*j'étais*
	2e pers.	*tu avais*	*tu étais*
	3e pers.	*elle avait*	*elle était*
pluriel	1re pers.	*nous avions*	*nous étions*
	2e pers.	*vous aviez*	*vous étiez*
	3e pers.	*ils avaient*	*ils étaient*

Quelques verbes changent de radical à l'imparfait de l'indicatif.

éteindre : *j'éteignais ; nous éteignions*
écrire : *j'écrivais ; nous écrivions*
prendre : *tu prenais ; vous preniez*
apparaître : *tu apparaissais ; vous apparaissiez*
conduire : *il conduisait ; ils conduisaient*
faire : *elle faisait ; elles faisaient*

Attention

Pour tous les verbes, quatre terminaisons sont **homophones** :
je reculais ; tu reculais ; il reculait ; elles reculaient
Il faut donc bien chercher la personne à laquelle le verbe est conjugué avant de placer la bonne terminaison.

Exercices

1 ***Conjuguez** les verbes en bleu **de ces expressions à** l'imparfait de l'indicatif. **Pour les 3es personnes, vous emploierez des noms sujets.*** *Difficulté* ■□□

1. écrire des poèmes
2. dire la vérité
3. préférer les bandes dessinées
4. envahir la pelouse
5. obtenir de bons résultats
6. perdre son calme

2 ***Écrivez** les verbes en bleu **à** l'imparfait de l'indicatif.* *Difficulté* ■■□

1. Les vapeurs d'encens parfumer la pièce.
2. Nous ne pas imaginer une fin de film aussi dramatique.
3. Les années passées, vous camper toujours au bord du lac de Sainte-Croix.
4. Ce joueur dribbler tous ses adversaires.
5. Les rebondissements entretenir le suspense.
6. Tu éblouir tes amis par ta virtuosité à la guitare.
7. Vous choisir des rideaux assortis aux papiers peints.

3 ***Les verbes en bleu** **sont conjugués au présent de l'indicatif. Copiez les phrases en les mettant à** l'imparfait de l'indicatif.* *Difficulté* ■■□

1. Ces tiroirs secrets renferment des documents compromettants.
2. Tu ralentis prudemment dans les descentes.
3. Sous les tropiques, on se rafraîchit à l'aide d'énormes ventilateurs.
4. Ce détective résout toutes les énigmes criminelles.
5. J'applaudis des deux mains à cette proposition.
6. Avant de vous décider, il faut consulter une agence de voyages.
7. Veux-tu de ce gratin dauphinois ?

4 ***Écrivez** les verbes en bleu **à** l'imparfait de l'indicatif.* *Difficulté* ■■□

1. Cette actrice posséder plus de cent paires de chaussures.
2. Mal protégées, ces portes pourrir.
3. Nous ne pas penser trouver le village aussi facilement.
4. Les spectateurs agiter des drapeaux tricolores.
5. Enfant, M. Grand faire la collection de voitures miniatures.
6. Vous aboutir toujours au même résultat quelle que soit la méthode.
7. Alicia nous garantir qu'il s'agir d'un bon livre.

5 ***Copiez ce texte en écrivant** les verbes en bleu **à** l'imparfait de l'indicatif.* *Difficulté* ■■■

Au-dehors, le monde paraître froid. Dans la rue, de petits remous de vent faire tourner en spirale la poussière et le papier déchiré. De tous les carrefours importants, le visage à la moustache noire vous fixer du regard. Il y en avoir un sur le mur d'en face. BIG BROTHER VOUS REGARDE, répéter la légende, tandis que le regard des yeux noirs pénétrer les yeux de Winston.

D'après Georges Orwell, *1984*, © Gallimard, 1949.

Pour terminer (10 min)

Copiez ces phrases en écrivant les verbes en bleu à l'imparfait de l'indicatif.

1. Tu réagir avec un calme étonnant.
2. Vous espérer une éclaircie en fin de matinée.
3. Mes parents rechercher un nouvel appartement.
4. Devoir-nous nous rendre à ce rendez-vous ?
5. Quelques gouttes de sirop de menthe suffire pour colorer ce verre d'eau.
6. Une palissade entourer les hangars où se trouver les avions.
7. Pour monter ce meuble, j'obéir aux consignes du fabricant.
8. Nous ne jamais s'aventurer dans ces marais.
9. Les maçons prévoir une semaine de travaux supplémentaires.
10. Tu introduire une cartouche neuve dans l'imprimante.

Expression écrite

Vous avez gravi les pentes d'un célèbre volcan. Faites, en huit lignes, la description de ce paysage à un ami.

Les verbes employés seront conjugués à l'imparfait de l'indicatif. Vous utiliserez quelques-uns des verbes pris dans la liste suivante : briller - fumer - se détacher - s'étendre - salir - jaunir - retentir - confondre - éblouir - gronder - vomir.

6

L'imparfait de l'indicatif : quelques particularités du 1er groupe

Pour débuter

Trouvez le verbe, conjugué à l'imparfait de l'indicatif, qui convient pour compléter chaque phrase.

1. Nous … sur un vaste territoire.

   a) régniez
   b) régnions
   c) régnaient

2. Vous … les compliments avec satisfaction.

   a) accueillons
   b) accueillait
   c) accueilliez

3. Nous … les oiseaux de ce parc animalier.

   a) photographient
   b) photographiions
   c) photographez

4. Vous … l'escalier de l'immeuble.

   a) balaient
   b) balayions
   c) balayiez

5. Vous … les brusques changements d'altitude.

   a) crainderiez
   b) craigniez
   c) craindiez

À retenir

Aux deux premières personnes du pluriel de l'imparfait de l'indicatif, pour certains verbes du 1er groupe, il ne faut pas oublier de **placer les terminaisons complètes**, même si le « **i** » de la terminaison ne s'entend pas nettement.

verbes en -yer	nettoyer	*nous nettoyions*	*vous nettoyiez*
verbes en -ier	étudier	*nous étudiions*	*vous étudiiez*
verbes en -iller	vaciller	*nous vacillions*	*vous vacilliez*
verbes en -gner	gagner	*nous gagnions*	*vous gagniez*

Astuce

Pour certains verbes du 1er groupe, les terminaisons des 1res et 2es personnes du pluriel du présent et de l'imparfait de l'indicatif ont pratiquement la **même prononciation**.

présent		**imparfait**	**présent**		**imparfait**
nous saignons	➔	*nous saignions*	*vous travaillez*	➔	*vous travailliez*
nous parions	➔	*nous pariions*	*vous payez*	➔	*vous payiez*

Pour faire la distinction entre les formes des 1res et 2es personnes du pluriel, il faut essayer de **remplacer par une personne du singulier**.

présent	**imparfait**
Aujourd'hui, nous copions.	*Hier, nous copiions.*
Aujourd'hui, elle copie.	*Hier, elle copiait.*

Attention

Quelques verbes du 3e groupe présentent les mêmes difficultés pour **distinguer le présent** et **l'imparfait** de l'indicatif.

	présent	**imparfait**
rire :	*nous rions*	*nous riions*
voir :	*vous voyez*	*vous voyiez*
s'asseoir :	*nous nous asseyons*	*nous nous asseyions*
cueillir :	*vous cueillez*	*vous cueilliez*
fuir :	*nous fuyons*	*nous fuyions*
peindre :	*vous peignez*	*vous peigniez*

Exercices

1 ***Conjuguez les verbes en bleu de ces expressions à l'imparfait de l'indicatif.*** *Difficulté* ■□□

1. tailler les arbres
2. se teindre les cheveux
3. s'éloigner de la zone interdite
4. apprécier les récréations
5. envoyer des nouvelles
6. revoir ses amis

2 ***Écrivez les verbes en bleu à l'imparfait de l'indicatif.*** *Difficulté* ■■□

1. En 6e, nous souligner toujours la date.
2. Méprisants, ils ne pas daigner répondre à notre appel.
3. Vous se baigner dans une eau glacée !
4. Nous témoigner devant le principal du collège.
5. Vous ne pas fuir devant le danger.
6. Vous fouiller pendant des heures dans le grenier.
7. Nous déblayer la neige que le vent avoir accumulé devant le portail.

3 ***Les verbes en bleu sont conjugués au présent de l'indicatif. Copiez les phrases en les mettant à l'imparfait de l'indicatif.*** *Difficulté* ■■□

1. Nous nous heurtons à quelques refus.
2. Vous lui conseillez de faire un stage dans une entreprise.
3. Vous vous égratignez en voulant ramasser des mûres.
4. L'infirmière soigne tous les malades de son mieux.
5. Nous multiplions les tentatives pour remonter ce casse-tête.
6. Vous essuyez les couverts un à un et vous les rangez.
7. Vous trépignez d'impatience devant l'entrée du cinéma.
8. Nous rions en voyant les grimaces de l'imitateur.

4 ***Dans chaque colonne, un verbe n'est pas conjugué à l'imparfait de l'indicatif ; cherchez l'intrus.*** *Difficulté* ■■□

nous bricolions	vous méditiez	nous brillions
nous détalions	vous traitiez	nous sommeillions
nous pédalions	vous récitiez	nous surveillions
nous jonglions	vous écoutiez	nous bredouillions
nous défilions	vous hésitiez	nous simplifions
nous parlions	vous balbutiez	nous veillions
nous plions	vous débutiez	nous gaspillions

5 ***Écrivez les verbes en bleu à l'imparfait de l'indicatif.*** *Difficulté* ■■■

1. Nous s'asseoir à même le sol du gymnase.
2. Nous ne jamais s'ennuyer devant un bon film.
3. Vous apprécier vos nouveaux jeux vidéo.
4. Jérémie épargner pour s'acheter une nouvelle montre à quartz.
5. Nous s'imprégner des traditions japonaises.
6. Vous manier la truelle avec une dextérité de professionnel.
7. Nous renseigner aimablement les touristes égarés.
8. Devant les décorations de Noël, vous écarquiller les yeux.

Pour terminer (10 min)

Copiez ces phrases en écrivant les verbes en bleu à l'imparfait de l'indicatif.

1. Vous aligner les chaises dans la salle des fêtes.
2. Nous se débrouiller toujours pour arriver à l'heure.
3. Vous plaindre les rescapés de l'inondation.
4. Nous prévoir de bonnes chaussures de marche.
5. Vous ne pas varier dans vos déclarations.
6. Nous ne jamais atteindre le centre de la cible.
7. Vous copier vos résumés avec beaucoup de soin.
8. Nous vous accompagner à la base de loisirs.
9. Vous payer avec un billet de dix euros.
10. Nous ne jamais éveiller votre curiosité.

Expression écrite

Vous faites le récit de vos activités habituelles lors d'un camp de vacances.

Votre texte, de dix lignes, sera rédigé à la 1re personne du pluriel de l'imparfait de l'indicatif.
Vous utiliserez les verbes suivants, ainsi que d'autres de votre choix : rire - crier - grogner - apprécier - fuir - bouillir.

7 Le futur simple de l'indicatif

Pour débuter

Trouvez le verbe, conjugué au futur simple de l'indicatif, qui convient pour compléter chaque phrase.

1 Vous … la chaîne de l'Himalaya.

a) survolions
b) survolerez
c) survolerai

2 Les criquets … la maigre récolte des Touaregs.

a) anéantira
b) anéantieront
c) anéantiront

3 Anna … sa voiture au printemps.

a) vendra
b) vendera
c) vendai

4 Si vous en éprouvez le besoin, j'… .

a) intervenirai
b) intervenons
c) interviendrai

5 Si tu renonces à ce rallye, tu nous … .

a) décevoirai
b) décevai
c) décevras

À retenir

Au futur simple de l'indicatif, tous les verbes prennent les **mêmes terminaisons**.

		1er groupe	2e groupe	3e groupe
		respirer	**réussir**	**sourire**
singulier	1re pers.	*je respirerai*	*je réussirai*	*je sourirai*
	2e pers.	*tu respireras*	*tu réussiras*	*tu souriras*
	3e pers.	*elle respirera*	*elle réussira*	*elle sourira*
pluriel	1re pers.	*nous respirerons*	*nous réussirons*	*nous sourirons*
	2e pers.	*vous respirerez*	*vous réussirez*	*vous sourirez*
	3e pers.	*ils respireront*	*ils réussiront*	*ils souriront*

Si, pour les verbes des 1er et 2e groupes, on retrouve l'infinitif en entier dans les formes du futur simple, pour beaucoup de verbes du 3e groupe, on supprime le « **e** » de l'infinitif.

Pour certains verbes, le radical est modifié.

avoir : *j'aurai ; nous aurons*
être : *tu seras ; vous serez*
venir : *il viendra ; ils viendront*
savoir : *je saurai ; nous saurons*
vouloir : *tu voudras ; vous voudrez*
s'asseoir : *il s'assoira ; ils s'assoiront*

faire : *je ferai ; nous ferons*
aller : *tu iras ; vous irez*
tenir : *il tiendra ; ils tiendront*
devoir : *je devrai ; nous devrons*
cueillir : *tu cueilleras ; vous cueillerez*
s'asseoir : *il s'assiéra ; ils s'assiéront*

Astuce

Pour ne pas faire d'erreur quand on écrit un verbe du 1er groupe au futur simple, il faut **trouver son infinitif** afin de ne pas oublier le « **e** » muet.

échouer ➔ *j'échouerai* **continuer** ➔ *il continuera* **copier** ➔ *vous copierez*

Attention

Pour certains verbes, on double le « **r** » du radical pour toutes les personnes.

courir ➔ *je courrai*
mourir ➔ *tu mourras*
envoyer ➔ *nous enverrons*
pouvoir ➔ *il pourra*
acquérir ➔ *elles acquerront*
voir ➔ *vous verrez*

Exercices

1 ***Conjuguez les verbes en bleu de ces expressions au futur simple de l'indicatif. Pour les 3es personnes, vous choisirez des noms sujets.*** *Difficulté* ■■□

1. échouer sur la berge
2. accentuer son avance
3. vérifier le niveau d'huile
4. conclure un récit
5. élargir le passage
6. souffrir de la faim

2 ***Écrivez les verbes en bleu au futur simple de l'indicatif, en utilisant les sujets proposés.*** *Difficulté* ■■□

prendre le télésiège et aller sur les pistes noires

1. Les moniteurs …
2. Vous …
3. Nous …
4. Adriana …
5. Je …
6. Tu …

3 ***Copiez ces phrases en écrivant les verbes en bleu au futur simple de l'indicatif.*** *Difficulté* ■■□

1. En continuant cette route, vous aboutissez à la plage.
2. Nous bénéficions d'une réduction pour famille nombreuse.
3. Tu remplissais les verres de jus d'orange.
4. Stéphanie se maintenait dans les premières concurrentes.
5. Le boulanger fait une fournée supplémentaire.
6. Je peux facilement me connecter à Internet.
7. Avant d'aller en Russie, vous convertissez vos euros en roubles.
8. Les clients ne se fiaient pas aux affirmations du vendeur.
9. Le professeur reformule sa question.

4 ***Écrivez les verbes en bleu au futur simple de l'indicatif.*** *Difficulté* ■■■

1. Quand nous avoir le temps, nous trier nos anciens journaux.
2. Pendant son apprentissage, Jason acquérir les techniques essentielles.
3. Si tu vois un loup, tu devoir fuir.
4. J'espère que vous savoir nous renseigner.
5. Quand Yohan apercevoir une vipère, il mourir probablement de peur.
6. M. Merlin scier les étagères à un millimètre près.
7. Les secours parachuter des couvertures aux sinistrés.
8. Personne ne sait ce qu'il advenir de cette usine désaffectée.

5 ***Transformez ces phrases selon l'exemple.*** *Difficulté* ■■■

Ex : Nous irons marcher. ➔ Nous marcherons.

1. J'irai louer un pédalo.
2. Tu iras t'asseoir.
3. Elle ira choisir un vêtement.
4. Nous irons cueillir du muguet.
5. Vous irez courir dans le parc.
6. Ils iront tenir la caisse.

Pour terminer

10 min

Copiez ces phrases en écrivant les verbes en bleu au futur simple de l'indicatif.

1. Dès la sortie du port, le vent gonfler les voiles.
2. Cet avion franchir aisément le mur du son.
3. Nous se distraire en regardant une émission de variétés.
4. Demain, je te préciser l'horaire du train.
5. M. Darras exclure de s'installer à l'étranger.
6. Après quelques essais, nous maîtriser ce logiciel.
7. Tu distribuer le programme de la journée.
8. Ces films être en version originale sous-titrée.
9. Les marchands forains ne pas venir cette semaine.
10. Vous envoyer des messages à vos amies.

Expression écrite

Avant d'être armé chevalier, un apprenti écoute son maître lui confier une liste d'instructions lui rappelant les devoirs qui seront les siens.

Vous rédigerez cette liste avec de courtes phrases à la 2e personne du singulier du futur simple de l'indicatif en utilisant les expressions suivantes : haïr les félons - défendre la veuve et l'orphelin - tuer un dragon par an - être fidèle à son suzerain - participer à une joute de temps en temps - ne pas jouer aux cartes avec un magicien - porter les couleurs de sa dame lors des tournois.

Réécrivez ensuite votre texte à la 1re personne du pluriel du futur simple, en faisant parler deux futurs chevaliers.

Bilan n°1

1. Le présent de l'indicatif : *être - avoir*, verbes du 1er groupe
2. Le présent de l'indicatif : verbes des 2e et 3e groupes
3. Le présent de l'indicatif : quelques verbes du 3e groupe
4. Le présent de l'indicatif : verbes irréguliers 5. L'imparfait de l'indicatif
6. L'imparfait de l'indicatif : quelques particularités du 1er groupe
7. Le futur simple de l'indicatif

Exercices

1 *Copiez ces phrases en les complétant par les verbes de la liste qui conviennent.*

cueille - veux - existent - nouent - se remplit - compte - prenez - sont - offrez - peux

1. Charles … les pièces de son puzzle pour vérifier qu'il n'en a pas égaré. 2. Mes sœurs … les rubans des paquets à expédier. 3. Vous … votre temps pour répondre. 4. Les esclaves ne … pas des hommes libres. 5. Pour son anniversaire, vous … un cadeau original à votre père. 6. Les dragons n'… que dans les romans de chevalerie et les contes. 7. Si tu …, tu … vraiment réussir. 8. Elle … tant de fleurs que son panier … à vue d'œil.

2 *Copiez ces phrases en mettant les verbes en bleu aux temps de l'indicatif demandés.*

1. Jadis, j'aimer (imparfait) contempler la mer au coucher du soleil. 2. Je s'asseoir (imparfait) au pied du vieux cerisier et j'attendre (imparfait) pendant des heures. 3. Depuis dix ans, vous ne plus venir (présent) rendre visite à vos chevaux. 4. Vous ne pas travailler (imparfait) et vous négliger (imparfait) vos amis. 5. Les esprits de la montagne se réveiller (futur simple) et convaincre (futur simple) les jeunes gens de regagner leur village. 6. Si tu coudre (présent) cette manche en faisant un revers, tu créer (futur simple) un modèle original. 7. Tu apprendre (présent) que ton oncle vivre (présent) désormais au Mexique. 8. Les pirates naviguer (imparfait) sur des mers hostiles. 9. Vous lier (imparfait) le rôti avec de la ficelle de boucher. 10. Les caravaniers traverser (futur simple) le désert à dos de dromadaire.

3 *Recopiez le texte suivant en mettant les verbes en bleu au futur simple de l'indicatif.*

Pour réaliser ce gâteau au chocolat, tu dois d'abord réunir les ingrédients nécessaires. Pour cela, tu lis la liste, puis tu adaptes les proportions car nous sommes nombreux : tu multiplies par deux toutes les mesures. Tu suis ensuite les étapes de la recette et je t'aide à enfourner le gâteau dès que tu as fini. Je suis sûr de me régaler grâce à toi.

Dictée préparée

Portrait de Sherlock Holmes

Il mesurait un peu plus d'un mètre quatre-vingts, mais il était si maigre qu'il paraissait bien plus grand. Ses yeux étaient aigus et perçants, et son mince nez aquilin donnait à toute son expression un air de vivacité et de décision. Son menton proéminent et carré indiquait l'homme résolu. Ses mains étaient constamment tachées d'encre et de produits chimiques.

D'après sir A. Conan Doyle, *Une Étude en rouge*, 1887.

A *Relevez les verbes conjugués et leurs sujets.*

B *Conjuguez chaque verbe aux autres personnes du singulier et du pluriel.*

C *Expliquez l'accord du participe passé « tachées ».*

D *Cherchez le sens des mots « proéminent » et « aquilin ».*

Expression écrite

4 *Décrivez votre animal préféré dans un texte d'une dizaine de lignes rédigé au présent de l'indicatif.*
Vous utiliserez quelques-uns des verbes suivants et les mettrez à la forme négative, si besoin :

dormir - guetter - avoir - gronder - se cacher - s'asseoir - bondir - craindre - boire - se rouler - s'élancer.

5 *Un météorologue interroge son assistant pour qu'il le renseigne sur le temps du lendemain.*
Vous les ferez dialoguer en utilisant les verbes suivants au futur simple :

connaître - dire - se taire - pleuvoir - neiger - entrevoir - falloir - disparaître - plaire.

L'assistant vouvoie le météorologue qui le tutoie en retour.
L'échange comportera une douzaine de lignes.

6 *Un savant vient de mettre au point un nouvel ustensile de cuisine. Il présente un prototype dont il vante les qualités.*

Vous rappellerez en huit lignes, rédigées à l'imparfait de l'indicatif, l'usage de l'ancien objet désormais inutile, puis rédigerez au futur simple un texte d'une longueur équivalente qui développera les mérites du nouvel ustensile.

Vous pourrez employer quelques-uns des verbes suivants :

hacher - appuyer - servir - pouvoir - presser - agiter - prendre - contenir - faire - remplir.

Exploitation du test →

Repérez les numéros des questions sur lesquelles vous avez fait des fautes.

Révisez les leçons correspondantes et assurez-vous que vous avez bien compris en refaisant les exercices de ces leçons :

questions 1, 2, 3
→ leçon 1 → Le présent de l'indicatif : *être - avoir*, verbes du 1er groupe

questions 4, 5
→ leçon 2 → Le présent de l'indicatif : verbes des 2e et 3e groupes

questions 6, 7, 8
→ leçon 3 → Le présent de l'indicatif : quelques verbes du 3e groupe

questions 9, 10, 11
→ leçon 4 → Le présent de l'indicatif : verbes irréguliers

questions 12, 13, 14
→ leçon 5 → L'imparfait de l'indicatif

questions 15, 16, 17
→ leçon 6 → L'imparfait de l'indicatif : quelques particularités du 1er groupe

questions 18, 19, 20
→ leçon 7 → Le futur simple de l'indicatif

Test

10 min

Difficulté ■□□

1. ***Clément … de bon appétit.***
   a. manges b. mange c. mangent
2. ***Grand-Mère, que tu … de grandes dents !***
   a. as b. a c. at
3. ***Je … vraiment heureux.***
   a. suis b. suie c. suit
4. ***Mes voisins … un contrat de location.***
   a. souscrient b. souscrit c. souscrivent
5. ***Vous … de nombreux cousins pour les fêtes.***
   a. accueillez b. accueillé c. accueiller
6. ***Nous … les bons moments passés ensemble.***
   a. revivont b. revivons c. revivent
7. ***Elsa … toutes ses leçons.***
   a. apprend b. apprent c. apprends
8. ***Je … une récompense au premier arrivé.***
   a. promets b. promet c. promais
9. ***Elle … ses mauvaises notes à ses parents.***
   a. taie b. tais c. tait
10. ***Paul et Grégoire … des problèmes difficiles.***
    a. résouent b. résolvent c. résoluent
11. ***Jacques et moi … devant l'averse.***
    a. fuient b. fuyont c. fuyons
12. ***Chaque soir, les filles … leurs cheveux avec soin.***
    a. peigniez b. peignaient c. peignait
13. ***Petit, tu … peur des souris blanches.***
    a. avais b. avait c. avaient
14. ***Pour l'attraper, il … courir vite.***
    a. fallaient b. fallait c. faux
15. ***Hier, Estelle et toi … la terrasse.***
    a. balayaient b. balayions c. balayiez
16. ***Nous … le texte avec application car nous ne voulions pas nous tromper.***
    a. copions b. copiont c. copiions
17. ***Vous … car vous souhaitiez faire la grasse matinée.***
    a. grognier b. grogniez c. grognon
18. ***Ils … le courrier demain.***
    a. enverront b. enveront c. envoyeront
19. ***Le chêne … si aucun soin ne lui est apporté.***
    a. mourrat b. mourras c. mourra
20. ***Demain, vous … avant le lever du soleil.***
    a. partiras b. partirent c. partirez

Pour aller plus loin

Difficulté ■■■

1. ***Jean et Djamel … à rester.***
   a. consent b. conssentent c. consentent
2. ***Valentine … à tort et à travers.***
   a. répont b. répond c. réponds
3. ***Les photographes … la star à la sortie du festival.***
   a. mitrail b. mitraillent c. mitraille
4. ***Charlotte et moi … devant tant de mauvaise foi.***
   a. soupirent b. soupirons c. soupiront
5. ***Ils … les épinards en branches.***
   a. haissent b. haïssent c. haïssont
6. ***Le principal … cet élève de persévérer.***
   a. convaint b. convainc c. convainque
7. ***Vous … de joie car vous avez gagné.***
   a. sautez b. sautait c. sauter
8. ***Nous ne … pas sur son compte.***
   a. médisons b. méditons c. médissons
9. ***Si je … à mes blessures, je … au Tibet.***
   a. survis/repars b. survis/repart c. survit/repars
10. ***Tu … la table à la fin du repas.***
    a. dessert b. desserres c. dessers
11. ***La nuit, les chats … dans le noir.***
    a. voyent b. voit c. voient
12. ***Depuis votre enfance, vous vous … tous les étés.***
    a. revoyions b. revoyaient c. revoyez
13. ***Dès six heures, tu … le petit-déjeuner.***
    a. préparer b. préparait c. préparais
14. ***Les astres et les planètes … de tous leurs feux.***
    a. brillait b. brillaient c. brilliez
15. ***Quand nous …, vous … .***
    a. criions / obéissez b. criions / obéissiez
    c. crions / obéissié
16. ***L'âne … obstinément la tête.***
    a. secouez b. secouais c. secouait
17. ***Les chevaux … inlassablement la plaine.***
    a. parcouraient b. parcourez
    c. parcourirait
18. ***Ils … leurs parents pour obtenir leur accord.***
    a. supplieront b. supplierons c. suppliront
19. ***Quand je … grand, je … .***
    a. serais / déménagerai b. serai / déménagerai
    c. serait / déménagerait
20. ***Le président … sa conférence par des remerciements.***
    a. concluera b. conclurait c. conclura

8 Le passé simple de l'indicatif : être - avoir, verbes du 1er groupe

Pour débuter

Trouvez le verbe, conjugué au passé simple de l'indicatif, qui convient pour compléter chaque phrase.

1 Tu n'... rien à ajouter à nos propos.

a) avions
b) eus
c) fus

2 Louis et Marion ... témoins de l'accident.

a) furent
b) eurent
c) aviez

3 Cette vitrine ... notre regard.

a) attirent
b) attira
c) attirerons

4 Je ... rapidement la réunion.

a) quittera
b) quittai
c) quitterez

5 La chatte ... à notre arrivée.

a) ronronna
b) ronronnèrent
c) ronronnerai

À retenir

Le passé simple est le **temps du récit** écrit. Il exprime des faits passés, limités dans le temps, qui ont eu lieu à un moment précis.

		auxiliaire être	auxiliaire avoir	1er groupe rêver
singulier	1re pers.	*je fus*	*j'eus*	*je rêvai*
	2e pers.	*tu fus*	*tu eus*	*tu rêvas*
	3e pers.	*elle fut*	*elle eut*	*on rêva*
pluriel	1re pers.	*nous fûmes*	*nous eûmes*	*nous rêvâmes*
	2e pers.	*vous fûtes*	*vous eûtes*	*vous rêvâtes*
	3e pers.	*ils furent*	*ils eurent*	*ils rêvèrent*

Aujourd'hui, le passé simple ne s'emploie plus beaucoup à l'oral. Il est principalement **utilisé à l'écrit** aux troisièmes personnes du singulier et du pluriel, dont les formes sont plus aisées à prononcer. Pour les deux premières personnes du pluriel, on préfère utiliser le passé composé.

Astuce

La 1re personne du singulier du passé simple et celle de l'imparfait de l'indicatif des verbes du 1er groupe ont pratiquement la **même prononciation.** Pour écrire correctement les terminaisons, il faut les remplacer par la 2e personne du singulier : on entend alors la différence.

Soudain, je versai [vɛʀsɛ] *une larme.* ➔ *Soudain, tu versas une larme.*
passé simple

Souvent, je versais [vɛʀsɛ] *une larme.* ➔ *Souvent, tu versais une larme.*
imparfait

Attention

L'imparfait marque une **action qui dure dans le passé** ou des faits habituels. C'est le temps de la description d'une scène, d'un paysage ou d'un personnage. **Le passé simple**, lui, exprime **un événement qui survient brusquement**. Il faut donc apprendre à employer correctement le passé simple et l'imparfait dans un récit.

Les cadeaux se trouvaient près du sapin, alors l'enfant manifesta sa joie.

imparfait (trouvaient) : action qui dure
passé simple (manifesta) : action brève

Exercices

1 ***Conjuguez*** *les verbes en bleu* ***aux temps de l'indicatif et aux personnes demandés.*** *Difficulté* ■□□

	présent	imparfait	futur simple	passé simple
1. veiller	je …	je …	je …	je …
2. jouer	tu …	tu …	tu …	tu …
3. se contrôler	elles …	elles …	elles …	elles …
4. compter	on …	on …	on …	on …
5. chuchoter	elle …	elle …	elle …	elle …
6. se peigner	nous …	nous …	nous …	nous …
7. s'appliquer	vous …	vous …	vous …	vous …

2 ***Copiez ces phrases en écrivant*** *les verbes en bleu* ***au*** *passé simple.* *Difficulté* ■■□

1. Tu chasser ton ennui en ouvrant un livre d'aventures extraodinaires.
2. Le film s'achever par un mariage, comme d'habitude !
3. Pendant le débat, les journalistes monopoliser la parole.
4. Le repas débuter par un potage printanier suivi d'une omelette.
5. Au bord de la falaise, pris de vertige, je reculer.
6. Deux cents personnes participer à cette manifestation communale.
7. À la première étincelle, nous débrancher l'appareil.
8. Quand ils ne plus rien avoir à se dire, ils se séparer.

3 ***Copiez ces phrases en écrivant*** *les verbes en bleu* ***au*** *passé simple* ***et en utilisant chaque fois les sujets proposés.*** *Difficulté* ■■□

Au dernier moment, nous remarquâmes une erreur que nous rectifiâmes.

1. je …
2. tu …
3. l'élève …
4. les techniciens …

Voyant l'obstacle, vous freinâtes et vous vous arrêtâtes en quelques mètres.

1. les conducteurs …
2. je …
3. Magali …
4. tu …

4 ***Copiez ce texte en écrivant*** *les verbes en bleu* ***au*** *passé simple.* *Difficulté* ■■□

Le jour où Lullaby décider qu'elle n'irait plus à l'école, c'était encore très tôt le matin, vers le milieu du mois d'octobre. Elle quitter son lit, elle traverser pieds nus sa chambre et elle écarter les lames des stores pour regarder dehors.

D'après J.-M. G. Le Clézio, *Lullaby*, © Gallimard-Jeunesse, 1997.

5 ***Écrivez*** *les verbes en bleu* ***au*** *passé simple* ***ou à*** *l'imparfait de l'indicatif****, selon le sens de la phrase.*** *Difficulté* ■■■

1. L'espion intercepter un secret militaire en écoutant aux portes.
2. L'an dernier, j'écouter très souvent de la musique.
3. Les zèbres brouter paisiblement quand les lionnes attaquer.
4. Le flot des voitures paralyser la circulation, alors tu emprunter l'autoroute.
5. Je travailler à mon bureau lorsque le téléphone sonner.
6. Les spectateurs être tous debout lorsque la chanteuse entrer en scène.
7. Le patineur entamer son dernier saut lorsqu'il glisser et chuter.

Pour terminer — 10 min

Copiez ces phrases en écrivant *les verbes en bleu* ***au passé simple de l'indicatif.***

1. Pour une fois, tu être en avance à la gare.
2. En arrivant au dernier étage du gratte-ciel, j'avoir le vertige.
3. Toutes ces occasions manquées nous laisser des regrets.
4. L'employé relever la consommation d'électricité.
5. Vous demeurer stupéfaits par les prouesses des chevaux.
6. Les éclusiers actionner le mécanisme d'ouverture des vannes.
7. À la fin de la partie de cartes, nous totaliser cent dix points.
8. À la rentrée, le collège afficher les listes des élèves.
9. Soudain, le scooter bifurquer à droite.
10. Je surmonter mon envie de manger cette tablette de chocolat.

Expression écrite

Écrivez le texte en mettant *les verbes en bleu* ***au passé simple de l'indicatif. Puis réécrivez-le au même temps en remplaçant « Je » par « Pierre ».***

Un jour, j'ai été surpris : je marchais sans but et soudain j'ai sursauté quand j'ai croisé le regard d'un inconnu. J'ai eu un choc car j'ai identifié un ami d'école primaire perdu de vue. J'ai alors trébuché et je suis tombé, sans cependant me faire mal. Quand j'ai chuté, il s'est retourné et m'a appelé.

9 Le passé simple de l'indicatif : verbes des 2e et 3e groupes en -i

Pour débuter

Trouvez le verbe, conjugué au passé simple de l'indicatif, qui convient pour compléter chaque phrase.

1 Pendant trois jours, tu te … exclusivement de fruits.

a) nourrirez
b) nourrirent
c) nourris

2 D'habiles artisans … les cathédrales gothiques.

a) bâtirent
b) batèrent
c) bâtit

3 Laura … rapidement qu'elle s'était trompée d'étage.

a) comprendit
b) comprit
c) comprirent

4 Nous … en apercevant une ombre gigantesque.

a) tressaillîmes
b) tressaillent
c) tressaillit

5 Napoléon Ier … la bataille de Waterloo.

a) perdirent
b) perdîtes
c) perdit

À retenir

Les verbes du 2e groupe et beaucoup de verbes du 3e groupe forment leur passé simple à partir d'une **base en -i**.

		2e groupe	3e groupe	
		surgir	**sortir**	**attendre**
singulier	1re pers.	*je surgis*	*je sortis*	*j'attendis*
	2e pers.	*tu surgis*	*tu sortis*	*tu attendis*
	3e pers.	*elle surgit*	*elle sortit*	*on attendit*
pluriel	1re pers.	*nous surgîmes*	*nous sortîmes*	*nous attendîmes*
	2e pers.	*vous surgîtes*	*vous sortîtes*	*vous attendîtes*
	3e pers.	*ils surgirent*	*ils sortirent*	*ils attendirent*

Pour quelques verbes (et ceux de leur famille), la forme du radical est **modifiée**.

mettre : *je mis ; ils mirent*
peindre : *il peignit ; ils peignirent*
faire : *il fit ; ils firent*
voir : *je vis ; ils virent*
écrire : *tu écrivis ; ils écrivirent*
conduire : *je conduisis ; ils conduisirent*
prendre : *tu pris ; ils prirent*
naître : *je naquis ; ils naquirent*

Astuce

Au passé simple, pour les **trois personnes du singulier**, les terminaisons des verbes du 2e groupe sont les mêmes que celles du **présent de l'indicatif**. Pour distinguer ces deux temps, il faut chercher les indices de temps ou observer les formes des autres verbes de la phrase.

passé simple : *Hier c'était la fin du trimestre, le conseil de classe se réunit (2e gr.) et prit (3e gr.) des décisions d'orientation.*

présent de l'indicatif : *Aujourd'hui c'est la fin du trimestre, le conseil de classe se réunit (2e gr.) et prend (3e gr.) des décisions d'orientation.*

Attention

• À la 3e personne du singulier du passé simple, il n'y a jamais d'accent circonflexe sur la voyelle qui précède le « **t** ».
surgir : *il surgit* **sortir** : *elle sortit* **attendre** : *on attendit*

• Tous les verbes du 3e groupe n'ont pas une terminaison en **-i** au passé simple. (Voir leçon 10.)

Exercices

1 Conjuguez *les verbes en bleu* de ces expressions au *passé simple de l'indicatif*. Pour les 3es personnes, vous choisirez des noms sujets. *Difficulté ■□□*

1. ne pas faiblir
2. vivre en Asie
3. se blottir sous la couette
4. répondre rapidement
5. remplir le questionnaire
6. combattre l'épidémie

2 Copiez ces phrases en écrivant *les verbes en bleu* au *passé simple*. *Difficulté ■■□*

1. Malgré les obstacles, tu poursuivre ton chemin.
2. Le magicien faire des mouvements de main et une colombe surgir.
3. Nous partir à 7 heures pour ne pas être en retard.
4. Mozart naître à Salzbourg, en 1756.
5. Vous construire une maquette de la tour Eiffel.
6. En effectuant cette opération, je commettre une petite erreur.
7. Après un long marchandage, le vendeur consentir une réduction.
8. Tristan franchir la première haie et il ressentir une douleur au dos.

3 *Les verbes en bleu* sont conjugués au présent de l'indicatif. Copiez les phrases en mettant les verbes au *passé simple*. *Difficulté ■■□*

1. En sortant, j'éteins les lumières du CDI par souci d'économie.
2. Ce pilote de F1 accomplit le dernier tour en un temps record.
3. Le messager transmet un courrier urgent au général.
4. Nous nous asseyons à la terrasse du restaurant.
5. Vous écrivez à vos amis partis au Mexique.
6. Écrasé de fatigue, tu t'endors immédiatement.
7. Un violent orage te contraint à faire demi-tour avant le sommet.

4 Copiez ce texte en écrivant *les verbes en bleu* au *passé simple*. *Difficulté ■■□*

De trou en trou, la Land Rover s'approcher du troupeau géant, rebondir, grondant entre les groupes, les familles. Les petits prendre peur. Alors la trompe du vieil éléphant se redresser, se recourber et un barrissement plus sonore, plus effrayant que l'éclat de cent trompettes retentir dans la sérénité de la brousse. Toute la troupe rejoindre le chef, les mâles derrière lui, les femelles protégeant les enfants.

D'après Joseph Kessel, *Le Lion*, © Gallimard, 1958.

5 Copiez ces phrases en écrivant *les verbes en bleu* au *passé simple* ou à *l'imparfait de l'indicatif*, selon le sens. *Difficulté ■■■*

1. Tout être calme dans la ville lorsqu'une explosion se produire.
2. Croyant qu'on l'espionner, l'avare enfouir son trésor dans le jardin.
3. Les clients hésiter, mais le technicien leur garantir la qualité de l'appareil.
4. Personne ne cueillir les poires, alors elles pourrir très vite.
5. Le comte s'était révolté contre le roi ; celui-ci détruire son château.
6. Tu prétendre tout savoir sur ce rocker, mais tu confondre ces deux titres.
7. Avant de s'arrêter, la machine à laver émettre un bruit bizarre.

Pour terminer

10 min

Copiez ces phrases en écrivant les verbes en bleu au passé simple de l'indicatif.

1. Le tanneur assouplir le cuir.
2. J'entreprendre le rangement du garage avec des amis.
3. Pendant longtemps, Ursula correspondre avec son amie Naomie.
4. La Bastille servir de prison sous l'Ancien Régime.
5. Tu affranchir cette lettre avec de splendides timbres.
6. Les jonquilles fleurir à la mi-avril.
7. Nous traduire cette version latine en français.
8. J'admettre volontiers la discussion.
9. Tu voir passer une étoile filante et tu faire un vœu.
10. Vous se munir de provisions pour aller pique-niquer.

Dictée préparée

Nous partîmes pour nous rendre sur la terre ferme, où nous attendîmes deux mois jusqu'au départ d'un navire venu charger du bois du Brésil. Avec le capitaine nous nous battîmes pour obtenir notre retour en France. Nous nous établîmes sur la rive gauche de la rivière, au lieu nommé par les Français *la Briqueterie*.

D'après Jean de Léry, *Voyage en terre de Brésil*, 1578.

A Relevez les verbes conjugués au passé simple et indiquez leur groupe.

B Écrivez le texte à la 1re personne du singulier du passé simple, puis à la 1re personne du singulier du présent de l'indicatif. Que constatez-vous ?

10 Le passé simple de l'indicatif : verbes difficiles du 3e groupe

Pour débuter

Trouvez le verbe, conjugué au passé simple de l'indicatif, qui convient pour compléter chaque phrase.

1 Les élèves du collège … organiser un spectacle théâtral.

a) vouloirent
b) voulurent
c) voulirent

2 Je … aussitôt que cette histoire finirait mal.

a) sus
b) savus
c) savis

3 Un kangourou … dans le faisceau des phares.

a) apparut
b) apparaissat
c) apparurent

4 Diana s'… avec le conseiller d'éducation.

a) entretenut
b) entretenit
c) entretint

5 Sans tes lunettes, tu ne … lire la notice.

a) pouvut
b) pus
c) pouvurent

À retenir

		3e groupe		
		courir	**venir**	**tenir**
singulier	1re pers.	*je courus*	*je vins*	*je tins*
	2e pers.	*tu courus*	*tu vins*	*tu tins*
	3e pers.	*elle courut*	*elle vint*	*on tint*
pluriel	1re pers.	*nous courûmes*	*nous vînmes*	*nous tînmes*
	2e pers.	*vous courûtes*	*vous vîntes*	*vous tîntes*
	3e pers.	*ils coururent*	*ils vinrent*	*ils tinrent*

Pour quelques verbes (et ceux de leur famille), la forme du radical est **modifiée**.

boire : *je bus ; ils burent*
croire : *je crus ; ils crurent*
devoir : *je dus ; ils durent*
paraître : *elle parut ; elles parurent*
plaire : *tu plus ; elles plurent*
pouvoir : *il put ; ils purent*
savoir : *je sus ; elles surent*
résoudre : *tu résolus ; ils résolurent*
se taire : *tu te tus ; elles se turent*
vivre : *tu vécus ; elles vécurent*

Remarques :

• Les verbes **recevoir**, **décevoir**, **apercevoir**, **percevoir**, **concevoir** prennent une cédille sous le « **c** » pour conserver le son [**s**].
recevoir : *je reçus ; il reçut ; elles reçurent*

• Le verbe **aller** se conjugue comme un verbe du 1er groupe au passé simple.
aller : *j'allai ; tu allas ; il alla ; nous allâmes ; vous allâtes ; ils allèrent*

Attention

Pour les verbes du 3e groupe, la forme du **participe passé** et les formes du **passé simple** peuvent se terminer par le **même son**.
vouloir : *il a voulu ; il voulut*
connaître : *il a connu ; il connut*

Mais il n'y a pas de règle absolue :
vendre : *il a vendu ; il vendit*
retenir : *il a retenu ; il retint*

En cas de doute, il faut vérifier la forme dans un livre de conjugaison pour éviter les barbarismes.

Exercices

1 ***Écrivez les verbes en bleu de ces expressions au passé simple, aux 3es personnes du singulier et du pluriel, en choisissant des noms sujets.*** *Difficulté* ■■□

1. croire au Père Noël
2. devoir recopier ce texte
3. reconnaître ses torts
4. mourir de rire
5. conclure le récit
6. se plaire au centre aéré

2 ***Écrivez les verbes en bleu aux temps de l'indicatif et aux personnes demandés.*** *Difficulté* ■■□

	présent	imparfait	futur simple	passé simple
1. courir	je …	je …	je …	je …
2. lire	tu …	tu …	tu …	tu …
3. boire	nous …	nous …	nous …	nous …
4. pleuvoir	il …	il …	il …	il …
5. revenir	vous …	vous …	vous …	vous …
6. se taire	elles …	elles …	elles …	elles …

3 ***Copiez ces phrases en écrivant les verbes en bleu au passé simple de l'indicatif.*** *Difficulté* ■■□

1. Le Masque de fer vivre des années enfermé dans la forteresse de Pignerol.
2. J'attendais une longue lettre, mais je recevoir un bref SMS.
3. Inquiets de ne pas nous voir de retour, vous aller à notre rencontre.
4. Karine obtenir une bonne note ; cela lui valoir des compliments.
5. Même malade, tu vouloir nous accompagner.
6. Le chat s'était réfugié sur les toits ; il falloir appeler les pompiers.
7. En camp de concentration, Jean Gorlier connaître la faim et le froid.
8. Les policiers résoudre le mystère du canal en quelques jours.
9. Pendant une minute, les spectateurs retenir leur souffle.

4 ***Copiez ce texte en écrivant les verbes en bleu au passé simple de l'indicatif.*** *Difficulté* ■■■

Lorsque je la voir paraître, la couronne en tête, le sceptre à la main, ceinturée de glands d'or et suivie d'une traîne écarlate, je être ébloui, et je croire vraiment à sa royauté : je lui jurer aussitôt sur mon glaive obéissance et fidélité, et je me déclarer prêt à mourir pour elle, ce qu'elle accepter sans façons. Les premiers ordres qu'elle me donner mettre à l'épreuve ma force et mon courage.

D'après Marcel Pagnol, *Le Temps des secrets*, © De Fallois.

5 ***Copiez ce texte en écrivant les verbes en bleu au passé simple ou à l'imparfait de l'indicatif, selon le sens.*** *Difficulté* ■■■

Au bout de dix ou douze jours que j'être là, il me venir à l'esprit que je perdre la notion du temps et que je ne plus pouvoir distinguer les dimanches des jours ouvrables. J'installer donc un poteau carré sur lequel je faire tous les jours une encoche, chaque septième encoche avoir le double de la longueur des autres, et tous les premiers du mois, j'en marquer une plus longue encore : par ce moyen, j'entretenir mon calendrier.

D'après Daniel Defoe, *Robinson Crusoé*, 1719.

Pour terminer — 10 min

Copiez ces phrases en écrivant les verbes en bleu au passé simple de l'indicatif.

1. Les ingénieurs apercevoir une faille dans le barrage.
2. Très jeune, je savoir que je serais pilote d'essai.
3. À la fin du spectacle, vous disparaître sans rien dire.
4. Brusquement, tu se souvenir que tu devais nous appeler.
5. Ce chanteur revenir saluer son public.
6. Une cale maintenir la table horizontale.
7. Nous pouvoir t'aider à réparer ton scooter.
8. On ne jamais savoir ce qu'il advenir de ce vaisseau spatial.
9. Léonard de Vinci concevoir d'ingénieuses machines.
10. La reine Marie-Antoinette comparaître devant ses juges en 1793.

Expression écrite

Un marin, vainqueur d'une course au large en solitaire, raconte son aventure.

Vous écrirez un texte d'une dizaine de lignes, à la 1re personne du singulier du passé simple, en employant les expressions suivantes : vivre de dangereux moments - maintenir le cap - parvenir à surmonter sa fatigue - apercevoir enfin la côte - vouloir abandonner - croire sa dernière heure arrivée - recevoir des nouvelles par radio.

11

Les temps simples : verbes du 1er groupe en -ayer, -oyer, -uyer

Pour débuter

Trouvez l'infinitif des verbes en bleu. Vous pouvez en chercher le sens dans un dictionnaire.

1. Tu t'effraies dès que tu aperçois un reptile.
   a) s'effraire
   b) s'effraier
   c) s'effrayer

2. À la piscine, nous côtoierons les élèves du lycée.
   a) côtoier
   b) côtoyer
   c) côtoirer

3. Cette personne essaie une nouvelle paire de chaussures.
   a) essaier
   b) essayer
   c) essoyer

4. Les prisonniers soudoient leurs gardiens.
   a) soudoyer
   b) soudoier
   c) soudoire

5. Vous emploierez un vocabulaire recherché.
   a) emploier
   b) emploire
   c) employer

À retenir

Au présent et **au futur simple** de l'indicatif, pour les verbes du 1er groupe terminés par **-ayer**, **-oyer**, **-uyer**, à l'infinitif, le « **y** » se transforme en « **i** » devant les terminaisons commençant par un « **e** » muet.

Présent :

		payer	nettoyer	appuyer
singulier	1re pers.	*je paie*	*je nettoie*	*j'appuie*
	2e pers.	*tu paies*	*tu nettoies*	*tu appuies*
	3e pers.	*elle paie*	*elle nettoie*	*elle appuie*
pluriel	1re pers.	*nous payons*	*nous nettoyons*	*nous appuyons*
	2e pers.	*vous payez*	*vous nettoyez*	*vous appuyez*
	3e pers.	*ils paient*	*ils nettoient*	*ils appuient*

Futur simple :

		payer	nettoyer	appuyer
singulier	1re pers.	*je paierai*	*je nettoierai*	*j'appuierai*
	2e pers.	*tu paieras*	*tu nettoieras*	*tu appuieras*
	3e pers.	*elle paiera*	*elle nettoiera*	*elle appuiera*
pluriel	1re pers.	*nous paierons*	*nous nettoierons*	*nous appuierons*
	2e pers.	*vous paierez*	*vous nettoierez*	*vous appuierez*
	3e pers.	*ils paieront*	*ils nettoieront*	*ils appuieront*

Pour les deux autres temps simples de l'indicatif - **l'imparfait** et le **passé simple** -, les terminaisons ne débutent jamais par un « **e** » muet ; on conserve donc le « **y** » pour l'ensemble des personnes.

Astuce

Au présent de l'indicatif, pour distinguer les formes des trois personnes du singulier des verbes en **-yer** de celles des verbes en **-uire**, **-oir(e)**, **-aire**, il faut chercher l'infinitif de ces verbes.

tu broies infinitif : **broyer** ➔ 1er groupe ➔ terminaison : *es*
tu crois infinitif : **croire** ➔ 3e groupe ➔ terminaison : *s*

Attention

Au futur simple, les verbes **envoyer** et **renvoyer** ont une conjugaison particulière : **envoyer** : *j'enverrai* **renvoyer** : *ils renverront*

Remarque : Pour les verbes terminés par **-ayer** à l'infinitif, le maintien du « **y** » devant le « **e** » muet est toléré.

Exercices

1 ***Copiez ces phrases en écrivant les verbes en bleu au présent de l'indicatif.*** *Difficulté* ■□□

1. Je broyer des grains de café à l'aide d'un moulin électrique.
2. Le pommier ployer sous le poids de ses fruits.
3. Thierry a un petit problème de langage : il bégayer.
4. Les canoéistes pagayer depuis trois heures à contre-courant.
5. Un bon chasseur ne jamais rudoyer son chien.
6. Tu tutoyer naturellement tes camarades de classe.
7. Les champs de blé ondoyer sous la brise matinale.
8. Les lignes à haute tension foudroyer les imprudents qui les toucher.

2 ***Copiez ces phrases en écrivant les verbes en bleu au futur simple de l'indicatif.*** *Difficulté* ■■□

1. Les épouvantails effrayer peut-être les oiseaux.
2. Si tu prends le temps de lire des romans policiers, tu ne jamais s'ennuyer.
3. Avant de le couper, le vitrier rayer le verre à l'aide d'un diamant.
4. Nous nettoyer le mécanisme de notre lecteur de DVD.
5. Sans réponse, j'appuyer de nouveau sur la sonnette.
6. Dans les coulisses, vous côtoyer les acteurs de cette pièce.
7. Tu ne pas repayer pour assister à la séance supplémentaire.
8. L'ébéniste s'octroyer une courte pause.

3 ***Les verbes en bleu sont à l'imparfait de l'indicatif. Copiez ces phrases en mettant les verbes au futur simple de l'indicatif.*** *Difficulté* ■■□

1. Les agents de sécurité convoyaient à bon port le fourgon postal.
2. Nous essuyions toutes les étagères de la bibliothèque.
3. J'étayais ma démonstration par des calculs rigoureux.
4. L'orateur noyait l'auditoire sous un flot de paroles inutiles.
5. Ces bouquets de fleurs égayaient la pièce.
6. Vous remblayiez le fossé séparant ces deux parcelles.
7. L'habile marin louvoyait entre les écueils.

4 ***Les verbes en bleu sont au passé simple de l'indicatif. Copiez ces phrases en mettant les verbes au présent de l'indicatif.*** *Difficulté* ■■■

1. Les clients payèrent leurs achats comptant.
2. Tu balayas le texte d'un seul coup d'œil.
3. Vous déblayâtes le grenier de cette vieille maison.
4. Je m'apitoyai sur le sort des animaux en voie de disparition.
5. Le conducteur débraya pour passer les vitesses.
6. Les aigles tournoyèrent longuement au-dessus de la prairie.
7. Spectaculaires, ces faits divers défrayèrent la chronique.

Pour terminer (10 min)

Copiez ces phrases en écrivant les verbes en bleu aux temps de l'indicatif demandés.

présent

1. La grand-mère choyer beaucoup trop ses petits-enfants.
2. Je nettoyer les brûleurs du réchaud.
3. Les experts employer un vocabulaire bien compliqué.
4. Tu délayer la farine dans du lait.
5. Nous vouvoyer nos professeurs.

futur simple

6. Le détective monnayer ses services auprès d'un riche banquier.
7. Au moindre bruit, les chiens aboyer.
8. J'essayer d'enjamber cette barrière.
9. Les manifestants déployer des banderoles.
10. Vous envoyer un cadeau à vos amis.

Expression écrite

Donnez l'infinitif et le groupe des verbes conjugués de ce texte.

Écrivez le texte en mettant les mots en bleu au pluriel.

Réécrivez le texte initial en mettant les verbes au présent de l'indicatif.

Alors que je guerroyais au loin, je pensais aux jours heureux. Tous les soirs au château, je festoyais et j'admirais l'étoffe de mon manteau de cour qui chatoyait et flamboyait à la lueur de mille bougies. Le feu rougeoyait dans l'âtre.
Au matin, la prairie verdoyait aux premiers rayons du soleil !

12

Les temps simples : verbes du 1er groupe en -eler, -eter

Pour débuter

Trouvez le verbe qui convient pour compléter chaque phrase.

1 Les détritus s'… dans ce terrain vague.

a) amoncelent
b) amoncellent
c) amoncèllent

2 Cette machine … les paquets de biscuits.

a) étiquette
b) étiquete
c) étiquetent

3 Je … mon appel resté sans réponse.

a) renouvelerai
b) renouvellerai
c) renouvelleront

4 La police … un réseau de trafiquants.

a) démantèle
b) démantèlle
c) démantèlerons

5 À la brocante, Michel … à la recherche de l'objet rare.

a) furete
b) furète
c) furêtte

À retenir

• De très nombreux verbes du 1er groupe terminés par **-eler** et **-eter** à l'infinitif doublent le « **l** » ou le « **t** » devant les terminaisons débutant par un « **e** » muet.

		présent		futur simple	
		appeler	**jeter**	**appeler**	**jeter**
singulier	1re pers.	*j'appelle*	*je jette*	*j'appellerai*	*je jetterai*
	2e pers.	*tu appelles*	*tu jettes*	*tu appelleras*	*tu jetteras*
	3e pers.	*elle appelle*	*elle jette*	*elle appellera*	*elle jettera*
pluriel	1re pers.	*nous appelons*	*nous jetons*	*nous appellerons*	*nous jetterons*
	2e pers.	*vous appelez*	*vous jetez*	*vous appellerez*	*vous jetterez*
	3e pers.	*ils appellent*	*ils jettent*	*ils appelleront*	*ils jetteront*

• Quelques verbes terminés par **-eler** et **-eter** à l'infinitif (**geler** et ses dérivés ; **écarteler** ; **peler** ; **fureter**, etc.) font exception. Devant les terminaisons débutant par un « **e** » muet, ils s'écrivent avec un **accent grave** sur le « **e** » qui précède le « **l** » ou le « **t** ».

		présent		futur simple	
		modeler	**acheter**	**modeler**	**acheter**
singulier	1re pers.	*je modèle*	*j'achète*	*je modèlerai*	*j'achèterai*
	2e pers.	*tu modèles*	*tu achètes*	*tu modèleras*	*tu achèteras*
	3e pers.	*elle modèle*	*elle achète*	*elle modèlera*	*elle achètera*
pluriel	1re pers.	*nous modelons*	*nous achetons*	*nous modèlerons*	*nous achèterons*
	2e pers.	*vous modelez*	*vous achetez*	*vous modèlerez*	*vous achèterez*
	3e pers.	*ils modèlent*	*ils achètent*	*ils modèleront*	*ils achèteront*

Attention

Les verbes, comme **interpeller** et **regretter** qui ont deux « **l** » ou deux « **t** » à l'infinitif, les conservent à toutes les personnes.
interpeller : *j'interpelle ; nous interpellons ; ils interpellaient*
regretter : *tu regrettes ; vous regrettez ; ils regrettaient*

Exercices

1 Conjuguez *les verbes en bleu* de ces expressions au *futur simple de l'indicatif*. Difficulté ■□□

1. épeler tous les mots
2. grommeler entre ses dents
3. peler des pommes
4. acheter un blouson en cuir

2 Écrivez *les verbes en bleu* au *présent de l'indicatif*, en utilisant les sujets proposés. Difficulté ■□□

J'appelais une agence de voyages, car je projetais un séjour en Chine.

1. Tu …
2. Vous …
3. Adrien …
4. Mes voisins …
5. Je …
6. Nous …

3 Copiez ces phrases en écrivant *les verbes en bleu* au *présent de l'indicatif*. Difficulté ■■□

1. Des larmes de joie ruisseler sur les joues de l'actrice.
2. L'hiver est rude ; les plantes geler.
3. Ce coffre receler des trésors : les vieux jouets de mon père !
4. Impatiente, je décacheter la lettre que j'attendais depuis longtemps.
5. Aujourd'hui, on ne plus guère ressemeler les chaussures.
6. En cette soirée d'été, les papillons voleter autour des lampadaires.
7. Tu épousseter les bibelots fragiles avec un plumeau.
8. Le soleil étinceler de mille feux : un vrai bonheur pour les yeux !
9. Pour convaincre les clients, ce vendeur marteler ses phrases avec conviction.

4 Copiez ces phrases en écrivant *les verbes en bleu* au *futur simple de l'indicatif*. Difficulté ■■□

1. Cette proposition n'est pas avantageuse, vous la rejeter.
2. Léo a vendu sa voiture ; il en racheter une nouvelle, plus confortable.
3. Le lion déchiqueter sa proie à belles dents.
4. La méchante fée ensorceler les enfants désobéissants.
5. Le maire jumeler sa ville avec un bourg situé en Allemagne.
6. Les chiens haleter de soif s'ils restent ainsi en plein soleil.
7. Le géomètre morceler ce champ en plusieurs parcelles.

5 Copiez ce texte en écrivant *les verbes en bleu* au *présent de l'indicatif*. Difficulté ■■■

Depuis le départ, des mouettes suivre notre navire, sans effort apparent, sans presque battre de l'aile. Leur belle navigation rectiligne s'appuyer à peine sur la brise. Tout d'un coup, un plouf brutal au niveau des cuisines jeter une alarme gourmande parmi les oiseaux, saccager leur beau vol et enflammer un brasier d'ailes blanches. Les mouettes tournoyer follement en tous sens puis, sans rien perdre de leur vitesse, quitter l'une après l'autre la mêlée pour piquer vers la mer.

D'après Albert Camus, *L'Été*, © Gallimard, 1954.

Pour terminer — 10 min

Copiez ces phrases en écrivant les verbes en bleu aux temps de l'indicatif demandés.

présent

1. Pendant les chaudes journées d'été, les mouches harceler le bétail.
2. Je ne pas se rappeler avoir déjà emprunté ce chemin.
3. Tu acheter une nouvelle raquette de ping-pong.
4. Tu empaqueter le cadeau que tu destiner à ta sœur.
5. Vous chanceler sous le choc.

futur simple

6. La couche de glace dégeler vers midi.
7. Tu modeler une poterie pour ce concours artistique.
8. Nous appeler nos amis partis en vacances en Belgique.
9. Ces engins niveler le terrain en une journée.
10. Le palefrenier atteler le trotteur au sulky.

Dictée préparée

Le détective crochète patiemment la serrure ; il halète légèrement car elle résiste. Il renouvelle ses efforts et il décèle enfin un léger cliquetis : la porte s'ouvre.

Il furète partout, feuillette quelques documents avant de trouver les preuves qu'il cherchait. Aussitôt, il appelle du renfort pour arrêter le réseau d'escrocs qui surgelait du poisson avarié pour le commercialiser. Personne n'achètera plus ces lots empoisonnés.

A *Relevez les verbes conjugués et leur sujet ; indiquez le temps auquel ils sont conjugués, puis donnez leur infinitif.*

B *Réécrivez ce texte en remplaçant « le détective » par « vous ».*

13 Les temps simples : verbes du 1er groupe en -cer

Pour débuter

Trouvez le verbe qui convient pour compléter chaque phrase.

1 Dans l'obscurité, nous … à pas de loup.

a) avancons
b) avançons
c) avansons

2 Les vagues … les petits chalutiers.

a) balançaient
b) balancaient
c) balansaient

3 Tu … l'ampoule défectueuse.

a) remplassas
b) remplaças
c) remplacas

4 Les agriculteurs … leurs champs dès le mois d'avril.

a) ensemençaient
b) ensemensaient
c) ensemencaient

5 Peu à peu, Valérie … ses visites.

a) espassa
b) espaca
c) espaça

À retenir

Les verbes du 1er groupe terminés par **-cer** à l'infinitif prennent une **cédille** sous le « **c** » devant les terminaisons commençant par les voyelles « **o** », ou « **a** » pour conserver le son [s].

		foncer		
		présent	**imparfait**	**passé simple**
singulier	1re pers.	*je fonce*	*je fonçais*	*je fonçai*
	2e pers.	*tu fonces*	*tu fonçais*	*tu fonças*
	3e pers.	*elle fonce*	*elle fonçait*	*on fonça*
pluriel	1re pers.	*nous fonçons*	*nous foncions*	*nous fonçâmes*
	2e pers.	*vous foncez*	*vous fonciez*	*vous fonçâtes*
	3e pers.	*ils foncent*	*ils fonçaient*	*ils foncèrent*

Au futur simple, **l'infinitif** de ces verbes se retrouve **en entier** pour toutes les personnes ; le son [s] est ainsi toujours conservé.
tu fonceras ; elle foncera ; nous foncerons ; ils fonceront

Attention

• Quelques verbes du 3e groupe (**apercevoir**, **percevoir**, **concevoir**, **décevoir**, **recevoir**) s'écrivent avec un « **ç** » devant les voyelles « **o** », « **u** » au **présent** et au **passé simple de l'indicatif**. Le son [s] est ainsi conservé.

	présent	**passé simple**
apercevoir :	*j'aperçois ; il aperçoit*	*j'aperçus ; ils aperçurent*
recevoir :	*tu reçois ; elle reçoit*	*tu reçus ; vous reçûtes*

• Les verbes du 1er groupe, qui se terminent par **-sser** ou **-ser** à l'infinitif, conservent le son [s] à tous les temps.

pousser : *nous poussons ; tu poussais ; elle poussa*
verser : *nous versons ; je versais ; nous versâmes*

Exercices

1 Conjuguez les verbes en bleu de ces expressions au présent de l'indicatif. Pour les 3es personnes, vous utiliserez des noms sujets. Difficulté ■□□

1. se pincer les doigts
2. dénoncer des abus
3. froncer les sourcils
4. s'efforcer de résister
5. se bercer d'illusions
6. influencer sa décision

2 Écrivez le verbe en bleu aux quatre temps simples de l'indicatif, en utilisant les sujets proposés. Difficulté ■■□

énoncer les capitales de tous les pays de l'Union européenne

1. Je …
2. Nous …
3. Tu …
4. Vous …
5. Philippe …
6. Les élèves …

3 Copiez ces phrases en écrivant les verbes en bleu à l'imparfait de l'indicatif. Difficulté ■■□

1. Ces piliers renforcer les poutres du vieux cloître.
2. La porte grincer toutes les fois qu'on l'ouvrir.
3. Quand il être petit, Étienne sucer son pouce.
4. Ce livre retracer les aventures d'un seigneur parti en croisade.
5. Ce conférencier prononcer tous ses discours sans aucune note.
6. Nous s'exercer à faire des ricochets à la surface de l'étang.
7. Par ce froid, les lèvres gercer et les mains se crevasser.
8. Tu lasser parfois tes amis par ton indécision.
9. Les premiers trains concurrencer les anciennes diligences.

4 Copiez ces phrases en écrivant les verbes en bleu au passé simple de l'indicatif. Difficulté ■■□

1. Tu effacer les traces de ton passage.
2. Je devancer ta pensée et je lancer l'idée d'une promenade.
3. Le présentateur annoncer l'arrivée d'un jeune chanteur.
4. Nous lacer nos chaussures avec un double nœud.
5. Tu déplacer légèrement l'écran de ton ordinateur.
6. Marco Polo commercer le premier avec les peuples d'Asie.
7. Le soleil exaucer nos vœux en faisant son apparition.
8. Lorsque l'infirmière te faire une piqûre, tu grimacer de douleur.
9. En vue de l'aérodrome, le pilote amorcer un virage sur la droite.

5 Copiez ce texte en écrivant les verbes en bleu aux temps demandés. Difficulté ■■■

Alors que nous approcher (imparfait) du camp *deux*, la neige commencer (passé simple) à tomber, d'abord finement, puis en flocons épais, serrés, qui faire (imparfait) une espèce de rideau sans cesse recommencé dans lequel nous s'enfoncer (passé simple) sans parvenir à le traverser. Dès notre arrivée, Pierre nous déclarer (passé simple) que ce camp *deux* être (imparfait) une erreur. Il être (imparfait) beaucoup trop exposé au vent et, surtout, trop loin de l'éperon qui constituer (imparfait) l'attaque de notre première cordée.

D'après Yvette Buttin, *Grand-mère 7000, À l'assaut de l'Himalaya*, Presses de la Cité, 1973.

Pour terminer (10 min)

Copiez ces phrases en écrivant les verbes en bleu aux temps de l'indicatif demandés.

présent

1. Nous renoncer à cette sortie au bowling.
2. Nous poncer les portes avant de les peindre.

imparfait

3. La résistance des assiégés forcer l'admiration.
4. Le laboureur tracer des sillons dans la terre meuble.
5. Les servantes rincer le linge au lavoir.
6. Les rois de France financer leurs guerres en levant des impôts.

passé simple

7. Un coup de lance transpercer l'armure du chevalier.
8. Je distancer mes adversaires d'au moins cent mètres.
9. Un hurlement nous glacer le sang.
10. Rémi placer toutes les pièces sur l'échiquier.

Expression écrite

Rédigez un texte de huit à dix lignes dans lequel vous emploierez les mots de la liste 1 comme sujets des verbes de la liste 2 pour décrire une lutte féroce entre un valeureux guerrier et un dragon.

1. cette affreuse créature - la lutte - le géant - le duel - la bête - le guerrier - il - le dragon

2. lancer (imparfait) - s'annoncer (imparfait) - se placer (passé simple) - commencer (passé simple) - s'avancer (passé simple) - coincer (passé simple) - enfoncer (passé simple) - trépasser (passé simple)

14 Les temps simples : verbes du 1er groupe en -ger

Pour débuter

Trouvez le verbe qui convient pour compléter chaque phrase.

1. Nous … dans la boue.

   a) pataugons
   b) patauge
   c) pataugeons

2. Larissa ne … pas les conseils.

   a) négligeait
   b) négligait
   c) négligiez

3. Tu … à tes dernières vacances avec nostalgie.

   a) songeas
   b) songèrent
   c) songas

4. Ce médicament … les douleurs abdominales.

   a) soulagait
   b) soulageait
   c) soulagé

5. Nos ancêtres … souvent en calèche.

   a) voyagerons
   b) voyagaient
   c) voyageaient

À retenir

Les verbes du 1er groupe terminés par **-ger** à l'infinitif prennent un « **e** » après le « **g** » devant les terminaisons débutant par « **o** » ou « **a** » pour conserver le son [ʒ] aux temps simples de l'indicatif.

		nager		
		présent	**imparfait**	**passé simple**
singulier	**1re pers.**	*je nage*	*je nageais*	*je nageai*
	2e pers.	*tu nages*	*tu nageais*	*tu nageas*
	3e pers.	*elle nage*	*elle nageait*	*on nagea*
pluriel	**1re pers.**	*nous nageons*	*nous nagions*	*nous nageâmes*
	2e pers.	*vous nagez*	*vous nagiez*	*vous nageâtes*
	3e pers.	*ils nagent*	*ils nageaient*	*ils nagèrent*

Au futur simple de l'indicatif, **l'infinitif** de ces verbes se retrouve **en entier** pour toutes les personnes ; le son [ʒ] est ainsi toujours conservé.
tu nageras ; elle nagera ; nous nagerons ; ils nageront

Attention

• Les verbes terminés par [ɑ̃ʒe] à l'infinitif s'écrivent tous en **-anger**, sauf **venger**.
changer ; arranger ; déranger ; mélanger…

• Pour tous les temps simples et à toutes les personnes, les verbes terminés par **-guer** à l'infinitif conservent le « **u** » de leur radical après le « **g** », même s'il n'est pas indispensable pour maintenir le son [g].
je me fatiguais ; ils se fatiguaient ; tu te fatiguas ;
nous nous fatiguâmes ; nous nous fatiguons

Exercices

1 Conjuguez les verbes en bleu de ces expressions au présent, à l'imparfait et au passé simple de l'indicatif. *Difficulté ■□□*

1. corriger son brouillon
2. ranger ses classeurs
3. se plonger dans des recherches
4. se protéger du froid

2 Copiez ces phrases en écrivant les verbes en bleu au présent de l'indicatif. *Difficulté ■■□*

1. Pour la nettoyer, nous vidanger la cuve à mazout de la villa.
2. Quand il travaille, le bruit ne jamais déranger Bruno.
3. Nous ne pas se fatiguer inutilement pour conserver des forces.
4. Surprise par la pluie, je changer de vêtements.
5. Nous partager notre goûter avec vous tous les mercredis.
6. Le capitaine encourager ses coéquipiers du geste et de la voix.
7. Nous s'engager dans un couloir souterrain bien sombre.
8. Comme la journée sera longue, nous alléger notre sac à dos.

3 Copiez ces phrases en écrivant les verbes en bleu au passé simple de l'indicatif. *Difficulté ■■□*

1. Tu étais en retard, alors tu allonger le pas à l'approche du collège.
2. Vous aménager votre chambre pour disposer de plus d'espace.
3. Mon baladeur ne fonctionnait plus, alors j'envisager de le remplacer.
4. Pour exprimer sa joie, le mime bouger brusquement.
5. Les déménageurs décharger le camion en quelques heures.
6. La rouille ronger les grilles du château médiéval.
7. Nous charger nos bagages sur le chariot mis à notre disposition.
8. Cet arbitre désavantager cette équipe par erreur.

4 Copiez ces phrases en les complétant avec des verbes terminés par -ger ou -guer à l'infinitif. Vous les mettrez à l'imparfait de l'indicatif. *Difficulté ■■■*

1. Pour connaître les causes de l'accident, les gendarmes inte… les témoins.
2. Quand il était petit, Jordi ne man… jamais de haricots verts.
3. Patient, tu ne te décou… jamais devant un puzzle, même très compliqué.
4. Le professeur de mathématiques exi… des réponses très précises.
5. Chaque hiver, ce chalet héber… des classes de neige.
6. Les délégués que nous avions élus siè… au conseil de classe.
7. Au XIXe siècle, les chemins de halage lon… les canaux.
8. Autrefois, les marins ne navi… qu'à la voile.

5 Copiez ce texte en écrivant les verbes en bleu au passé simple. *Difficulté ■■■*

En s'approchant de son usine, le père Sorel appeler Julien de sa voix de stentor ; personne ne répondre. Il ne voir que ses fils aînés, espèces de géants qui, armés de lourdes haches, équarrissaient les troncs de sapin. Ils n'entendre pas la voix de leur père. Celui-ci se diriger vers le hangar ; en y entrant il chercher Julien et il l'apercevoir enfin à cheval sur l'une des pièces de la toiture.

D'après Stendhal, *Le Rouge et le Noir*, 1831.

Pour terminer — 10 min

Copiez ces phrases en écrivant les verbes en bleu aux temps de l'indicatif demandés.

présent

1. Nous juger cette proposition déraisonnable.
2. Nous ménager nos forces.

imparfait

3. Mes cousins loger au dernier étage d'une tour HLM.
4. Le meurtrier purger sa peine au fond d'une cellule.
5. Tu prolonger ton séjour à la Martinique.
6. En 6e, je mélanger encore bien des événements historiques.

passé simple

7. Je rédiger le résumé de ce texte.
8. Vous échanger vos numéros de téléphone.
9. Les radios propager de fausses nouvelles.
10. Le cyclone ravager toute la côte sud de l'île.

Expression écrite

Un élève raconte, dans le journal du collège, ce qu'il a fait lors de la dernière rencontre sportive de water-polo.

Vous rédigerez un texte de huit lignes environ et vous utiliserez, au passé simple, les expressions suivantes :
plonger dans le bassin - nager vers le ballon - ne pas négliger la défense - dégager son camp - se décourager en fin de partie.

15 Les temps simples : verbes du 1er groupe comme semer et céder

Pour débuter

Trouvez le verbe qui convient pour compléter chaque phrase.

1. Le professeur … trois erreurs dans cette copie.

   a) releve
   b) relève
   c) reléve

2. On … les bouteilles plastique pour les recycler.

   a) récupère
   b) récupere
   c) récupére

3. Si vous rentrez tard, vos parents … .

   a) s'inquièteront
   b) s'inquieterons
   c) s'inquiéte

4. Le malade ne … pas les aliments trop gras.

   a) digérerons
   b) digerera
   c) digèrera

5. Les flammes … les troncs des chênes-lièges.

   a) léchent
   b) lèchent
   c) lechent

À retenir

• Pour les verbes du 1er groupe qui ont un « e » muet dans l'avant-dernière syllabe de leur infinitif, on place un **accent grave** sur ce « **e** » devant une terminaison débutant par un « **e** » muet.

		semer	
		présent	futur simple
singulier	1re pers.	*je sème*	*je sèmerai*
	2e pers.	*tu sèmes*	*tu sèmeras*
	3e pers.	*elle sème*	*elle sèmera*
pluriel	1re pers.	*nous semons*	*nous sèmerons*
	2e pers.	*vous semez*	*vous sèmerez*
	3e pers.	*ils sèment*	*ils sèmeront*

• Pour les verbes du 1er groupe qui ont un « **é** » dans l'avant-dernière syllabe de leur infinitif, l'**accent aigu** devient un **accent grave** devant une terminaison débutant par un « **e** » muet.

		céder	
		présent	futur simple*
singulier	1re pers.	*je cède*	*je cèderai*
	2e pers.	*tu cèdes*	*tu cèderas*
	3e pers.	*elle cède*	*on cèdera*
pluriel	1re pers.	*nous cédons*	*nous cèderons*
	2e pers.	*vous cédez*	*vous cèderez*
	3e pers.	*ils cèdent*	*ils cèderont*

*Même si, pour le futur simple, il est possible de conserver le « é » devant la terminaison, il est préférable d'appliquer la même règle qu'au présent de l'indicatif, pour ne pas créer de confusion.

Attention

• Pour l'imparfait et le passé simple de l'indicatif, il n'existe pas de terminaisons débutant par un « **e** » muet, le radical n'est donc **jamais modifié**.

semer : *je semais ; il sema* **céder** : *je cédais ; ils cédèrent*

• On applique la même règle de transformation du « **é** » en « **è** » devant une terminaison débutant par un « **e** » muet pour les verbes du 1er groupe terminés par **-éguer** ou **-égner** à l'infinitif.

déléguer : *je délègue* **régner** : *nous règnerons*

Exercices

1 Conjuguez les verbes en bleu de ces expressions au présent de l'indicatif. *Difficulté ■□□*

1. soulever des haltères
2. accélérer la cadence
3. prélever un échantillon de sang
4. se démener pour terminer à l'heure

2 Écrivez les verbes en bleu au présent de l'indicatif. *Difficulté ■■□*

1. Tu accéder au dernier étage de la tour Montparnasse.
2. L'avion s'élever dans un bruit d'enfer.
3. Je modérer mon envie de quitter la séance avant la fin du film.
4. Ces voitures empiéter sur le trottoir réservé aux piétons.
5. Nous espérer passer dans la classe supérieure.
6. Karim exagérer toujours quand il raconte des histoires.
7. Pourquoi malmener-tu la manette de ta console de jeu ?
8. Ces jeunes acteurs interpréter une scène de *L'Avare* de Molière.

3 Les verbes en bleu sont conjugués à l'imparfait de l'indicatif. Copiez les phrases en mettant les verbes au présent de l'indicatif. *Difficulté ■■□*

1. De petites pâquerettes parsemaient la pelouse.
2. Tu possédais un nouveau logiciel de traitement de texte.
3. J'emmenais souvent mon petit frère au cirque.
4. Le juge considérait que l'accusé n'avait commis aucun délit.
5. En tête du cortège, les majorettes précédaient la fanfare.
6. Nous insérions notre carte dans le boîtier de l'entrée du self.
7. Le maire déléguait une partie de ses pouvoirs à son adjoint.

4 Écrivez les verbes en bleu au futur simple de l'indicatif. *Difficulté ■■■*

1. Le dompteur pénétrer dans la cage des tigres.
2. Nous ne pas tolérer une seule minute de retard de votre part.
3. Si vous ne vous calmez pas, la discussion dégénérer.
4. Pour prendre soin de cet automate, je ne pas dérégler le mécanisme.
5. Lorsque les nuages crever, ce être le déluge.
6. Vous enlever le film protecteur de cette cartouche d'encre.
7. Les garçons jouer au rugby, mais les filles préférer peut-être le basket.
8. L'oncle léguer toute sa fortune à ses neveux.

5 Écrivez les verbes en bleu aux quatre temps simples de l'indicatif, en utilisant les sujets proposés. *Difficulté ■■■*

se mettre au travail, persévérer et l'achever

1. Je …
2. Nous …
3. Tu …
4. Vous …
5. Le menuisier …
6. Les carreleurs …

Pour terminer

10 min

Copiez ces phrases en écrivant les verbes en bleu aux temps de l'indicatif demandés.

présent

1. Le chirurgien opérer les blessés.
2. Le linge sécher au grand air.
3. Tu se lever tous les matins à 7 heures.
4. Je vous suggérer de changer de coiffure.
5. Les jurés délibérer depuis trois heures.

futur simple

6. Le dauphin succéder à son père sur le trône de France.
7. Vous se promener le long de la jetée.
8. S'il pleut, nous abréger notre séjour en Espagne.
9. Tu régler la demi-pension à la fin du trimestre.
10. Les courants ramener les algues sur la plage.

Dictée préparée

Le repas se terminait lorsqu'une voix forte dérégla l'ordre du souper :
« La paix soit avec vous ! »
À ces mots, tous les preux, et même Arthur qui règne depuis tant d'années, se levèrent. Un vieillard était entré, tenant par la main un chevalier vêtu d'une armure couleur de feu.
« Voici celui qui mènera à bien la quête du Saint-Graal et achèvera les temps aventureux ! »
Tous alors célébrèrent le jeune homme quand il s'assit sans hésiter sur le siège réservé aux hôtes de marque.

D'après les *Romans de la Table ronde*, XIIIe siècle.

Relevez tous les verbes conjugués, puis identifiez leur temps et leur infinitif.

Bilan n°2

8. Le passé simple de l'indicatif : *être - avoir*, verbes du 1er groupe
9. Le passé simple de l'indicatif : verbes des 2e et 3e groupes en *-i*
10. Le passé simple de l'indicatif : verbes difficiles du 3e groupe
11. Les temps simples : verbes du 1er groupe en *-ayer, -oyer, -uyer*
12. Les temps simples : verbes du 1er groupe en *-eler, -eter*
13. Les temps simples : verbes du 1er groupe en *-cer*
14. Les temps simples : verbes du 1er groupe en *-ger*
15. Les temps simples : verbes du 1er groupe comme *semer* et *céder*

Exercices

1 ***Remplacez les infinitifs des verbes en bleu par la forme du passé simple qui convient.***

1. Lorsque la lumière s'éteindre, tous pousser un cri de frayeur. 2. Je être enchantée de vous rencontrer au marché forain. 3. Marie Curie mourir d'une maladie causée par une exposition excessive aux rayons X. 4. Vous croire que j'étais parti alors que je vous attendais un peu plus loin. 5. Dès que tu parcourir cette lettre des yeux, tu reconnaître son écriture. 6. Je retenir mes larmes durant tout le dernier acte de cette représentation. 7. Lorsqu'elles croiser leur professeur, Sandra et Isabelle le saluer. 8. Nous comprendre ses intentions dès qu'il ouvrir la bouche. 9. Il avoir si peur qu'il s'enfuir en courant.

2 ***Conjuguez les verbes en bleu aux temps de l'indicatif demandés.***

1. Vous nager (futur simple) jusqu'à ce que vous ayez parcouru 300 m. 2. Marc-Antoine s'élancer (passé simple) dès le coup de sifflet de l'arbitre. 3. Ronan et Alexandra feuilleter (imparfait) des magazines au CDI. 4. Je régler (futur simple) tous mes achats avec mon argent de poche. 5. La fée Morgane ensorceler (imparfait) Merlin pour obtenir ses pouvoirs. 6. Les sculpteurs modeler (imparfait) l'argile pour obtenir une ébauche de la statue. 7. Désormais, tu jeter (futur simple) ton chewing-gum dans la poubelle avant de monter dans le car.

3 ***Copiez ces phrases en mettant les verbes en bleu à l'imparfait, puis au passé simple de l'indicatif.***

1. Les athlètes suisses pagaient moins vite que les sportifs espagnols. 2. Quand vous essayez d'assembler ces allumettes, vous utilisez une colle spéciale. 3. Quand nous recommençons une partie, il faut remettre les scores à zéro. 4. À l'approche de Noël, le service postal s'accélère. 5. Dès son arrivée, l'actrice regrette l'absence de fleurs dans sa loge. 6. Pour ton anniversaire, je tiens à préparer ton gâteau préféré. 7. Je modifie l'énoncé de cet exercice. 8. Ma sœur reçoit des compliments sur sa nouvelle coupe de cheveux. 9. Le champion d'échecs retient tous les coups de ses adversaires.

Dictée préparée

Mélia vit sur une île grecque et possède plusieurs chats (dont Sombre et Démocratie). L'arrivée de la dictature va provoquer un changement de nom pour l'un des chats…

Papa arriva le samedi dans tous ses états ; il se mit immédiatement en colère. Le soir, tout le monde était à table quand je me levai pour faire rentrer Sombre et Démocratie parce que la pluie commençait à tomber. Sombre rentra, mais pas ma chatte.
Alors je me mis à crier :
« Démocratiiiiiiiie ! »
Papa m'attrapa et hurla :
« Ou bien vous jetez cette bête, ou bien elle change de nom ! Je ne veux pas perdre mon emploi ! »

D'après Alki Zei, *Le Tigre dans la vitrine*, Syros Jeunesse.

A ***Relevez tous les verbes conjugués et leurs sujets.***

B ***Indiquez leur infinitif et leur groupe.***

Expression écrite

4 ***Décrivez, au passé simple, l'abordage d'un navire marchand par un vaisseau pirate. Votre texte, d'une dizaine de lignes, comportera certains des verbes et sujets suivants :***

a) le capitaine - les flibustiers - les canons - les sabres - Barbe Noire - tous les passagers - les étoffes précieuses - la cargaison d'épices - les grappins ;
b) s'abattre - engager - signaler - mourir - charger - lancer - arraisonner - héler - pénétrer - enlever - déployer - rudoyer.

5 ***Coralie adresse une lettre à son ami Julien : elle lui raconte sa dernière sortie au cinéma.***
Utilisez des termes des listes suivantes pour rédiger un courrier d'une dizaine de lignes. Les verbes seront conjugués aux temps simples de l'indicatif.

a) la prochaine fois - hier - au début du film - durant deux heures
b) commencer - projeter - interpeller - haleter - désagréger - piéger - congeler - se calmer
c) le robot - les mutants - le héros - les spectateurs - je

6 ***Écrivez le texte suivant aux temps du récit : passé simple et imparfait.***

Je balaie le sol noirâtre depuis une heure ; je m'appuie enfin sur mon balai et j'essuie mon front humide et sale.
Pendant ce temps, ma collègue larmoie car elle délaie de l'eau de Javel :
« Tu enraieras mieux les microbes ! » me dit-elle sans honte.
Mon balai tournoie ; j'enrage ; je bégaie :
« Qui… me… relaiera ? »

Exploitation du test →

Repérez les numéros des questions sur lesquelles vous avez fait des fautes.
Révisez les leçons correspondantes et assurez-vous que vous avez bien compris en refaisant les exercices de ces leçons :

questions 1, 2, 3
→ leçon 8 → Le passé simple : *être - avoir*, verbes du 1er groupe

questions 4, 5
→ leçon 9 → Le passé simple : verbes des 2e et 3e groupes en *-i*

questions 6, 7, 8
→ leçon 10 → Le passé simple : verbes difficiles du 3e groupe

questions 9, 10
→ leçon 11 → Les temps simples : verbes du 1er groupe en *-ayer, -oyer, -uyer*

questions 11, 12, 13
→ leçon 12 → Les temps simples : verbes du 1er groupe en *-eler, -eter*

questions 14, 15
→ leçon 13 → Les temps simples : verbes du 1er groupe en *-cer*

questions 16, 17
→ leçon 14 → Les temps simples : verbes du 1er groupe en *-ger*

questions 18, 19, 20
→ leçon 15 → Les temps simples : verbes du 1er groupe comme *semer* et *céder*

10 min Test

Difficulté ■□□

1. ***Ce jour-là, nous … exceptionnellement en retard.***
 a. fumons b. fîmes c. fûmes
2. ***Soudain, il … mal à la tête.***
 a. eu b. eut c. eus
3. ***Le prisonnier … à ses blessures.***
 a. succombaient b. succomba c. succombit
4. ***Tu … avec joie tes anciens amis lors de cette soirée.***
 a. revut b. revus c. revis
5. ***Ils … une imprudence.***
 a. commirent b. comméttèrent c. commères
6. ***Les esclaves … à une traversée épuisante.***
 a. survirent b. survivèrent c. survécurent
7. ***Bien des pâtissiers … des recettes à base de chocolat au thé vert.***
 a. conçurent b. concevurent c. concevirent
8. ***Nous … Jean-Claude de votre arrivée.***
 a. prévenîmes b. prévînmes c. prévîmes
9. ***Vous … vos parents par vos larmes.***
 a. apitoyer b. apitoyés c. apitoyez
10. ***Le passeur et moi … un tarif pour traverser rapidement la rivière.***
 a. monnayont b. monnayons c. monnaillons
11. ***Tu … ce poisson dès ton retour.***
 a. congèleras b. congellera c congélerons
12. ***Ils … leur père par son prénom.***
 a. appelles b. appèlent c. appellent
13. ***Mme Eloi … des napperons à longueur d'année.***
 a. crochettent b. crochète c. crochéte
14. ***Tu … un manque de sérieux dans cette enquête.***
 a. dénonçais b. dénonsait c. dénoncez
15. ***Demain, je … cette vitre cassée.***
 a. remplacerait b. remplacerai
 c. remplaçait
16. ***Les saisonniers … du matin au soir pendant trois semaines.***
 a. vendanger b. vendangez c. vendangeaient
17. ***Quelques planches … à la surface de la mer.***
 a. surnageaient b. surnageait
 c. surnagaient
18. ***Nous … la télévision en baissant le son.***
 a. régliions b. réglons c. régleront
19. ***La municipalité … une statue à la gloire d'un écrivain du pays.***
 a. élévera b. éléve c. èlèvera
20. ***L'haltérophile … 20 kg de plus que lors de son précédent défi.***
 a. soulève b. soulèvent c. souléve

Pour aller plus loin

Difficulté ■■■

1. ***Vous … un scénario invraisemblable.***
 a. imaginâtes b. imaginates c. imaginer
2. ***Le brigand … bientôt retrouvé.***
 a. fit b. fût c. fut
3. ***Vincent et Claude … bien peur de manquer le train.***
 a. eûrent b. eurent c. urent
4. ***Marie-Lou … lorsqu'on lui posa une question.***
 a. rougi b. rougis c. rougit
5. ***Nous … un plein panier de champignons en deux heures.***
 a. remplimes b. remplîmes c. remplissent
6. ***Furieux, le chauffard … difficilement ses injures.***
 a. retins b. retiens c. retint
7. ***J'… son reflet dans la vitre.***
 a. aperçus b. aperçut c. apercevus
8. ***Les géraniums … grâce au soleil et à des arrosages réguliers.***
 a. croissèrent b. crûrent c. crûtes
9. ***Chaque nuit, le renard … les volailles.***
 a. effraie b. effrayent c. effroit
10. ***Léa … l'esquisse, puis tu … un prototype en bois.***
 a. modèlera / ciselleras b. modèleras / cisèlera
 c. modèlera / cisèleras
11. ***Je … les documents que je ne … pas conserver.***
 a. jetai / voulais b. jeta / voula
 c. jettai / voulai
12. ***Elle ne … jamais d'entretenir ses rollers.***
 a. négliges b. néglige c. négligent
13. ***Les fourmis … des milliers de miettes pour nourrir toute la colonie.***
 a. engrangeais b. engrangeaient c. engranger
14. ***Je … votre proposition très intéressante.***
 a. jugeai b. jugez c. jugeait
15. ***Maureen et Jules … leurs vacances en gardant des enfants.***
 a. finançent b. financent c. finances
16. ***Tu t'… pour empêcher le vase de tomber.***
 a. élança b. élanssa c. élanças
17. ***Les soldats … une retraite prudente.***
 a. amorsserrent b. amorcèrent c. amorçèrent
18. ***À la sortie de la gare, il … un taxi.***
 a. héla b. hélas c. hellas
19. ***Un clou énorme … le pneu avant droit du camion.***
 a. créva b. crèva c. creva
20. ***Ces monarques … sans pitié sur leur peuple.***
 a. régner b. régnaient c. règnaient

16 Le passé composé de l'indicatif

Pour débuter

Trouvez le verbe, conjugué au passé composé, qui convient pour compléter chaque phrase.

1. La tornade … le toit de la vieille cabane.

   a) a emporté
   b) est emporté
   c) avons emporté

2. J' … par admettre que ce projet était trop ambitieux.

   a) es fini
   b) ai fini
   c) avez fini

3. Les bergers … l'ensemble du troupeau de moutons.

   a) a tondu
   b) ont tondu
   c) sont tondus

4. Les clients … devant les caisses.

   a) ont présentés
   b) se sont présentés
   c) s'est présenté

5. Nous … dès la fin de la visite.

   a) avons partie
   b) sommes parties
   c) est partie

À retenir

Pour former le passé composé d'un verbe, on place un des deux **auxiliaires**, conjugué au présent de l'indicatif, **devant le participe passé**.

• Beaucoup de verbes, en particulier les verbes transitifs, se conjuguent avec l'auxiliaire **avoir**.

• Quelques verbes (**aller**, **partir**, **arriver**, **entrer**, **rester**, **tomber**…), ainsi que tous les verbes pronominaux, se conjuguent avec l'auxiliaire **être**.

		auxiliaire **avoir**	auxiliaire **être**	
singulier	1re pers.	*j'ai parlé*	*je suis venu(e)*	*je me suis levé(e)*
	2e pers.	*tu as parlé*	*tu es venu(e)*	*tu t'es levé(e)*
	3e pers.	*elle a parlé*	*elle est venue*	*elle s'est levée*
pluriel	1re pers.	*nous avons parlé*	*nous sommes venu(e)s*	*nous nous sommes levé(e)s*
	2e pers.	*vous avez parlé*	*vous êtes venu(e)s*	*vous vous êtes levé(e)s*
	3e pers.	*ils ont parlé*	*ils sont venus*	*ils se sont levés*

Les verbes **avoir** et **être** se conjuguent avec l'auxiliaire **avoir**.

Présent :	*J'ai du courage.*	*Je suis courageux(se).*
Passé composé :	*J'ai eu du courage.*	*J'ai été courageux(se).*

• Seul le participe passé employé avec l'auxiliaire **être** s'accorde **avec le sujet du verbe**.

Je me suis levée. ➔ C'est une femme qui parle.
Nous nous sommes levées. ➔ Ce sont des femmes qui parlent.

Attention

Il existe des **formes particulières** pour les participes passés des verbes du 3e groupe.

mourir : *mort, morte*
plaire : *plu*
prévoir : *prévu, prévue*
vivre : *vécu, vécue*
naître : *né, née*
offrir : *offert, offerte*
savoir : *su, sue*
vaincre : *vaincu, vaincue*
devoir : *dû, due*
pouvoir : *pu*
boire : *bu, bue*
taire : *tu, tue*

Astuce

Certains participes passés se terminent toujours par une lettre muette, « **t** » ou « **s** ». Chercher le féminin du participe passé permet souvent de trouver la lettre muette.

faire : *fait (faite)* **dire** : *dit (dite)* **prendre** : *pris (prise)*

Exercices

1 ***Conjuguez les verbes en bleu de ces expressions au passé composé de l'indicatif. N'oubliez pas l'accord des participes passés employés avec l'auxiliaire être.*** *Difficulté* ■□□

1. échapper à ses poursuivants
2. aller aux renseignements
3. boire une tasse de thé
4. entrer par la porte de service
5. imiter le cri de la chouette
6. construire une maquette
7. avoir des tresses
8. être surpris par le bruit

2 ***Copiez ces phrases en écrivant les verbes en bleu au passé composé de l'indicatif.*** *Difficulté* ■■□

1. Vous accueillir vos cousins à l'aéroport de Roissy.
2. Pour ne pas te réveiller, je s'éloigner sur la pointe des pieds.
3. Il pleuvoir durant trois jours ; les rivières sont en crue.
4. À 17 heures, les élèves attendre longtemps le car de ramassage.
5. Après bien des hésitations, tu revenir à ton point de départ.
6. L'infusion de tilleul être employée pour lutter contre les insomnies.
7. Le sanglier disparaître dans les fourrés sans laisser de traces.
8. Je lire trois chapitres des nouvelles aventures d'Harry Potter.
9. Les corsaires s'emparer d'un navire anglais.
10. Nous avoir beaucoup de chance, car il faire beau pendant les vacances.

3 ***Les verbes en bleu sont conjugués au passé simple. Copiez les phrases en écrivant ces verbes au passé composé.*** *Difficulté* ■■□

1. Qui découvrit l'Amérique en 1492 ?
2. Les électriciens isolèrent les câbles du plafond.
3. La légende de Barbe Bleue naquit peut-être d'une histoire vraie.
4. J'épaissis la sauce blanche avec un peu de farine.
5. Vous vous déplaçâtes pour rien ; le concert fut annulé.
6. Comme tu étais malade, le médecin te dispensa d'EPS.
7. L'avocat intervint pour faire libérer son client.
8. Avant d'acheter le papier peint tu pris les dimensions de la pièce.
9. Par leurs réponses, ces candidats satisfirent le jury.
10. Nous nous réunîmes dans une salle d'études pour préparer l'exposé.

4 ***Copiez ce texte en mettant les verbes en bleu au passé composé.*** *Difficulté* ■■■

C'est alors qu'on frapper à la porte. On d'abord penser que c'étaient les voisins et on continuer à mener notre paisible petite vie familiale, mais ça frappait toujours. Jérémy aller ouvrir. Verdun et Jérémy se retrouver alors devant une minuscule Vietnamienne qui souriait.
Jérémy coller Verdun dans les bras de la Vietnamienne. Et c'est là que le miracle avoir lieu. Verdun se taire brusquement. La maison se réveiller.

D'après Daniel Pennac, *La fée carabine*, © Gallimard, 1987.

Pour terminer (10 min)

Copiez ces phrases en écrivant les verbes en bleu au passé composé de l'indicatif. Attention à l'accord des participes passés.

1. Nous devoir affronter une tempête de neige.
2. Vous revenir sur vos premières déclarations.
3. Tu sortir pour te dégourdir les jambes.
4. Pourquoi refuser-tu notre proposition ?
5. Quelques rois mourir assassinés par des rivaux.
6. Je tenir dix secondes en équilibre sur la poutre.
7. Le seau tomber au fond du puits.
8. Toute la soirée, les touristes chasser les moustiques.
9. Ces amateurs de champignons se perdre dans la forêt.
10. Gloria s'éveiller avant nous.

Dictée préparée

Le geôlier raconte à Martin son passé de troubadour.
« Pour rassurer les dames, j'ai joué des notes très douces. Puis j'ai chanté les exploits des chevaliers de jadis. C'est alors que j'ai vu des larmes dans leurs yeux. Elles m'ont remercié d'un sourire.
- Mais pourquoi cette vie s'est-elle achevée ? demanda Martin. Pourquoi avez-vous cessé de chanter ?
- Je te l'ai dit : j'ai tout connu du succès, alors je me suis arrêté. Je ne suis plus reparti. »

D'après J.-C. Noguès, *Le Faucon déniché*, Hachette Jeunesse, 2001.

A ***Retrouvez les verbes conjugués au passé composé et donnez leur infinitif.***

B ***Quels sont les deux verbes pronominaux ?***

C ***Justifiez l'accord du participe passé « achevée ».***

17 Les autres temps composés de l'indicatif

Pour débuter

Trouvez le verbe qui convient pour compléter chaque phrase.

1 Vous … déjà … lorsque la sonnerie retentit.

a) étiez … parties
b) avez … parties
c) ai … partie

2 Le chanteur … le public qui l'applaudissait debout.

a) auras conquis
b) avait conquis
c) était conquis

3 Le médecin … la blessure et il déclara que ce n'était qu'une égratignure.

a) était examiné
b) avait examiné
c) avez examiné

4 Quand nous … tous ces appareils, nous choisirons le meilleur.

a) aurons testé
b) avaient testé
c) étaient testés

5 Lorsque tu … ta lettre, tu la relus attentivement.

a) avait terminé
b) étais terminé
c) eus terminé

À retenir

• Le **plus-que-parfait** de l'indicatif est formé de **l'imparfait de l'auxiliaire** (**avoir** ou **être**) et du **participe passé** du verbe conjugué.

		écrire	tomber
		auxiliaire **avoir**	auxiliaire **être**
singulier	1re pers.	*j'avais écrit*	*j'étais tombé(e)*
	2e pers.	*tu avais écrit*	*tu étais tombé(e)*
	3e pers.	*elle avait écrit*	*elle était tombée*
pluriel	1re pers.	*nous avions écrit*	*nous étions tombé(e)s*
	2e pers.	*vous aviez écrit*	*vous étiez tombé(e)s*
	3e pers.	*ils avaient écrit*	*ils étaient tombés*

• Le **passé antérieur** de l'indicatif est formé du **passé simple de l'auxiliaire** (**avoir** ou **être**) et du **participe passé** du verbe conjugué.

		écrire	tomber
		auxiliaire **avoir**	auxiliaire **être**
singulier	1re pers.	*j'eus écrit*	*je fus tombé(e)*
	2e pers.	*tu eus écrit*	*tu fus tombé(e)*
	3e pers.	*elle eut écrit*	*elle fut tombée*
pluriel	1re pers.	*nous eûmes écrit*	*nous fûmes tombé(e)s*
	2e pers.	*vous eûtes écrit*	*vous fûtes tombé(e)s*
	3e pers.	*ils eurent écrit*	*ils furent tombés*

• Le **futur antérieur** de l'indicatif est formé du **futur simple de l'auxiliaire** (**avoir** ou **être**) et du **participe passé** du verbe conjugué.

		écrire	tomber
		auxiliaire **avoir**	auxiliaire **être**
singulier	1re pers.	*j'aurai écrit*	*je serai tombé(e)*
	2e pers.	*tu auras écrit*	*tu seras tombé(e)*
	3e pers.	*elle aura écrit*	*elle sera tombée*
pluriel	1re pers.	*nous aurons écrit*	*nous serons tombé(e)s*
	2e pers.	*vous aurez écrit*	*vous serez tombé(e)s*
	3e pers.	*ils auront écrit*	*ils seront tombés*

Exercices

1 ***Écrivez ces phrases en mettant les verbes en bleu aux temps composés de l'indicatif demandés.*** Difficulté ■□□

1. *Cet appareil est conçu pour couper les pommes de terre en fines lamelles.*
passé composé : plus-que-parfait :
passé antérieur : futur antérieur :
2. *Sous la piqûre de la guêpe, nous réagissons vivement.*
passé composé : plus-que-parfait :
3. *En traversant la route, tu prends le maximum de précautions.*
passé composé : plus-que-parfait :
passé antérieur : futur antérieur :

2 ***Copiez ces phrases en écrivant les verbes en bleu au plus-que-parfait de l'indicatif.*** Difficulté ■■□

1. Si tu mieux ranger tes affaires, tu les aurais retrouvées sans peine.
2. Nous aller un peu vite en besogne et la réparation ne pas tenir.
3. Je croire entendre un sifflement, mais il n'en était rien.
4. Si vous laisser la porte ouverte, le chat aurait pu se mettre au chaud.
5. Axel ne pas souhaiter que nous l'aidions et il démonter seul les étagères.
6. Les chercheurs d'or abandonner ce filon où il n'y avait plus une pépite.

3 ***Copiez ces phrases en écrivant les verbes en bleu au passé antérieur de l'indicatif.*** Difficulté ■■□

1. Dès que le principal entrer dans la classe, le silence se fit.
2. Quand ils reconnaître ce célèbre acteur, ils voulurent obtenir un autographe.
3. Quand la voiture sortir du parking, la barrière s'abaissa.
4. Lorsque tu faire les comptes, tu t'aperçus qu'il manquait de l'argent.
5. Quand je dévorer cette tranche de rôti, j'en coupai une seconde.
6. Dès que les chevaliers délivrer les prisonniers, ils quittèrent le château.

4 ***Copiez ces phrases en écrivant les verbes en bleu au futur antérieur de l'indicatif.*** Difficulté ■■□

1. Quand tu devenir un grand architecte, tu me construiras une maison !
2. Lorsque Viviane s'équiper d'un casque, elle pourra utiliser son scooter.
3. Quand vous écouter ce disque, vous courrez l'acheter !
4. Dès que je mettre du cacao dans mon bol de lait, je le boirai.
5. Quand les cigognes revenir d'Afrique, ce sera le printemps.
6. Lorsque nous économiser assez, nous ferons un cadeau à notre maman.

5 ***Copiez ce texte en mettant les verbes en bleu au plus-que-parfait de l'indicatif.*** Difficulté ■■■

La berline se renverser. L'accident se produire au débouché du plateau d'Orsennes. Dès le milieu de la pente, la voiture, trop chargée, dépasser les chevaux ; rattrapés par le poids, poussés par derrière, ils se mettre au galop. Un instant l'attelage tanguer ; puis, dans un claquement sec, l'une des roues se briser et la lourde machine aller s'écraser dans un fossé plein d'eau.

D'après Françoise Chandernagor, *L'Enfant des Lumières*, © De Fallois, 1995.

Pour terminer (10 min)

Copiez ces phrases en écrivant les verbes en bleu aux temps de l'indicatif demandés.

plus-que-parfait

1. Le cheval franchir sans encombre la haie lorsqu'il trébucha.
2. Je prédire une difficile journée de négociations.
3. Nous rester stupéfaits devant les exploits des cascadeurs.
4. Nous promettre de ne plus nous laisser distraire pour un rien.

passé antérieur

5. Quand les alpinistes parvenir au sommet, ils prirent des photos.
6. Lorsque tu ouvrir la fenêtre, nous respirâmes bien mieux.
7. Après qu'il achever ce plat, il demanda l'addition.

futur antérieur

8. Demain, vous oublier cette mésaventure.
9. Quand nous accorder nos guitares, nous pourrons vous accompagner.
10. Lorsque tu partir, je ferai la vaisselle.

Expression écrite

Écrivez quatre phrases avec les verbes suivants en les conjuguant aux temps demandés :

1. terminer (passé antérieur) - partir (passé simple)
2. apprendre (futur antérieur) - pouvoir (futur simple)
3. comprendre (plus-que-parfait) - aller (imparfait)
4. s'endormir (plus-que-parfait) - rêver (plus-que-parfait) - s'éveiller (passé simple).

18 Le présent du conditionnel

Pour débuter

Trouvez le verbe, conjugué au présent du conditionnel, qui convient pour compléter chaque phrase.

1. S'il le fallait, je … les rayons de la bibliothèque.

   a) nettoyais
   b) nettoierais
   c) nettoie

2. Pourquoi ne …-tu pas lire ce message ?

   a) pouvaient
   b) pourait
   c) pourrais

3. S'il consultait un dictionnaire, Aubin … tous les renseignements.

   a) obtiendrait
   b) obtenirait
   c) obtient

4. Si je voyais un extraterrestre, je … de peur.

   a) mourrirais
   b) mourrais
   c) mourra

5. Si tu devais déménager, tu … un pavillon

   a) habiteras
   b) habites
   c) habiterais

À retenir

Le présent du conditionnel se forme comme **le futur simple à partir de l'infinitif du verbe**, seules les terminaisons sont **différentes** (ce sont les mêmes que celles de l'imparfait).

		1er groupe	2e groupe	3e groupe
		jouer	**guérir**	**vivre**
singulier	1re pers.	*je jouerais*	*je guérirais*	*je vivrais*
	2e pers.	*tu jouerais*	*tu guérirais*	*tu vivrais*
	3e pers.	*elle jouerait*	*elle guérirait*	*elle vivrait*
pluriel	1re pers.	*nous jouerions*	*nous guéririons*	*nous vivrions*
	2e pers.	*vous joueriez*	*vous guéririez*	*vous vivriez*
	3e pers.	*ils joueraient*	*ils guériraient*	*ils vivraient*

Pour certains verbes, le radical est modifié :

être : *ils seraient* **avoir** : *j'aurais* **faire** : *je ferais*
aller : *tu irais* **venir** : *il viendrait* **courir** : *nous courrions*
savoir : *vous sauriez* **cueillir** : *tu cueillerais* **envoyer** : *il enverrait*

Astuce

Devant les terminaisons débutant par un « **e** » muet, on retrouve les mêmes modifications du radical qu'au futur simple. (Voir leçons 11, 12, 15.)

essuyer : *j'essuierais* **appeler** : *tu appellerais* **jeter** : *nous jetterions*
acheter : *elle achèterait* **semer** : *vous sèmeriez* **céder** : *ils cèderaient*

Attention

Le verbe d'une subordonnée introduite par la conjonction **si** n'est jamais au conditionnel.
La proposition : *Si ~~j'aurais~~ une moto…* est **incorrecte**.
On doit toujours dire :
Si j'avais une moto (imparfait), *je pourrais* (conditionnel) *me déplacer plus facilement.*

Exercices

1 ***Écrivez les verbes en bleu de ces expressions aux temps et aux personnes demandés.*** *Difficulté* ■□□

	futur simple de l'indicatif	présent du conditionnel
1. aimer la musique	tu …	tu …
2. souhaiter s'amuser	nous …	nous …
3. avoir des remords	j' …	j' …
4. faire du roller	vous …	vous …
5. acheter une brioche	j' …	j' …
6. appeler des amis	ils …	ils …
7. ouvrir le courrier	elle …	elle …
8. cueillir des cerises	je …	je …

2 ***Copiez ces phrases en écrivant les verbes en bleu au présent du conditionnel.*** *Difficulté* ■■□

1. Redouter-vous l'arrivée de l'hiver ?
2. Si tu suivais notre recette, tu préparer un excellent couscous.
3. Ces filets protéger efficacement les vergers de la grêle.
4. J'adorer plonger dans les eaux du lagon de Bora-Bora.
5. Si cet homme observait un régime plus strict, il maigrir.
6. Si nous étions en panne, le garagiste venir à notre secours.
7. Si les fraises étaient mûres, j'aller les ramasser.
8. Si on annonçait l'ouverture des soldes, nous courir au centre commercial.

3 ***Transformez ces phrases selon l'exemple proposé. Les verbes soulignés seront à l'imparfait de l'indicatif et les verbes en bleu au présent du conditionnel.*** *Difficulté* ■■■

Ex : Quand tu obtiendras ton permis, tu pourras conduire.
➔ Si tu obtenais ton permis, tu pourrais conduire.

1. Quand la batterie sera vide, je la rechargerai.
2. Quand nous relirons l'énoncé, nous comprendrons mieux les questions.
3. Quand Émilie fera preuve de patience, elle achèvera son dessin.
4. Quand ces enfants grandiront, leurs goûts changeront.
5. Quand la nuit tombera, j'allumerai la veilleuse.
6. Quand vous tournerez à droite, vous apercevrez l'église romane.

4 ***Copiez ces phrases en écrivant les verbes en bleu au futur simple de l'indicatif ou au présent du conditionnel, selon le sens.*** *Difficulté* ■■■

1. Si je consulte Internet, je trouver la date de naissance de ce chanteur.
2. Si le forgeron évoquait ses souvenirs, les citadins l'écouter avec curiosité.
3. Il est probable que la digue contenir les eaux du Rhône en crue.
4. Si tu l'arrosais, cette plante pousser plus vite.
5. Si vous trouviez une place de parking, vous se garer.
6. On pense que les spéléologues savoir retrouver la sortie de la grotte.
7. Si les poules avaient des dents, elles être carnivores !

Pour terminer (10 min)

Copiez ces phrases en écrivant les verbes en bleu au présent du conditionnel.

1. Si vous buviez moins de café, vous être moins nerveux.
2. Que devenir les ours des Pyrénées s'ils n'étaient pas protégés ?
3. Il falloir une grue pour déplacer ces blocs de béton.
4. Il paraît que tu choisir d'apprendre le chinois.
5. On ne savoir exclure un changement de programmation.
6. Un tapis plus épais amortir votre chute.
7. S'ils le pouvaient, les scientifiques envoyer un homme sur Mars.
8. S'il fonctionnait, je prendre le télésiège.
9. Des volets isolants améliorer le confort de ces appartements.
10. Avant de parler, tu devoir réfléchir un peu.

Expression écrite

Vous vous apprêtez à gravir un sommet difficile des Alpes et vous faites part de vos réflexions à votre équipier en une dizaine de lignes.

Vous commencerez le texte par : « Si nous étions raisonnables, nous … ». Vous utiliserez quelques-uns des verbes suivants à la 1re personne du pluriel du présent du conditionnel :
s'équiper - prévenir - consulter - prendre - attendre - emporter - se couvrir - prévoir - préparer - ne pas oublier.

19 Le présent du subjonctif

Pour débuter

Trouvez le verbe, conjugué au présent du subjonctif, qui convient pour compléter chaque phrase.

1. Il faut que nous … quand la voie sera dégagée.

   a) traverse
   b) traversions
   c) traversons

2. Il est souhaitable que vous … votre balcon.

   a) fleurissez
   b) fleurirez
   c) fleurissiez

3. Les habitants regrettent que le bulldozer … les anciennes halles.

   a) démolie
   b) démolisse
   c) démolit

4. J'aimerais bien que tu … ma rédaction.

   a) relis
   b) relises
   c) relisons

5. Je ne voudrais pas qu'Aline … que je l'ai oubliée.

   a) croie
   b) croise
   c) croyons

À retenir

Au présent du subjonctif, les verbes prennent les mêmes terminaisons : **-e**, **-es**, **-ions**, **-iez**, **-ent**, et sont très souvent précédés de la conjonction de subordination **que**.

		1er groupe	2e groupe	3e groupe
		reculer	**agir**	**attendre**
singulier	1re pers.	*que je recule*	*que j'agisse*	*que j'attende*
	2e pers.	*que tu recules*	*que tu agisses*	*que tu attendes*
	3e pers.	*qu'elle recule*	*qu'elle agisse*	*qu'elle attende*
pluriel	1re pers.	*que nous reculions*	*que nous agissions*	*que nous attendions*
	2e pers.	*que vous reculiez*	*que vous agissiez*	*que vous attendiez*
	3e pers.	*qu'ils reculent*	*qu'ils agissent*	*qu'ils attendent*

• Pour les verbes du 2e groupe, on ajoute l'élément « **ss** » entre le radical et la terminaison.

• Pour les verbes du 3e groupe, on modifie souvent le radical.

faire : *qu'il fasse*
savoir : *qu'il sache*
devoir : *qu'il doive*
dire : *qu'il dise*
venir : *qu'il vienne*
voir : *qu'il voie*
pouvoir : *qu'il puisse*
plaire : *qu'il plaise*
aller : *qu'il aille*
conduire : *qu'il conduise*
vouloir : *qu'il veuille*
peindre : *qu'il peigne*

Il faut retenir les formes particulières des deux **auxiliaires**.

avoir : *que j'aie* — *que tu aies* — *qu'il ait*
que nous ayons — *que vous ayez* — *qu'ils aient*

être : *que je sois* — *que tu sois* — *qu'il soit*
que nous soyons — *que vous soyez* — *qu'ils soient*

Attention

Pour les verbes du **1er groupe** terminés par **-yer**, **-iller**, **-gner**, il ne faut pas oublier de placer un « **i** » devant les terminaisons des deux premières personnes du pluriel, pour bien distinguer les présents de l'indicatif et du subjonctif.

présent de l'indicatif	**présent du subjonctif**
Nous payons.	*Il faut que nous payions.*
Vous vous éveillez.	*Il faut que vous vous éveilliez.*
Nous gagnons.	*Il faut que nous gagnions.*

Exercices

1 ***Transformez ces phrases selon l'exemple.*** *Difficulté* ■□□

Ex : Ce magasin s'agrandit. ➔ Il est possible que ce magasin s'agrandisse.

1. Vous revenez sur vos décisions.	Il est rare que …
2. Tu réagis rapidement.	Je m'attends à ce que …
3. Vous avez une idée originale.	Il faut que …
4. La pelouse reverdit.	Il est temps que …
5. Ce projet n'aboutit pas.	On craint que …
6. Je vais chez le dentiste.	Il est urgent que …
7. Tu dors.	Il est temps que …
8. La graisse fond dans la poêle.	Il faut que …
9. Rachel fait ce problème.	Il est indispensable que …

2 ***Écrivez les verbes en bleu au présent du subjonctif.*** *Difficulté* ■■□

1. D'ici, il est possible que nous ne pas distinguer l'île d'Yeu.
2. Il est de votre intérêt que vous effectuer ce travail.
3. Pourquoi avoir refusé que Farid choisir sa place ?
4. Que voulez-vous que je vous dire à propos de cette proposition ?
5. Il est courant qu'un mot suffire pour se comprendre.
6. Nous regrettons que le quartier voir sa population diminuer.
7. Il serait surprenant que les avions pouvoir atterrir avec ce brouillard.
8. Il n'y a que ce film comique qui plaire aux enfants.

3 ***Écrivez les verbes en bleu au présent du subjonctif.*** *Difficulté* ■■□

1. Il faut que le bûcheron abattre cet arbre malade.
2. Ses parents seraient heureux que Fabien poursuivre ses études.
3. Bien que son cheval faiblir, le jockey espère remporter la course.
4. Il paraît normal que nous aider les personnes handicapées.
5. Tu serviras le civet de lièvre avant qu'il ne refroidir.
6. Ce texte est écrit en anglais, il faut que je le traduire.
7. Souhaitez-vous que quelqu'un vous attendre à la sortie de l'aéroport ?
8. Linda n'est pas étonnée que sa cousine vouloir changer d'emploi.

4 ***Écrivez les verbes en bleu au présent de l'indicatif ou au présent du subjonctif, selon le sens.*** *Difficulté* ■■■

1. Le charpentier déplorer que le bois de cette poutre être trop vert.
2. Le CPE s'assure que les élèves avoir tous un certificat de scolarité.
3. Il est certain que le guépard courir plus vite que la gazelle.
4. Il me semble que le public rire un peu trop facilement.
5. Mme Darmon veut que le plombier venir réparer son robinet.
6. Ne croyez pas que le surveillant admettre facilement votre retard.
7. La nouvelle va te faire un choc ; il vaut mieux que tu s'asseoir.
8. Dès les premières notes de l'orchestre, l'assistance se taire.

Pour terminer 10 min

Copiez ces phrases en écrivant les verbes en bleu au présent du subjonctif.

1. Est-il prudent que tu sortir par ce froid ?
2. Cet ordinateur est le seul que je savoir utiliser.
3. Il se peut que nous rencontrer Rémi au restaurant.
4. Il est regrettable qu'il falloir attendre pour entreprendre les travaux.
5. Le vendeur est disposé à ce que vous essayer différents modèles.
6. Que les trains être à l'heure ? Quoi de plus banal !
7. M. Combe veut que vous réfléchir à sa proposition.
8. Je ne désire pas que Morgane intervenir dans cette affaire.
9. Quoi que vous faire, vous ne remonterez pas ce mécanisme.
10. Nous partirons en Alsace, que tu le vouloir ou non !

Expression écrite

Benoît confie à chacun de ses cinq amis une tâche différente à exécuter pour que la fête d'anniversaire qu'ils organisent soit une réussite.

Vous écrirez six phrases en utilisant les six personnes de la conjugaison au présent du subjonctif. Benoît s'inclut également dans les travaux à effectuer.

Ex : Il faut que je… - Il faut que tu… - Il faut que Didier et Samir… .

20

Le présent de l'impératif

Pour débuter

Trouvez le verbe, conjugué au présent de l'impératif, qui convient pour compléter chaque phrase.

1 … votre réservation pour ce soir.

a) Annule
b) Annulez
c) Annulerez

2 … ton prénom et ton nom.

a) Épellerez
b) Épelle
c) Épele

3 … notre souffle.

a) Reprenons
b) Reprendons
c) Reprend

4 Ne … pas cet animal, il est dangereux.

a) caressez
b) caressent
c) carressions

5 … ces opérations à l'aide de ta calculatrice.

a) Résoudez
b) Résolvent
c) Résous

À retenir

• Pour exprimer des ordres, des conseils, des souhaits, des recommandations, des demandes, des interdictions, des vœux, des prières, on emploie très souvent **l'impératif**.
L'impératif ne se conjugue qu'à **trois personnes**, sans sujet exprimé.

	1er groupe	2e groupe	3e groupe
2e personne du singulier	*continue*	*finis*	*réponds*
1re personne du pluriel	*continuons*	*finissons*	*répondons*
2e personne du pluriel	*continuez*	*finissez*	*répondez*

• Les verbes **ouvrir**, **offrir**, **souffrir**, **couvrir**, **cueillir** se conjuguent comme les verbes du 1er groupe à la 2e personne du singulier (pas de « **s** »).
ouvrir : *ouvre* **offrir** : *offre* **cueillir** : *cueille*

Pour les verbes du 3e groupe, les **modifications du radical** sont les mêmes qu'au présent de l'indicatif.
sortir : *tu sors* → *Sors !* **éteindre** : *tu éteins* → *Éteins !*

• Les deux auxiliaires, et certains verbes, ont **des formes particulières** :

avoir :	*Aie de l'énergie.*	*Ayons de l'énergie.*	*Ayez de l'énergie.*
être :	*Sois énergique.*	*Soyons énergiques.*	*Soyez énergiques.*
aller :	*Va ouvrir !*	*Allons ouvrir !*	*Allez ouvrir !*
savoir :	*Sache patienter.*	*Sachons patienter.*	*Sachez patienter.*

Astuce

Lorsque la 2e personne du singulier de l'impératif se termine par une voyelle (« **e** » ou « **a** »), on ajoute un « **s** » quand le mot qui suit le verbe est un des pronoms personnels « **en** » ou « **y** ». Ce « **s** » facilite la prononciation.
Cette tarte est appétissante, coupes-en une part.
Ce spectacle est gratuit, vas-y vite !

Attention

• Il ne faut pas confondre :
- le **pronom personnel sujet** lié au verbe par un trait d'union au présent de l'indicatif de la forme interrogative
indicatif : *Te reposes-tu sur le canapé ?*
- le **pronom personnel réfléchi**, lui aussi relié au verbe par un trait d'union au présent de l'impératif.
impératif : *Repose-toi sur le canapé !*

• Certains verbes ne sont jamais conjugués à l'impératif.
Ex : *devoir* - *pouvoir* - *valoir* - *faillir* - *falloir* - *neiger* - *pleuvoir*…

Exercices

1 Conjuguez les verbes en bleu de ces expressions au présent de l'impératif. *Difficulté* ■□□

1. chanter d'une voix forte
2. se garer sur le parking
3. avertir les pompiers
4. s'étendre sur le sol
5. boire du sirop de menthe
6. se servir d'une fourchette

2 Conjuguez les verbes en bleu aux temps et aux personnes demandés. *Difficulté* ■■□

	présent de l'indicatif	présent de l'impératif
1. payer en liquide (2e p. du sing.)	...	...
2. oublier cette histoire (2e p. du plur.)	...	...
3. réagir rapidement (2e p. du plur.)	...	...
4. surmonter sa douleur (2e p. du sing.)	...	...
5. rouler à droite (1re p. du plur.)	...	...
6. répondre au téléphone (2e p. du sing.)	...	...
7. se taire (2e p. du plur.)	...	...
8. inscrire son nom (2e p. du sing.)	...	...

3 Transformez selon l'exemple. *Difficulté* ■■□

Ex : Il faut que tu attendes le signal. ➔ Attends le signal.

1. Il faut que tu suives les instructions de montage.
2. Il faut que tu coupes des tartines de pain.
3. Il faut que nous affirmions notre présence.
4. Il faut que tu te fasses vacciner contre la tuberculose.
5. Il faut que vous remplissiez le réfrigérateur.
6. Il faut que tu renforces les attaches du rideau.

4 Écrivez les verbes en bleu au présent de l'impératif. Soyez attentif(ve) aux indices qui indiquent la personne. *Difficulté* ■■■

1. Diminuer votre consommation de matières grasses.
2. Ponctuer correctement ton texte pour qu'il soit lisible.
3. Se méfier de nos premières impressions.
4. Se mettre dans la file d'attente pour attendre ton tour.
5. Sortir tes vêtements de sport et s'habiller.
6. Se réjouir de savoir que votre projet est accepté.
7. Préciser ton idée avant de t'engager plus avant.

5 Écrivez, au présent de l'impératif, les conseils que donne un peintre à un de ses élèves qu'il tutoie. Écrivez ensuite ce texte lorsque le peintre s'adresse à un groupe d'élèves. *Difficulté* ■■■

Disposer les éléments de la nature morte sur une serviette blanche. Prendre une toile et la poser sur le chevalet. Préparer sa palette et ses tubes de couleur. Choisir ses pinceaux avec le plus grand soin. Tracer quelques-uns des traits de la composition. Commencer par le fond, puis peindre les fruits par petites touches. Aller sans cesse des objets à la toile pour saisir la complexité des formes. Ne pas hésiter à modifier une nuance qui ne donne pas satisfaction. S'éloigner de la toile pour apprécier l'ensemble. Savoir que le travail sera long et minutieux.

Pour terminer

10 min

Copiez ces phrases en écrivant les verbes en bleu au présent de l'impératif.

1. Ne plus chercher vos lunettes, nous les avons trouvées.
2. Être au CDI dans une heure et recopier tes leçons.
3. Le bruit est assourdissant, boucher tes oreilles !
4. Entrouvrir doucement votre porte.
5. Rejoindre tes camarades dans la galerie marchande.
6. Avoir de l'imagination et réaliser nos rêves.
7. Distribuer huit cartes à chacun de vos partenaires.
8. Se souvenir de tes débuts à la patinoire.
9. Nettoyer tes chaussures avant de sortir.
10. Prendre vite une photo de notre groupe.

Dictée préparée

L'arbre disait : « Grimpe, petit enfant ! » Mais l'enfant était trop petit. Alors le Géant le porta jusqu'au sommet de l'arbre. Puis il dit aux autres : « Restez, ce jardin est à vous ! Revenez chaque jour ! Soyez à l'heure et surtout, faites tout le bruit que vous voudrez ! »
Le lendemain cependant, le petit enfant que le Géant aimait n'apparut pas. « Dites à votre ami de revenir ! » rappela le Géant.

D'après Oscar Wilde, *Le Géant égoïste*, 1888.

A Quel est le mode verbal employé par le Géant ? pourquoi ?

B Conjuguez chaque verbe en bleu aux deux autres personnes qui ne sont pas utilisées dans ce texte.

Bilan n°3

16. Le passé composé de l'indicatif
17. Les autres temps composés de l'indicatif
18. Le présent du conditionnel
19. Le présent du subjonctif
20. Le présent de l'impératif

Exercices

1 *Conjuguez les verbes en bleu aux temps composés de l'indicatif demandés.*

1. Si tout va bien, nous atteindre (futur antérieur) le refuge avant la nuit. 2. François Ier faire (passé composé) construire le château de Chambord. 3. Chaque fois qu'il écrire (plus-que-parfait) un chapitre, le romancier le faisait lire à sa femme. 4. Quand ils achever (passé antérieur) leur dessert, ils commandèrent un café. 5. Hanissa faillir (passé composé) rater son train à cause d'un incident dans le métro. 6. Laurine et Alicia naître (passé composé) toutes les deux au mois de septembre. 7. Quand tu expliquer (futur antérieur) ta méthode, je comprendrai mieux comment tu obtiens ce résultat.

2 *Modifiez les phrases suivantes en mettant les verbes en bleu au présent du conditionnel et les verbes soulignés à l'imparfait de l'indicatif.*

1. Tu pourras chanter demain si tu ne tousses plus. 2. Si vous nous écoutez, vous améliorerez vos résultats. 3. Si on réintroduit le loup dans les parcs naturels, les bergers seront mécontents. 4. Valérie fera des gaufres pour le goûter si vous finissez de rentrer le bois dans la remise. 5. Si mon chanteur préféré passe à la télévision, mes amies me préviendront. 6. Si je nage 25 mètres en moins de 30 secondes, je battrai mon propre record. 7. Si le film est en version originale, les spectateurs liront les sous-titres.

3 *Copiez ces phrases en mettant les verbes en bleu au présent du subjonctif et aux personnes demandées ; modifiez les phrases selon l'exemple.*

Ex : Ne pas bouger (2e p. du plur.) si vous voulez que la photo être (3e p. du sing.) réussie.
→ Il ne faut pas que vous bougiez si vous voulez que la photo soit réussie.

1. Attendre (3e p. du plur.) le médecin des urgences dans une salle voisine. 2. Montrer (1re p. du sing.) une nouvelle figure de skate-board à Étienne. 3. Essayer (3e p. du sing.) de renverser son adversaire et lui plaquer (3e p. du sing.) les épaules au sol pour remporter cette rencontre de judo. 4. Le troll mourir (3e p. du sing.) pour que les membres du clan traverser (3e p. du plur.) le pont. 5. Pleuvoir, venter, neiger (3e p. du sing.) pour que Magali ne pas sortir (3e p. du sing.) sans chapeau.

Dictée préparée

Ce matin-là, Frédéric II pensait à sa jeunesse. Il pensait à tout ce qu'il ferait s'il n'avait femme et enfant. Il pensait à tout ce qu'il entreprendrait s'il était libre. En même temps, il prenait une boîte sur la cheminée et passait en revue son contenu. Il fallait vraiment qu'il range ! Ravi de retrouver ses souvenirs, il regardait longuement tous ces objets, se demandant où il pourrait bien placer des choses si étonnantes.

D'après Jean Giono, *Un Roi sans divertissement*, © Éditions Gallimard.

A *Relevez les verbes conjugués au présent du conditionnel. Donnez leur infinitif, puis conjuguez-les à la 1re et la 3e personne du pluriel.*

B *Quels sont le temps et le mode du verbe en bleu ? Quel indice vous aide à trouver ? Conjuguez-le au même mode à toutes les personnes.*

Expression écrite

4 *Vous faites un exposé en classe sur l'un des personnages célèbres suivants (personnages imaginaires ou réels) :*

Don Quichotte - Marco Polo - Magellan - Jupiter - Lancelot du Lac - Marie Curie.
Votre récit sera écrit aux temps composés de l'indicatif. Vous pourrez effectuer une recherche préalable dans un dictionnaire.

5 *Vos parents achètent un nouveau téléviseur. Ils discutent avec un vendeur.*

Vous rédigerez un dialogue de huit répliques. Quelques-unes seront construites à partir de la liste suivante :
choisir un abonnement - ne pas fonctionner - ne pas répondre à notre attente - ne pas être satisfaits - offrir une promotion - placer une pile dans la télécommande.
Vous écrirez quatre phrases au présent du conditionnel et quatre phrases au présent du subjonctif, en les faisant alterner d'un interlocuteur à l'autre.
Ex : - Serait-il possible de brancher ce lecteur de DVD sur mon ancien téléviseur ?
- Bien sûr, à condition que vous ayez une prise péritel.

6 *Vous répétez avec votre groupe de musiciens en prévision d'un prochain concert. Vous êtes chargé(e) de donner à chacun les dernières instructions.*

Employez les verbes suivants à l'impératif pour composer un texte d'une dizaine de lignes. Vous penserez à nommer chaque musicien.
chanter près du micro - articuler les paroles - régler la puissance de l'ampli - s'accorder - mieux écouter les guitares - déplacer la batterie - faire un solo - être ensemble à la fin - savoir jouer sans partition

Exploitation du test →

Repérez les numéros des questions sur lesquelles vous avez fait des fautes.

Révisez les leçons correspondantes et assurez-vous que vous avez bien compris en refaisant les exercices de ces leçons :

questions 1, 2, 3, 4
→ leçon 16 → Le passé composé de l'indicatif

questions 5, 6, 7, 8
→ leçon 17 → Les autres temps composés de l'indicatif

questions 9, 10, 11, 12
→ leçon 18 → Le présent du conditionnel

questions 13, 14, 15, 16
→ leçon 19 → Le présent du subjonctif

questions 17, 18, 19, 20
→ leçon 20 → Le présent de l'impératif

10 min

Test

Difficulté ■□□

1 ***... mon sac de voyage sur le tapis roulant ?***
a. Avait-vous vu b. Avez-vous vues
c. Avez-vous vu

2 ***Tu ... tout seul : qui t'... ?***
a. n'est pas tombé / a poussée
b. n'es pas tombé / a poussé
c. n'es pas tombée / as poussé

3 ***Tatiana ... en entendant la voix d'Axel.***
a. s'est évanouie b. s'est évanouit
c. s'est évanoui

4 ***Le chat ... de vieillesse.***
a. est mouru b. est mort c. a mouru

5 ***Vous ... visiblement mal ... le texte.***
a. aviez / compris b. aviez / compri
c. avaient / comprie

6 ***Safia récitera sa leçon quand elle l'... .***
a. auras apprise b. aurat apprise
c. aura apprise

7 ***Les garçons ... chacun une casquette rouge.***
a. avait acheté b. avaient acheté
c. avaient achetés

8 ***Nous verrons mieux les étoiles quand nous nous ... .***
a. serons allongés b. seront allongés
c. seront allongé

9 ***Au cas où je n'... pas son appel, je reste ici.***
a. entendrai b. entends c. entendrais

10 ***Si vous veniez au carnaval, nous ... contents.***
a. serons b. serions c. seront

11 ***Tu ... que tes cousins viennent pour les vacances.***
a. aimerait b. aimerez c. aimerais

12 ***Qui ... dans un désordre pareil ?***
a. vivrait b. vivrais c. vivraient

13 ***Je veux que Gilles ... les élèves à l'école de plongée.***
a. conduit b. conduise c. conduisent

14 ***N'espère pas que ce cactus ... avant l'été.***
a. fleurisse b. fleurit c. fleurissent

15 ***Le corps médical attend que l'on ... un hôpital.***
a. bâtit b. batisses c. bâtisse

16 ***Que le meilleur ... !***
a. gagnent b. gagne c. gagnes

17 ***... le vol des vautours !***
a. Admires b. Admire c. Admirent

18 ***... notre repas, nous ferons ainsi connaissance.***
a. Partageons b. Partageont c. Partagons

19 ***... vite ! Il y a de la fumée partout !***
a. Sort b. Sorre c. Sors

20 ***... à éteindre la lumière en partant.***
a. Veiller b. Veillais c. Veillez

Pour aller plus loin

Difficulté ■■■

1 ***Les conquérants espagnols ... les Amérindiens.***
a. ont décimé b. ont décimés c. sont décimés

2 ***Des lièvres ... dans le champ de M. Carpeaux.***
a. ont été aperçu b. ont été aperçus
c. ont été apercus

3 ***Les voyageurs ... leurs bagages quand leur vol ... .***
a. avait enregistré / fut annulé
b. avaient enregistrés / fut annulés
c. avaient enregistré / fut annulé

4 ***Qu'... -vous ... chercher ?***
a. étez / venus b. étiez / venut
c. étiez / venus

5 ***Dès qu'Anthony ... le lever de lune, il mémorisa ses clichés sur l'ordinateur.***
a. photographias b. eut photographié
c. eût photographié

6 ***Si Scapin ... à frapper son maître, les spectateurs éclateraient de rire.***
a. réussissait b. réussissais c. réussissait

7 ***Qui m'aime me ... !***
a. suive b. suivent c. suit

8 ***... vite avant que tes parents ne nous voient !***
a. Vas-t'en b. Va-t'en c. Vat-t'en

9 ***Quand M. Vial ..., le notaire ... ses héritiers.***
a. aura disparu / désignera
b. aurais disparu / désignerait
c. aurai disparu / désigneras

10 ***Je souhaite que Judith et toi ... ce prix de poésie.***
a. gagnez b. gagner c. gagniez

11 ***Les Grecs ... de belles céramiques.***
a. avaient façonnés b. avaient façonné
c. avait façonné

12 ***... la vaisselle avant de l'essuyer.***
a. Rinçons b. Rincons c. Rinsons

13 ***Tristan et Maud voudraient que leur mariage se ... par une belle fête de famille.***
a. conclue b. conclut c. conclues

14 ***... -toi ! Tes muscles sont trop raides !***
a. Détend b. Détends c. Détens

15 ***Larry ... ses gains s'il pariait plutôt sur ce cheval.***
a. triplerez b. tripleriez c. triplerait

16 ***Après le naufrage du pétrolier, douze équipes ... les plages.***
a. ont nettoyé b. ont nettoyer
c. nettoyent

17 ***Les Orléanais avaient été assaillis par les Anglais avant que Jeanne d'Arc ... les délivrer.***
a. puisse b. puisses c. puissent

18 ***Attendrez-vous qu'Emma ... pour l'aider ?***
a. faiblit b. faiblît c. faiblisse

19 ***... d'eau ce barbecue avant que le vent ne se ... .***
a. Aspergeons / lèvent b. Aspergeons / lève
c. Aspergeont / lève

20 ***Il aurait aimé que vous ... le formulaire.***
a. rempliez b. remplissiez c. remplissiait

21

Le genre des noms

Pour débuter

Trouvez le nom féminin qui convient pour compléter chaque phrase.

1 Claire n'est pas une … ; elle dit toujours la vérité.

a) menteure
b) menteuse
c) mentrice

2 Cette … travaille au centre aéré.

a) éducateuse
b) éducateure
c) éducatrice

3 La … a reçu une médaille d'or.

a) champion
b) championne
c) championeuse

4 Les médecins du SAMU ont soigné la … .

a) blessée
b) blessé
c) blesseuse

5 Le roquefort est un fromage à base de lait de … .

a) brebis
b) brebise
c) moutonne

À retenir

• On forme généralement le féminin des noms d'êtres animés **en ajoutant un « e » à la forme du nom masculin**, sauf si le nom masculin se termine déjà par un « **e** ». Dans ce cas, on place un article féminin devant le nom.
un bavard → une bavarde *un lapin → une lapine* *un élève → une élève*

• Cependant, la terminaison du nom masculin est quelquefois **modifiée** pour former le nom féminin.
un gaucher → une gauchère
un acteur → une actrice
un sportif → une sportive
un sot → une sotte
un lion → une lionne
un patineur → une patineuse
un malheureux → une malheureuse
un duc → une duchesse

• Parfois, le nom féminin est un nom **tout à fait différent** du nom masculin.
un roi → une reine
un coq → une poule

• Les noms propres d'habitants s'écrivent au féminin.
un Français → une Française
un Grec → une Grecque
un Italien → une Italienne
un Danois → une Danoise

Remarque : Aujourd'hui, beaucoup de noms de métiers peuvent être employés au féminin. Souvent, on place seulement **un article féminin** devant le nom masculin. Dans d'autres cas, il suffit d'ajouter un « **e** ».
un ministre → une ministre
un auteur → une auteure

Attention

• On peut hésiter sur **le genre** de certains noms lorsqu'on regarde leur terminaison. Il faut alors consulter un dictionnaire.
une oasis ; une primeur ; une vis ; une paroi
un emblème ; un épilogue ; un pétale

• Le féminin de certains noms peut avoir un **sens différent** (il ne désigne pas alors un être animé) de celui du nom masculin.
un trotteur : un cheval dressé pour aller au trot.
une trotteuse : l'aiguille d'une montre qui indique les secondes.

• Selon le genre, certains noms ont un **sens totalement différent** au masculin et au féminin.
le tour de France / la tour du château
une manche de veste / un manche de balai

Exercices

1 ***Écrivez le féminin de ces noms.*** *Difficulté* ■□□

1. un commerçant 2. un étudiant 3. un blond 4. un marquis
5. un ours 6. un ami 7. un chat 8. un saint
9. un voisin 10. un châtelain 11. un idiot 12. un bourgeois
13. un marié 14. un apprenti 15. un candidat 16. un habitué
17. un marchand 18. un cousin 19. un figurant 20. un employé
21. un Américain 22. un Allemand 23. un Chinois 24. un Nantais

2 ***Écrivez le féminin de ces noms.*** *Difficulté* ■■□

1. un chien 2. un gardien 3. un collégien 4. un citoyen
5. un pharmacien 6. un espion 7. un Breton 8. un patron
9. un coiffeur 10. un skieur 11. un chanteur 12. un voyageur
13. un spectateur 14. un moniteur 15. un électeur 16. un directeur
17. un maître 18. un âne 19. un ouvrier 20. un étranger
21. un Libanais 22. un Brésilien 23. un Niçois 24. un Australien

3 ***Écrivez le féminin de ces noms. Vous pouvez consulter un dictionnaire.*** *Difficulté* ■■□

1. un loup 2. un héros 3. un cerf 4. un religieux
5. un roux 6. un veuf 7. un dieu 8. un bouc
9. un muet 10. un fou 11. un mâle 12. un père
13. un paysan 14. un époux 15. un oncle 16. un cheval
17. un frère 18. un singe 19. un empereur 20. un Parisien
21. un poète 22. un tigre 23. un hôte 24. un prince

4 ***Complétez ces phrases avec un nom féminin de la même famille que les noms masculins donnés ci-dessous.*** *Difficulté* ■■□

le mandarin - le portier - le marin - le médecin - le cafetier - le jardinier - le chevalier - le dépanneur

1. Mandy verrouille la … droite de sa voiture.
2. Aimez-vous la … de légumes ou préférez-vous les frites ?
3. Certains malades ont recours à une … douce pour se soigner.
4. La … est un fruit riche en vitamines qu'on trouve sur les marchés.
5. Michaël porte une … sur laquelle sont gravées ses initiales.
6. Il ne faut pas confondre la … marchande et la … de guerre.
7. Diane a acheté une nouvelle … électrique.
8. La … circule sur la bande d'arrêt d'urgence.

5 ***Placez l'article qui convient devant chaque nom. Vous pouvez consulter un dictionnaire.*** *Difficulté* ■■■

1. … agrafe 2. … abîme 3. … stalactite 4. … insigne
5. … globule 6. … autographe 7. … tubercule 8. … arôme
9. … idole 10. … éloge 11. … espèce 12. … gaufre
13. … planisphère 14. … haltère 15. … artère 16. … tentacule
17. … atmosphère 18. … atome 19. … enclume 20. … mandibule
21. … météorite 22. … icône 23. … indice 24. … autoroute

Pour terminer (10 min)

Copiez ces phrases en remplaçant les noms masculins en bleu par leur féminin.

1. La sœur de Mozart était également une excellente musicien.
2. Plus tard, Charlène voudrait devenir cuisinier.
3. La parrain de Marie lui offre de nombreux cadeaux.
4. L'infirmier effectue une prise de sang.
5. Ce début de roman passionne déjà la lecteur.
6. Armelle est une comédien qui a un grand talent.
7. La neveu de M. Viard travaille dans un bureau de recherche.
8. La porc a donné naissance à huit petits porcelets.
9. Cette année, Vanessa a une nouvelle copain.
10. La caissier fait ses comptes en fin de journée.

Expression écrite

Ces noms existent avec des sens différents au masculin ou au féminin : page - livre - mousse - voile - vase - garde - moule - mode - poêle.

À l'aide de chacun de ces noms, composez deux phrases ; dans l'une, il sera du genre masculin et dans l'autre du genre féminin.

22

Le pluriel des noms

Pour débuter

Trouvez le nom au pluriel qui convient pour compléter chaque phrase.

1 Pour bâtir cette maison, nous avons utilisé des … naturels.

a) matériaux
b) matérials
c) matériaus

2 Les … sont des oiseaux nocturnes.

a) hibous
b) hiboux
c) hiboues

3 Dans les mines du Congo, on extrait de nombreux … rares.

a) métals
b) métaux
c) métaus

4 Pour son anniversaire, Nourdine a reçu beaucoup de … .

a) cadeaus
b) cadaus
c) cadeaux

5 Pour faire tomber les …, on utilise une longue perche.

a) noix
b) nois
c) noies

À retenir

• Pour former le pluriel d'un nom, on ajoute souvent un « **s** » au nom singulier.
un escalier → des escaliers *une table → des tables*

• Pour former le pluriel d'un nom terminé par **-au**, **-eau**, **-eu**, on ajoute un « **x** » au nom singulier.
un tuyau → des tuyaux *un bateau → des bateaux* *un pieu → des pieux*
Exceptions : *des pneus ; des bleus ; des landaus ; des émeus* (oiseaux australiens) *; des lieus* (les poissons)

• Beaucoup de noms terminés par **-al** au singulier font leur pluriel en **-aux**.
le cheval → les chevaux *le général → les généraux*
Exceptions : *des bals ; des chacals ; des carnavals ; des festivals ; des récitals ; des régals…*

• Une majorité de noms terminés par **-ail** au singulier font leur pluriel en **-ails**.
un rail → des rails ; des détails ; des portails ; des chandails…
Exceptions : *les coraux ; les travaux ; les vitraux ; des émaux ; des soupiraux*

• Les noms terminés par **-ou** au singulier prennent un « **s** » au pluriel.
un fou → des fous ; des clous ; des trous ; des bambous ; des verrous…
Exceptions : *les bijoux ; les cailloux ; les choux ; les genoux ; les hiboux ; les joujoux ; les poux*

Attention

• Les noms terminés par « **s** », « **x** », « **z** » au singulier sont **invariables** au pluriel.
le bois → les bois *le prix → les prix* *le nez → les nez*

• Au pluriel, certains noms ont un **sens différent** de celui du singulier.

faire sa toilette	*aller aux toilettes*
observer une étoile avec une lunette	*porter des lunettes*
Le film tire à sa fin. (il se termine)	*Il arrive à ses fins.* (il réussit)
prendre le frais (l'air)	*entraîner des frais* (des dépenses)

• Certains noms ne s'emploient qu'au singulier ou inversement seulement au pluriel.
au singulier seulement : *le bétail ; (faire) le guet ; (joindre) l'utile à l'agréable*
au pluriel seulement : *les funérailles* (fém.) *; les entrailles* (fém.) *; les préparatifs* (masc.) *; les mœurs* (fém.) *; les ténèbres* (fém.) *; les gens* (fém. ou masc.) *…*

Exercices

1 Écrivez ces noms au pluriel. *Difficulté ■□□*

1. une merguez 2. un dieu 3. un banc 4. un hôpital
5. le travail 6. un piano 7. un record 8. une villa
9. un fléau 10. un bail 11. un total 12. un végétal
13. un cristal 14. un canal 15. un sou 16. un cheveu
17. un joyau 18. un tableau 19. un pou 20. un étau
21. un aveu 22. un préau 23. un tribunal 24. un fusil
25. un maréchal 26. un carnaval 27. un boyau 28. un feu

2 Écrivez les noms en bleu au pluriel et ajoutez un complément du nom. *Difficulté ■■□*

Ex : pousser le verrou → pousser les verrous du garage

1. serrer l'écrou 2. planter un chou 3. attendre le signal 4. arracher un clou
5. posséder un bijou 6. lire un panneau 7. ôter le noyau 8. tirer le rideau
9. acheter un journal 10. fermer le portail

3 Copiez ces couples de phrases en complétant par le nom qui convient. *Difficulté ■■□*

1. *maux - taux*
Le … d'intérêt de la caisse d'épargne augmente.
Les … de gorge gênent ceux qui doivent parler en public.

2. *bois - envois*
Il ne faut pas oublier de timbrer les … postaux.
Le … de chêne est l'un des plus résistants.

3. *voix - voies*
Les jeunes élèves prononcent les mots à … haute.
Les … de chemin de fer sont toujours parallèles.

4. *repas - plats*
Chaque jour, Farid prend son … de midi au collège.
Les … de la cuisine provençale sont souvent épicés.

4 Écrivez ces noms au singulier. Consultez un dictionnaire. *Difficulté ■■□*

1. des croix 2. des refus 3. des taudis 4. des propos
5. des secours 6. des revenus 7. des soucis 8. des lavabos
9. des contours 10. des choix 11. des poids 12. des temps
13. des adieux 14. des parois 15. des balais 16. des loups
17. des résineux 18. des chamois 19. des relais 20. des échecs

5 Copiez ces phrases en écrivant les noms en bleu au pluriel. N'oubliez pas les accords. *Difficulté ■■■*

1. La Chine produit un riz d'excellente qualité.
2. Le local doit être nettoyé après le bal.
3. Martial regarde le détail de ce vitrail avec un œil attentif.
4. La lionne surveille le jeu de son lionceau.
5. Le gaz inodore ne se détecte pas lorsqu'on entre dans cette pièce.

Pour terminer (10 min)

Copiez ces phrases en écrivant les noms en bleu au pluriel.

1. Les mérou ont disparu de certaines mer.
2. On confectionne les épouvantail à moineau avec de vieux vêtement.
3. Un retraité original a construit un palais avec de petits caillou.
4. Les kangourou sont des animal qui ne vivent qu'en Australie.
5. L'été, de nombreux festival sont organisés sur les lieu de vacances.
6. Dans ces marécage, on trouve des roseau et des bambou.
7. As-tu bien mesuré tous les enjeu de cette expédition ?
8. Les esquimau se déplacent sur des traîneau tirés par des chien.
9. Les genou sont des articulation fragiles, surtout chez les sportif.
10. Ces champ produisent plus de cinquante quintal de blé à l'hectare.

Expression écrite

Un visiteur émerveillé contemple la rosace d'une cathédrale gothique.

En utilisant au pluriel huit noms de la liste suivante, décrivez cette rosace en huit lignes. Les verbes seront conjugués à la 1re ou à la 3e personne du singulier du présent de l'indicatif.
un vitrail - une image - un détail - un bijou - un panneau - un métal - un verre - un travail - la beauté du lieu - la scène de la vie d'un saint - un carreau - un portail - la couleur

23 Le pluriel des noms composés

Pour débuter

Trouvez le mot qui convient pour compléter ces noms composés.

1. Sur cette côte, on a bâti de nombreux gratte-… .
   a) cieux
   b) ciel
   c) papier

2. Les élèves de 3e font du sport tous les mercredis après-… .
   a) midi
   b) demain
   c) coups

3. Vincent Van Gogh a peint plusieurs …-d'œuvre.
   a) chefe
   b) chefs
   c) pied

4. Dans ce garage, on change les …-brise en moins d'une heure.
   a) parent
   b) coupe
   c) pare

5. Les Révolutionnaires de 1793 étaient parfois appelés les …-culottes.
   a) sens
   b) sans
   c) cents

À retenir

• Les noms composés sont formés de **deux ou trois mots** unis par un ou des **traits d'union**.
un abat-jour ; une pause-café ; un arc-en-ciel

• Dans les noms composés, **seuls les noms et les adjectifs** peuvent se mettre au **pluriel**.
un balai-brosse → *des balais-brosses*
un sourd-muet → *des sourds-muets*

• Dans les noms composés, **les verbes, les adverbes, les prépositions** sont toujours **invariables**.
un bouche-trou → *des bouche-trous* (verbe + nom)
un tout-petit → *des tout-petits* (adverbe + nom)
un pince-sans-rire → *des pince-sans-rire* (verbe + préposition + verbe)

• Pour un **nom composé employé au singulier**, le sens peut imposer le **pluriel** du second mot.
un compte-tours → un dispositif pour compter « les tours »
un coupe-ongles → un ustensile pour couper « les ongles »

• Pour un **nom composé employé au pluriel**, le sens peut imposer le **singulier** du second mot.
des pur-sang → des chevaux qui ont le sang pur
des porte-bonheur → des objets qui apportent le bonheur
des serre-tête → des accessoires qui enserrent la tête

Astuce

Pour vous aider à mettre un nom composé au pluriel, pensez à **le décomposer en ses différents éléments** dont vous identifierez précisément la nature grammaticale.
un attrape-nigaud = une ruse grossière qui ne peut tromper qu'un nigaud
des attrape (verbe → invariable) *-nigauds* (nom commun → accord)

Attention

Certains noms composés sont formés de **deux mots qui se sont soudés**.

un passe-droit mais *un passeport*
une contre-allée mais *une contrebasse*
un sous-verre mais *une soucoupe*
un porte-savon mais *un portefeuille*

Exercices

Pour tous ces exercices, vous pouvez utiliser un dictionnaire.

1 *Écrivez ces noms composés au pluriel.* *Difficulté* ■■□

1. un porc-épic
2. un chêne-liège
3. un garde-chasse
4. un non-voyant
5. un brise-glace
6. un ciné-club
7. un avant-projet
8. un camion-citerne
9. un coffre-fort
10. un casse-croûte
11. un croque-monsieur
12. un loup-garou
13. une arrière-garde
14. un aide-comptable
15. une ville-dortoir
16. un rouge-gorge
17. un croc-en-jambe
18. un après-ski

2 *Copiez ces phrases en écrivant correctement les noms composés en bleu.* *Difficulté* ■■□

1. Les demi-finale de la coupe furent très disputées.
2. Quand il pleut, les essuie-glace sont fort utiles.
3. Les inventeurs sont souvent des touche-à-tout originaux.
4. Les joueurs lillois procèdent par de rapides contre-attaque.
5. Les paroles de Sabrina sont pleines de sous-entendu.
6. Dans les westerns, le shérif poursuit les hors-la-loi avec succès.
7. Au self du collège, nous prenons des plateau-repas.

3 *Écrivez ces noms composés au pluriel.* *Difficulté* ■■□

1. un blanc-bec
2. un chassé-croisé
3. un cul-de-sac
4. un dessous-de-plat
5. un haut-parleur
6. un hôtel-restaurant
7. un pot-au-feu
8. une volte-face
9. un faux-fuyant
10. un porte-parole
11. un presse-purée
12. un monte-charge
13. un avant-bras
14. un non-lieu
15. un bouche-trou
16. un sous-titre
17. un avant-goût
18. un aide-mémoire
19. un cessez-le-feu
20. un faire-part
21. un remonte-pente

4 *Écrivez ces noms composés au singulier.* *Difficulté* ■■■

1. des compte-gouttes
2. des trois-quarts
3. des casse-noisettes
4. des rendez-vous
5. des chausse-pieds
6. des vide-ordures
7. des pare-chocs
8. des chauffe-plats
9. des brise-lames
10. des rince-doigts
11. des presse-papiers
12. des couvre-lits
13. des vice-présidents
14. des blocs-notes
15. des chefs-lieux

5 *Copiez ces phrases en complétant les noms composés en bleu avec les mots qui conviennent. Attention aux accords.* *Difficulté* ■■■

1. Le ministre range ses dossiers dans des porte-d… .
2. Certains croient que les trèfles à quatre feuilles sont des porte-b… .
3. Le gardien de l'immeuble possède d'impressionnants porte-c… .
4. Le directeur sportif utilise un porte-v… pour encourager ses coureurs.
5. Dans la rade de Toulon, on peut admirer un gigantesque porte-a… .
6. Les porte-f… de cette villa sont munies de doubles vitrages.
7. Autrefois, les écoliers écrivaient avec des porte-p… .
8. On peut placer une petite valise sur le porte-b… de cette moto.

Pour terminer 10 min

Copiez ces phrases en écrivant les noms composés en bleu au pluriel.

1. Protégeons les chauve-souris qui ne sont pas des animaux nuisibles.
2. Les aéro-club proposent des baptêmes de l'air.
3. Dans ce restaurant, on cuisine les chou-fleur en gratin.
4. Les ruelles des villes médiévales étaient de véritables coupe-gorge.
5. Les touristes peuvent découvrir Paris à bord des bateau-mouche.
6. Des milliers de pousse-pousse sillonnent les rues des villes chinoises.
7. Les arc-boutant de la cathédrale de Reims sont richement décorés.
8. Pour vivre à bord des sous-marin, il ne faut pas aimer le grand air.
9. Cette pelouse est couverte de bouton-d'or.
10. On trouve toujours à se garer dans les sous-sol de ce centre commercial.

Dictée préparée

M. Gaspard Lalouette, tout marchand de bric-à-brac qu'il était, entra cet après-midi-là à l'Académie sans laissez-passer mais en payant son billet.
M. Maxime d'Aulnay devait prononcer son discours de réception.
Mme de Bithynie, belle-sœur d'un noble seigneur, braqua un face-à-main qui devait lui servir de longue-vue sur le jeune homme qui commença avec sang-froid :
« Mesdames, mesdemoiselles, messieurs… »

D'après Gaston Leroux, *Le Fauteuil hanté*, 1907.

A *Relevez les noms composés et donnez la nature grammaticale de chacun de leurs éléments.*

B *Écrivez ces noms composés au pluriel et justifiez leur orthographe.*

24 Les adjectifs qualificatifs

Pour débuter

Trouvez l'adjectif qualificatif qui convient pour compléter ces expressions.

1 franchir de … distances

a) grandes
b) grands
c) grand

2 fournir une réponse …

a) justes
b) juste
c) juteuse

3 être un homme …

a) heureu
b) heureuse
c) heureux

4 diviser un nombre …

a) pair
b) paires
c) pères

5 acheter une voiture avec un toit …

a) ouvrante
b) ouvrant
c) ouvrantes

À retenir

• L'adjectif qualificatif **s'accorde en genre et en nombre** avec le nom auquel il apporte une précision, même s'il en est séparé par un verbe.

un cheveu court ➔ *des cheveux courts* *Ces cheveux sont courts.*
une mèche courte ➔ *des mèches courtes* *Ces mèches sont courtes.*

• Pour accorder un adjectif qualificatif avec un **nom féminin**, il suffit souvent d'ajouter un « **e** » à l'adjectif masculin.

un garçon blond ➔ *une fillette blonde*
un joli pantalon ➔ *une jolie chemise*

Les adjectifs qualificatifs terminés par « **e** » au masculin sont **invariables au féminin**.

un coin calme ➔ *une rue calme*
un prix modique ➔ *une somme modique*

• Pour accorder un adjectif qualificatif avec un **nom pluriel**, il suffit souvent d'ajouter un « **s** » à l'adjectif singulier.

un chemin étroit ➔ *des chemins étroits*
une route étroite ➔ *des routes étroites*

Les adjectifs qualificatifs masculins terminés par « **s** » ou « **x** » au singulier sont **invariables au pluriel**.

un candidat admis ➔ *des candidats admis*
un carrefour dangereux ➔ *des carrefours dangereux*

Attention

• Quelques adjectifs **changent de forme** devant un nom masculin débutant par une **voyelle** ou un « **h** » muet.

un vieux papier ➔ *un vieil appareil ; un vieil habit*
un nouveau camarade ➔ *un nouvel ami ; un nouvel habitant*

• Quelques adjectifs masculins prennent un « **x** » au **pluriel**.

un nouveau voyage ➔ *de nouveaux voyages*
un beau bijou ➔ *de beaux bijoux*
un frère jumeau ➔ *des lits jumeaux*

Exercices

1 ***Accordez les adjectifs qualificatifs en bleu avec les noms féminins.*** *Difficulté* ■□□

1. un couloir obscur ➔ une pièce …
2. un pays occidental ➔ une région …
3. un film palpitant ➔ une série …
4. des rails parallèles ➔ des lignes …
5. un gaz paralysant ➔ une piqûre …
6. des billets gratuits ➔ des places …
7. un jour prochain ➔ la semaine …
8. un regard perçant ➔ une vue …
9. le mot précédent ➔ la phrase …
10. des modèles réduits ➔ des vitesses …

2 ***Écrivez les noms en bleu au pluriel et accordez les adjectifs qualificatifs.*** *Difficulté* ■□□

1. un torchon propre
2. une sage décision
3. une attache solide
4. un gros trait
5. un spectateur content
6. un réglage parfait
7. une œuvre rare
8. un animal peureux
9. un compte rond
10. un souvenir agréable

3 ***Copiez ces phrases en accordant les adjectifs qualificatifs en bleu.*** *Difficulté* ■■□

1. En hiver, les jours sont court, froid et souvent triste.
2. Le latin est aujourd'hui une langue mort.
3. Christophe Colomb a découvert des pays mystérieux.
4. La fin de cette histoire est vraiment étonnant.
5. De prestigieux demeures s'élèvent en Sologne.
6. La chienne passe une langue gourmand sur ses babines.
7. Seuls les candidats inscrit pourront concourir.
8. L'écrivain remplit des plein pages pour son prochain roman.

4 ***Copiez ces expressions en accordant les adjectifs qualificatifs en bleu.*** *Difficulté* ■■■

1. avaler une barre fortifiant
2. se lasser de bruits répétitif
3. s'étendre dans l'herbe ras
4. adopter une petit souris gris
5. construire une cabane provisoire
6. voir une récolte détruit par la grêle
7. résoudre des problèmes difficile
8. porter des tenues différent
9. profiter des vents favorable
10. fournir des réponses exact
11. réaliser un beau arrêt
12. habiter des maisons jumeau

5 ***Copiez ces phrases en les complétant avec un adjectif qualificatif de la même famille que le nom en bleu.*** *Difficulté* ■■■

1. l'excellence — Cette région produit des fruits … .
2. la poste — L'agence … reste ouverte jusqu'à 18 heures.
3. le génie — Tu as eu une idée … : baisser le son de l'ampli !
4. la joie — Nous vous souhaitons de … fêtes.
5. la fureur — Un taureau … pénètre dans l'arène.
6. l'intérêt — Voici enfin une proposition … pour les vacances.
7. la hauteur — Le château fort est entouré de … murailles.
8. la grisaille — Les fins de journées d'hiver sont souvent … .

Pour terminer

10 min

Copiez ces phrases en accordant les adjectifs qualificatifs en bleu.

1. Ces piles sont désormais inutilisable.
2. Vous rencontrez une difficulté majeur.
3. La Seconde Guerre mondial a fait des millions de victimes.
4. Les peintres rénovent les parties commun de cette tour.
5. Dans une mêlée totalement confus, les rugbymen se disputent le ballon.
6. Il paraît que les tigres sont des animaux très cruel.
7. Ces statues de cire semblent plus vrai que nature.
8. Le soldat rencontre une patrouille ami.
9. On ne sert pas la soupe dans des assiettes plat.
10. On n'écoute pas longtemps les présentateurs trop bavard.

Expression écrite

Vous participez à une expédition scientifique en Sibérie.
Décrivez, en huit lignes, le paysage que vous observez.

Vous emploierez des noms et des adjectifs pris dans la liste suivante, en les accordant :
plaine (désert) - température (glacial) - végétation (rare) - bourgade (joli) - ciel (nuageux) - arbre (nain) - forêt (profond) - paysage (nouveau) - abri (vieux) - trace (visible).

25 Les adjectifs qualificatifs difficiles

Pour débuter

Trouvez l'adjectif qualificatif qui convient pour compléter chaque phrase.

1 La route est … pour aller de Brest à Strasbourg.

a) longe
b) long
c) longue

2 Les ressources … s'épuiseront si l'on n'y prend pas garde.

a) naturelles
b) natureles
c) naturels

3 Pour le Jour de l'An, tu nous as adressé une … carte.

a) gentile
b) gentils
c) gentille

4 Dans l'espace, les cosmonautes portent des équipements … .

a) spécials
b) spéciaux
c) spéciales

5 Jean-Marc exerce une profession … ; il en est fier.

a) manuèle
b) manuelle
c) manuels

À retenir

• Pour certains adjectifs qualificatifs, la terminaison de l'adjectif masculin est modifiée lorsqu'on doit l'accorder au féminin.

un temps sec → une saison sèche — *un gros billet → une grosse somme*
un lit ancien → une armoire ancienne — *un résultat nul → une valeur nulle*
un geste vif → une réaction vive — *un tissu léger → une toile légère*
un tirage heureux → une fin heureuse — *un produit frais → une crème fraîche*

• Certains adjectifs qualificatifs terminés par **-et** au masculin s'écrivent **-ète** au féminin.

un lot complet → une série complète — *un cas concret → une base concrète*

Mais d'autres adjectifs qualificatifs en **-et** doublent le « **t** » devant le « **e** » du féminin.

un rôle muet → une scène muette — *un contour net → une couleur nette*

• Au pluriel, les adjectifs qualificatifs masculins en **-al** se terminent par **-aux**.

un train régional → des trains régionaux
un tournoi local → des tournois locaux
Exceptions : *des chantiers navals ; des fauteuils bancals ; des moments fatals*

• Les adjectifs indiquant **une couleur** s'accordent avec le nom, sauf quand la couleur est exprimée par deux adjectifs ou par un nom utilisé comme adjectif de couleur.

des motifs verts mais *des motifs vert clair*
des souliers noirs mais *des souliers marron* (de la couleur du marron)
Exceptions : les adjectifs **rose**, **pourpre**, **écarlate**, **mauve**, **fauve** s'accordent.

• Quand un adjectif qualificatif est composé de **deux adjectifs**, en général chacun d'eux s'accorde.

des sauces aigres-douces

Mais si le premier élément est un **adverbe** ou un **mot terminé par -o**, **-a** ou **-i**, il reste invariable.

les accords franco-allemands ; des haricots extra-fins ; des matériaux semi-conducteurs

Attention

• Lorsqu'un adjectif qualifie **deux noms singuliers**, il s'écrit au **pluriel**.

porter un pantalon et un veston légers (Le pantalon <u>et</u> le veston sont légers.)

• Lorsqu'un adjectif qualifie **un nom masculin et un nom féminin**, il s'écrit au **masculin**.

transmettre un message et une information confidentiels

Exercices

Pour tous ces exercices, vous pouvez utiliser un dictionnaire.

1 Accordez *les adjectifs en bleu*. Difficulté ■■□

1. faux	un … numéro	une … adresse	de … billets
2. public	des bancs …	une place …	des écoles …
3. doux	un vin …	une eau …	de … paroles
4. franc	un rire …	une … amitié	des coups …
5. protecteur	un film …	une pellicule …	des mères …
6. intérieur	un règlement …	une poche …	des couloirs …
7. mou	un pain …	une pâte …	des parties …
8. aigu	un angle …	une note …	des sons …
9. destructeur	un orage …	une tempête …	des inondations …
10. naïf	des mots …	une question …	des réflexions …

2 Copiez ces phrases en accordant *les adjectifs qualificatifs en bleu*. Difficulté ■■□

1. Anissa regarde son émission favori.
2. Les marionnettes de ce spectacle sont vraiment mignon.
3. Pour se réchauffer, rien ne vaut une couverture douillet.
4. Les idées les plus fou lui ont traversé l'esprit.
5. Mélanie est inquiet, le car est en retard.
6. La ligne aérien Paris-Pékin est quotidien depuis trois mois.
7. Cette excursion et ce projet de voyage paraissent totalement irréel.
8. La chienne et son maître rentrent malheureux ; ils n'ont rien débusqué.
9. Les rayons ultraviolet sont invisibles à l'œil nu.

3 Accordez *les adjectifs en bleu*. Difficulté ■■□

1. des livraisons journalier
2. une zone littoral
3. des sorties secret
4. des combats naval
5. des amis loyal
6. des coutumes paysan
7. de vilain cicatrices
8. des bruits normal
9. des tests visuel
10. des vérités universel

4 Accordez *les adjectifs en bleu*. Difficulté ■■■

1. des jupes bleu marine
2. une moustache poivre et sel
3. une chevelure blond cendré
4. des cheveux châtain clair
5. une peinture bleu
6. des draps jaune citron
7. des gants beige
8. des poules roux
9. des uniformes kaki
10. des maillots orange
11. des tuiles rouge
12. des rideaux écarlate

5 Copiez ces groupes nominaux en accordant *les adjectifs composés en bleu*. Difficulté ■■■

1. des agneaux nouveau-né
2. des représentants technico-commercial
3. des paupières mi-clos
4. des portes coupe-feu
5. des danseuses court-vêtu
6. une avant-dernier journée

Pour terminer 10 min

Copiez ces phrases en accordant les adjectifs qualificatifs en bleu.

1. Serge cuisine les truites frais qu'il a pêchées.
2. Les châteaux féodal protégeaient le seigneur et sa famille.
3. Ce comique étonne le public avec ses cheveux rose bonbon.
4. Le proverbe affirme que l'erreur est humain.
5. Les besoins vital d'un individu doivent être satisfaits.
6. Les filles sont aussi coquet que les garçons.
7. Nous n'avons fait qu'une bref visite au musée.
8. Les vols spatial nécessitent des préparatifs important.
9. Certaines activités industriel polluent l'atmosphère.
10. Les empereurs romains étaient tout-puissant.

Dictée préparée

Alexandra David-Néel accomplit un voyage au Tibet dans l'intention d'être la première femme à pénétrer dans Lhassa, capitale religieuse du bouddhisme. Pour cela elle se fait passer pour une Tibétaine.

À mon tour, je fus attachée par une vieille corde avec une jeune fille et un garçon tibétains à un banal crochet. Une poussée et une claque vigoureuses nous envoyèrent jusqu'au milieu du câble où nous demeurâmes, nous balançant au-dessus de la rivière. Nous ressemblions à de blanches poupées manipulées par une maligne marionnettiste.

D'après Alexandra David-Néel, *Voyage d'une Parisienne à Lhassa*, 1924, Pocket.

A *Recopiez les groupes nominaux en soulignant le nom noyau ; encadrez les adjectifs qualificatifs et justifiez l'accord de chacun d'eux.*

B *Donnez le masculin singulier de chaque adjectif en expliquant sa règle de formation au féminin et au pluriel.*

26

Les déterminants numéraux

Pour débuter

Trouvez le nombre écrit en lettres qui correspond au nombre en chiffres en bleu.

1 Je bénéficie d'une réduction de 15 euros sur cet achat.

a) dix et cinq
b) quinze
c) kinzes

2 La lettre parviendra à destination dans 24 heures.

a) vingt-quatre
b) vingt et quatre
c) vingt plus quatre

3 Encore 130 pages et j'aurai fini ce livre.

a) cent et trente
b) cent trente
c) sents-trentes

4 Dans 90 jours, nous fêterons Noël.

a) quatre-vingt et dix
b) quatres-vingts et dix
c) quatre-vingt-dix

5 Cette citerne contient 9 000 litres de fioul.

a) neufs milles
b) neuf mille
c) neuf-mil

À retenir

• Les nombres, grammaticalement appelés **déterminants numéraux cardinaux**, sont **invariables**. Ils indiquent une quantité précise.
huit feuilles *treize invités* *cent points*

• Entre les dizaines et les unités, il faut placer un **trait d'union**, sauf s'il n'y a qu'une unité.
cinquante-trois *soixante-douze* *vingt et un*
Exceptions : *quatre-vingt-un ; soixante et onze*

• **Vingt** et **cent** prennent la marque du pluriel quand ils indiquent un nombre exact de vingtaines ou de centaines, sauf s'ils sont suivis d'un autre nombre.
quatre-vingts jours mais : *quatre-vingt-huit jours*
sept cents kilos mais : *sept cent trente kilos*

• **Mille** est toujours **invariable**.
sept mille tours *dix-huit mille personnes*

• Pour écrire tous les nombres, il faut parfois combiner plusieurs déterminants numéraux simples.
dix-neuf numéros *trois cent quarante mille euros*

Attention

• Il ne faut pas confondre les nombres avec les noms tels que **dizaine**, **douzaine**, **centaine**, **millier**, **million**, **milliard**, qui s'accordent comme tous les noms.
deux douzaines d'huîtres *trois centaines de camions*
plusieurs milliers de spectateurs *cinq millions d'habitants*

• Les noms qui désignent **les parties d'un entier** s'accordent avec le déterminant qui les précède.
deux moitiés *quatre quarts* *trois dixièmes* *six millièmes*

• Les adjectifs qui indiquent **l'ordre ou le rang** s'accordent en genre et en nombre.
les premières places *les secondes classes* *les dernières minutes*

• **Zéro** est un nom, il prend donc un « **s** » quand il est précédé d'un déterminant pluriel.
deux zéros après la virgule
mais : *faire zéro faute* (= ne faire aucune faute)

Exercices

1 Écrivez les nombres en bleu en lettres. *Difficulté ■□□*

1. 5 jetons
2. 9 mois
3. 22 étages
4. 20 étapes
5. 31 wagons
6. 62 brebis
7. 75 lignes
8. 48 heures
9. 35 grammes
10. 587 députés
11. 1 200 sacs
12. 36 453 communes

2 Copiez ces phrases en écrivant les nombres en bleu en lettres. *Difficulté ■■□*

1. Le clavier de ce piano a 52 touches blanches et 36 touches noires.
2. Le chalutier rentre au port avec 13 tonnes de poisson.
3. Dans la tour du Marais, on compte 85 appartements, tous occupés.
4. Pour son anniversaire, les 21 petits-enfants de Mme Loubet sont présents.
5. Il y avait 200 concurrents au départ, mais 1 seul vainqueur à l'arrivée.
6. Admirez cette bague en or de 18 carats.
7. La France métropolitaine est divisée en 96 départements.
8. M. Fargeat élève 320 bovins sur plus de 270 hectares de prairies.

3 Copiez ces phrases en les complétant par les nombres qui conviennent, écrits en lettres. *Difficulté ■■□*

1. L'octogone est un polygone qui compte … côtés.
2. Les … muses de la mythologie grecque inspiraient les poètes.
3. Avez-vous lu les contes des … *et … Nuits* ?
4. À la belote, on distribue les … cartes aux … joueurs.
5. Sur l'autoroute, on ne roule pas à plus de … kilomètres à l'heure.
6. En chiffres, trois millions s'écrit avec le nombre … suivi de six … .
7. Dans six hectolitres, il y a … litres.
8. Jules Verne a écrit … *lieues sous les mers.*

4 Copiez ces phrases en écrivant les nombres en bleu en lettres. *Difficulté ■■□*

1. 101 … coups de canon ont salué le couronnement du roi.
2. 118 Le doyen de l'humanité est âgé de … ans.
3. 250 Ce ferry-boat transporte … voitures.
4. 1 870 Pour monter ces murs, les maçons ont placé … briques.
5. 12 000 Dans cette bibliothèque, on peut consulter … volumes.
6. 40 000 Si l'on suit l'équateur, le tour de la Terre fait … kilomètres.
7. 550 000 Cette usine a produit … exemplaires de ce modèle de téléviseur.
8. 2 000 000 Ce tableau a été acheté … d'euros par un collectionneur.

5 Écrivez ces nombres fractionnaires ou ces abréviations en lettres. *Difficulté ■■■*

Ex : 3/4 de litre → trois quarts de litre

1. 4/10 de la récolte
2. 6/100 de millimètre
3. 8/1 000 de seconde
4. les 2/5 de l'effectif
5. les 4/9 des trains
6. les 13/27 du total
7. les 3es catégories
8. les 1res gouttes
9. la 30e fois

Pour terminer (10 min)

Copiez ces phrases en écrivant les nombres en bleu en lettres.

1. Cet autobus dispose de 55 places assises.
2. Pour entourer le champ, on a planté 74 poteaux.
3. Dans cette boîte d'un kilo, il y a 168 morceaux de sucre.
4. 375 volailles vivent dans ce poulailler.
5. Dans sa jeunesse, François a fait les 400 coups.
6. Ce diamant brille de 1 000 feux.
7. À pied, pour atteindre le sommet de la tour Eiffel, il faut monter 1 652 marches.
8. *Le Cid*, la pièce de Corneille, est composée de 1 840 vers.
9. Le squelette de Lucy est vieux de 3 000 000 d'années.
10. 2 gigaoctets, c'est 2 000 000 000 d'octets.

Expression écrite

Un guide expérimenté établit, pour un groupe de touristes, un itinéraire qui permettra de joindre Biskra à Tamanrasset à travers le Sahara.
Le texte, de dix lignes, commencera par : « En partant de Biskra, il faut parcourir… ».

Vous utiliserez les déterminants suivants, écrits en toutes lettres, pour baliser les étapes de ce voyage.
1. *de manière précise :* 34 personnes - 50 degrés - une tribu de 97 Touaregs - 600 km de piste - 2 918 m, un sommet du Hoggar - 3 000 km en tout
2. *de manière approximative :* une douzaine de jours - la charge d'une centaine de kilos

Bilan n°4

21. Le genre des noms - 22. Le pluriel des noms
23. Le pluriel des noms composés
24. Les adjectifs qualificatifs
25. Des adjectifs qualificatifs difficiles
26. Les déterminants numéraux

Exercices

1 *Classez les noms en bleu de chaque phrase dans un tableau précisant s'ils sont de genre masculin ou féminin. Quelques indices contenus dans les phrases peuvent vous aider.*

1. Ce soir, la patinoire est fermée. 2. Bienvenue dans mon laboratoire. 3. Larguez toutes les amarres ! 4. Il a branché ses écouteurs sur la chaîne Hi-Fi. 5. Cette enfant est d'une vigueur impressionnante. 6. Il fait froid à l'extérieur. 7. Les grandes orgues de la cathédrale ont une résonance extraordinaire. 8. Soignez tous vos rhumatismes en faisant une cure thermale. 9. L'amitié grandit avec le temps. 10. Quand l'hymne national retentit, les joueurs l'entonnent en chœur. 11. Ce gâteau est un vrai délice. 12. Cette nouvelle est de bon augure.

2 *Écrivez ce texte en mettant les noms en bleu au pluriel. Attention aux accords.*

Ce monsieur a décidé de créer un jardin original. Il a installé son matériel dans un enclos séparé de la route par un talus. Notre expert a creusé un trou et a planté un arbrisseau. Ensuite, son travail a consisté à enlever l'herbe folle : il a allumé un feu pour brûler le végétal inutile.

Il avait le genou raide en fin de journée, mais quand le premier radis, le chou rouge, le jeune bégonia, le lis blanc et la violette parfumée sont apparus, notre jardinier s'est réjoui d'avoir creusé un puits.

3 *Précisez la nature des mots qui forment les noms composés en bleu, puis mettez ces noms au pluriel et accordez.*

1. Un oiseau-mouche a une toute petite taille. 2. Le sourd-muet communique grâce au langage des signes. 3. Thierry a ajouté un porte-documents à sa liste de fournitures. 4. La basse-cour compte douze poules et seize dindons. 5. Un tête-à-tête facilite les confidences. 6. Viens à sept heures : tu auras un avant-goût du programme. 7. Le gardien ouvre la porte avec un passe-partout.

4 *Écrivez les expressions proposées au pluriel ; attention à l'accord de l'adjectif.*

1. un chapeau bleu 2. une main propre 3. un faux papier 4. une machine infernale 5. un tapis gris 6. une fraîche jeune fille 7. une façade néo-classique 8. une bataille navale 9. une jument craintive et ombrageuse 10. un carnet secret 11. une forte pluie

Dictée préparée

M. Lantin fait expertiser les bijoux de sa femme décédée ; il les croit sans valeur.

Les gros brillants d'oreille valent vingt mille francs, une délicate parure d'émeraudes et de saphirs quatorze mille ; un solitaire suspendu à une chaîne d'or quarante mille ; le tout atteignant le chiffre de soixante-quatorze mille francs. Le marchand déclara :
« Cela vient d'une personne qui mettait toutes ses économies dans ses bijoux ! »

D'après Guy de Maupassant, « Les bijoux », dans *Clair de lune*, 1888.

A *Recopiez les groupes nominaux en soulignant en rouge le nom et en vert l'adjectif qui le complète.*

B *Rappelez la nature de « mille » pour en justifier l'orthographe.*

C *Justifiez l'orthographe en lettres de 74 000.*

Expression écrite

5 *À l'aide des expressions suivantes, décrivez en huit lignes un tableau imaginaire. Vous accorderez les adjectifs et conjuguerez les verbes à l'imparfait de l'indicatif.*

un poète (paisible) - une veste (bleu indigo) - des nuages (lilas) - des sapins (vert bronze) - des souliers (noir) - un couvre-chef (orange) - un cheval à la robe (chocolat) - un cochon aux soies (ivoire) - une étable (ardoise et brun)

6 *Vous avez vu un documentaire sur les oiseaux migrateurs.*
Racontez leur voyage au présent de l'indicatif dans un texte de huit lignes en utilisant une partie des propositions suivantes que vous aurez correctement orthographiées :

(chaque) année - automne (venteux) - par (centaine) - plus de (5 000 km) - des groupes (entier) - se poser dans des zones (sauvage) - des plumages (multicolore) - une vitesse (idéal) - un vol (régulier) - des migrations (constant) - pas de (laisser-aller) - des (va-et-vient) - vers les côtes (nord-africain).

7 *Vous faites l'inventaire d'une cave. Énumérez, en cinq phrases, ce que vous avez trouvé. Vous emploierez les expressions suivantes après les avoir accordées :*

un (vieux) aspirateur - un vélo et une trottinette (privé) de roues - des (album photo) - plusieurs cadres (doré) - (21) livres (broché) - le conduit d'un (vide-ordure) - les (dernier) billets de (200) francs.

Exploitation du test →

Repérez les numéros des questions sur lesquelles vous avez fait des fautes.

Révisez les leçons correspondantes et assurez-vous que vous avez bien compris en refaisant les exercices de ces leçons :

questions 1, 2
→ leçon 21 → Le genre des noms

questions 3, 4, 5, 6
→ leçon 22 → Le pluriel des noms

questions 7, 8, 9, 10
→ leçon 23 → Le pluriel des noms composés

questions 11, 12, 13, 14
→ leçon 24 → Les adjectifs qualificatifs

questions 15, 16, 17, 18
→ leçon 25 → Des adjectifs qualificatifs difficiles

questions 19, 20
→ leçon 26 → Les déterminants numéraux

Test

10 min

Difficulté ■□□

1. **... page est un jeune noble au service d'un chevalier.**
a. Le b. La c. Cette

2. **... mousse vient d'embarquer sur le Surcouf.**
a. La b. Le c. Les

3. **Ces ... d'Asie ont un goût très particulier.**
a. rizs b. ris c. riz

4. **Dès qu'il a trois ..., Thomas dépense tout.**
a. saoul b. sous c. soux

5. **Les campeurs ont oublié leurs ... .**
a. réchauds b. réchaus c. réchaux

6. **Le directeur convoque ses ... .**
a. employets b. employer c. employés

7. **Que ce ... est bien situé ! On voit la tour Eiffel !**
a. pies-à-taire b. pied-à-terre c. pieta-terre

8. **Les ... de mon coiffeur font un bruit épouvantable.**
a. sèche-cheveu b. sèche-cheveux c. sèchent-cheveux

9. **Les délégués sont les ... des élèves.**
a. porte-paroles b. porte-parole c. portent-paroles

10. **Ces ponchos vous serviront de ... .**
a. coupes-vents b. coupent-vents c. coupe-vent

11. **Mon oncle est un homme ... en toutes circonstances.**
a. just b. juste c. justes

12. **Cette boisson est bien ... .**
a. frèche b. frais c. fraîche

13. **Ce ... élève vient d'un collège de Perpignan.**
a. nouvel b. nouvelle c. nouveau

14. **Le jeu que vous m'avez offert est vraiment ... .**
a. astucieu b. astucieux c. astusieux

15. **Vos bavardages restent ... : heureusement !**
a. discret b. discrés c. discrets

16. **L'histoire du poulet à trois pattes est sa blague ... .**
a. favorie b. favorite c. favoris

17. **Sa robe couleur ... était égayée par une écharpe ... .**
a. noisette / jonquille b. noisettes / jonquilles c. noissette / jonquilles

18. **Les chartreux sont des chats ... .**
a. griz b. gris c. grits

19. **Les ... sont rythmées par le carillon de l'église.**
a. demi-heures b. demies-heures c. demie-heures

20. **Cette machine ne calcule pas les ... de points.**
a. dixième b. dixièmes c. dizièmes

Pour aller plus loin

Difficulté ■■■

1. **... vase de ce marais aspire les objets.**
a. Ce b. Le c. La

2. **Les ... de musique ont surtout lieu l'été.**
a. festivales b. festivals c. festivaux

3. **Les ... de cette médaille sont vraiment splendides.**
a. émaux b. émeaux c. émaus

4. **Votre visite lui apporte un réel ... .**
a. réconfore b. réconfort c. réconford

5. **Ce jazzman possède une énorme ... .**
a. contrebasse b. contre-basse c. contrebasses

6. **L'aigle a un cri ... .**
a. persan b. perssant c. perçant

7. **Les hippopotames sont accompagnés de leurs ... .**
a. pique-bœufs b. piquent-bœufs c. pique-bœuf

8. **Nos sandales ... résistent mal à la poussière.**
a. bleux b. bleus c. bleues

9. **Les gants ... s'accordent avec ce manteau ... .**
a. mauves / vieux rose b. mauves / vieux roses c. mauve / vieux rose

10. **Cette peinture ... est trop sombre.**
a. verte olive b. vers olive c. vert olive

11. **J'apprécie les romans de ce ... auteur.**
a. merveilleus b. merveilleu c. merveilleux

12. **Cette île est vraiment ... .**
a. enchanteuse b. enchantez c. enchanteresse

13. **La valeur ... de ce produit est ... .**
a. marchande / considérable
b. marchande / considéré
c. marchante / considérante

14. **Cette femme est ... depuis longtemps.**
a. veuf b. veuve c. veules

15. **Les couleurs des photographies d'autrefois étaient d'une teinte ... .**
a. brin sépia b. brune sépia c. brun sépia

16. **J'ai acheté ... CD en promotion.**
a. vinght-sept b. vingt-sept c. vingts-sept

17. **Un ... de fans attend l'apparition de Roberto.**
a. millier b. milliers c. millié

18. **Vous achèterez ... d'huîtres chez le poissonnier.**
a. siz douzaine b. six douxaines c. six douzaines

19. **Le passage à l'an ... effrayait les hommes.**
a. mille b. mils c. milles

20. **Nous avons envoyé ... invitations pour la fête.**
a. deux cents b. deux-cent c. deux cent

27

Le verbe et son sujet

Pour débuter

Trouvez le verbe qui convient pour compléter chaque phrase.

1 Les couleurs de ce tableau … sous les projecteurs.

a) ressortent
b) disparaît
c) pâlissez

2 Ces haricots ont des fils, mais ceux-là … sous la dent.

a) fond
b) fondent
c) cassons

3 Celui qui … trouvera la solution.

a) réfléchirons
b) réfléchissent
c) réfléchit

4 Il faut que vous … le règlement.

a) respectent
b) respectiez
c) respecterai

5 Qui … le vase de Soissons ?

a) brisons
b) brisa
c) brisèrent

À retenir

• Le verbe **s'accorde en personne et en nombre avecson sujet** que l'on trouve en posant la question « Qui est-ce qui ? » (ou « Qu'est-ce qui ? ») devant le verbe.
Les spectateurs quittent la salle.
Qui est-ce qui quitte ? **les spectateurs** ➔ 3e pers. pluriel

• Le sujet est le plus souvent un **nom**, mais on peut aussi trouver :

- un **pronom personnel**
Ils quittent la salle.
Qui est-ce qui quitte ? **ils** (pronom personnel) ➔ 3e pers. pluriel

- un **pronom démonstratif**
Des spectateurs quittent la salle ; ceux du dernier rang restent sur place.
Qui est-ce qui reste ? **ceux** (du dernier rang) ➔ 3e pers. pluriel
Les spectateurs quittent la salle ; cela se passe dans le calme.
Qu'est-ce qui se passe dans le calme ? **cela** ➔ 3e pers. singulier

- un **pronom possessif**
Les places sont réservées ; la mienne se trouve au troisième rang.
Qu'est-ce qui se trouve au troisième rang ? **la mienne** ➔ 3e pers. singulier

- un **pronom relatif**
Il faut chercher son antécédent pour trouver la personne.
C'est toi qui quitteras la salle le premier.
Qui est-ce qui quittera ? **qui** (pronom relatif mis pour « toi ») ➔ 2e pers. singulier

- un **pronom interrogatif**
Qui occupe la salle ?
Qui est-ce qui occupe ? **qui** (pronom interrogatif qui ne remplace aucun nom)
Dans ce cas, le verbe est toujours à la 3e personne du singulier.
Lesquels occupent la salle ?
Qui est-ce qui occupe ? **lesquels** ➔ 3e pers. pluriel

- une **proposition subordonnée**
Que le chanteur ait interprété ces chansons a ravi les spectateurs.
Qu'est-ce qui a ravi les spectateurs ?
Que le chanteur ait interprété ces chansons
Dans ce cas, le verbe est toujours à la 3e personne du singulier.

Attention

Dans le groupe nominal sujet, il faut toujours chercher **le nom** qui commande l'accord.
Les spectateurs du premier rang quittent la salle.
Qui est-ce qui quitte ? **les spectateurs** (du premier rang) ➔ 3e pers. pluriel

Exercices

1 Copiez ces phrases en remplaçant les mots en bleu par ceux entre parenthèses et accordez. *Difficulté ■□□*

1. (Nous) Les montgolfières survolent les collines environnantes.
2. (Vous) Les femmes indiennes connaissaient l'art du tissage.
3. (toi) Est-ce Damien qui frappe à la porte ?
4. (Chacun) Tu présentes ton passeport au douanier.
5. (Tous) Le passager boucle sa ceinture de sécurité.
6. (Ceux) Celui qui me suit ne parviendra pas à me dépasser.

2 Copiez ces phrases en accordant les verbes en bleu au futur simple de l'indicatif. Encadrez les noms principaux des groupes sujets. *Difficulté ■□□*

1. Les poids lourds de cette entreprise emprunter l'autoroute.
2. Les cigognes, de retour d'Afrique, s'arrêter en Alsace.
3. Les piles de votre baladeur devoir être rechargées.
4. En fin de saison, les touristes bénéficier de prix réduits.
5. Quelques pincées de sel relever le goût de cette purée.
6. Voici celle qui établir le record de la traversée de l'Atlantique à la rame.
7. Les plantes que j'arroser régulièrement ne pas perdre leurs feuilles.

3 Écrivez ces phrases en utilisant les sujets proposés, sans modifier le temps des verbes. *Difficulté ■■□*

1. *Le devoir que vous recopiez comporte plusieurs parties.*
Les exercices que tu … Le problème qu'Aline …
La rédaction que je … Les résumés que les élèves …
2. *La piste sur laquelle nous courons sera bientôt réaménagée.*
Le terrain … vous … Les sentiers … je …
Les routes … ils … La chaussée … tu …
3. *Vous trouviez que la température diminuait sensiblement.*
Je … les jours … Tu … le niveau de l'eau …
Nous … la luminosité … Le navigateur … ses réserves …

4 Copiez ces phrases en écrivant les mots en bleu au pluriel. Accordez convenablement. *Difficulté ■■□*

1. Cet agriculteur produit des tomates qu'il vend au marché.
2. Je pense souvent à celui qui découvrit le premier la grotte de Lascaux.
3. Ta chaussure a une semelle neuve ; la mienne doit être ressemelée.
4. Le changement de direction du vent contrarie l'atterrissage de l'avion.
5. Le nageur imprudent échappe à la vigilance du maître nageur.
6. L'effort du chercheur aboutira à la découverte d'un médicament.

5 Copiez ce texte en écrivant les verbes en bleu à l'imparfait de l'indicatif. *Difficulté ■■■*

Dans la cour de l'école, le groupe des grands se tordre de rire, chacun raconter tout ce qu'il savoir des histoires qui courir les rues, et tous insister avec force sur les détails. Ceux qui ne rien dire rire de toutes leurs dents et leurs yeux orgueilleux luire d'un feu vainqueur, car ils songer qu'ils avoir coopéré à ces équitables représailles. Seuls les guerriers les plus importants solliciter des explications et réclamer des détails.

D'après L. Pergaud, *La Guerre des boutons*, 1912.

Pour terminer

10 min

Copiez ces phrases en accordant les verbes en bleu au présent de l'indicatif.

1. Ces gros nuages noirs annoncer une prochaine averse.
2. Avec cette règle plate, vous tracer des traits droits.
3. Les souffleurs de verre de Murano réaliser des objets magnifiques.
4. Les poulets qui rôtir à la broche dégager une odeur appétissante.
5. Qui pouvoir bien comprendre quelque chose à ces pictogrammes ?
6. Les issues de secours faciliter l'évacuation du public.
7. Dans la jungle, les jeunes singes se déplacer de branche en branche.
8. Qu'est-ce qui obliger les conducteurs à ralentir ?
9. Mes oncles habiter à Nice ; où les tiens loger-ils ?
10. Les piliers du pont supporter des charges importantes.

Expression écrite

Dans un texte d'une dizaine de lignes, rédigé au passé composé, un jeune (garçon ou fille), qui rentre d'une journée de ski avec sa classe, raconte ses activités.

Les sujets des verbes que vous choisirez seront :
les sommets - la première descente - je - ma paire de skis - mes camarades - nous - ceux qui - les moniteurs - le remonte-pente - la file d'attente - la piste noire - tu.

28 Le verbe et son sujet : cas particuliers

Pour débuter

Trouvez le verbe qui convient pour compléter chaque phrase.

1. À l'occasion du carnaval, Émilie et moi … des costumes originaux.
   a) choisissent
   b) choisit
   c) choisissons

2. L'endroit où … ces flamants roses est une réserve protégée.
   a) vit
   b) vivent
   c) vives

3. Les diligences, avant l'invention du moteur à explosion, … de grands services.
   a) rendez
   b) rendait
   c) rendaient

4. Chaque fois qu'ils partent en vacances, nos amis nous … des cartes postales.
   a) envoyons
   b) enverrons
   c) envoient

5. Beaucoup de supermarchés ne … qu'à 21 heures.
   a) ferme
   b) ferment
   c) fermes

À retenir

• Le sujet peut être séparé du verbe par un **groupe de mots**.
Le navire, échoué par cinquante mètres de fond, appartenait à la flotte espagnole.
Qu'est-ce qui appartenait ? **le navire** ➔ 3e pers. singulier

• Des **pronoms personnels compléments** peuvent s'intercaler entre le sujet et le verbe.
Cette épave, les plongeurs la remontent avec beaucoup de précaution.
Cette épave, les plongeurs nous la présentent aussitôt remontée.

• Le sujet peut se trouver placé **après le verbe**. On dit qu'il y a **inversion du sujet**.
On découvre l'épave que remontent les plongeurs professionnels.
Qui est-ce qui remonte ? **les plongeurs professionnels** ➔ 3e pers. pluriel
À quelle profondeur trouveront-ils l'épave ?
Qui est-ce qui trouvera ? **ils** ➔ 3e pers. pluriel

• Quand le sujet du verbe est un **adverbe de quantité** (**beaucoup**, **peu**, **combien**, **assez**), le verbe s'accorde avec le complément de cet adverbe.
Peu de gens connaissent le lieu du naufrage.
Beaucoup de monde périt dans ce naufrage.

• Quand un verbe a pour sujet **un collectif** suivi de son complément, il s'accorde, selon le sens, avec le collectif ou avec le complément.
Un banc de poissons vit près de l'épave. (le banc est considéré comme un tout)
Un banc de poissons vivent près de l'épave. (ce sont tous les poissons qui vivent)

• Deux sujets singuliers correspondent à un sujet pluriel.
La proue et le gouvernail étonnent par leur bon état de conservation.

Attention

• Dans une **construction impersonnelle**, le verbe s'accorde avec le sujet grammatical (très souvent « **il** ») et non avec le sujet réel qui, dans ce cas, est un complément d'objet direct.

Il	*existe*	*deux épaves.*
sujet grammatical		COD mais sujet réel

Il	*manque*	*des mâts.*
sujet grammatical		COD mais sujet réel

• Il arrive que les deux sujets ne soient pas de la même personne. Dans ce cas,
- la première personne l'emporte sur la deuxième (= nous) :
Barbara et moi admirons les vestiges de la caravelle.
- la deuxième personne l'emporte sur la troisième (= vous) :
Barbara et toi admirez les vestiges de la caravelle.

Exercices

1 ***Copiez ces phrases en les transformant en phrases interrogatives.*** *Difficulté* ■□□

1. Je suis certain d'avoir bien fermé la porte en partant.
2. Quand tu nages à la piscine, tu portes des lunettes spéciales.
3. Les touches droites de ce clavier d'ordinateur correspondent à des chiffres.
4. Devant le rayon des articles de sport, nous aurons le choix.
5. Au petit matin, le commandant du bateau distinguera la côte algérienne.
6. Les conseillers municipaux de la commune se sont réunis mardi soir.
7. Le docteur Watson et Sherlock Holmes habitaient à Londres.
8. Lorsque vous êtes malades, vous appelez immédiatement le médecin.

2 ***Copiez ces phrases en écrivant les verbes en bleu au présent de l'indicatif.*** *Difficulté* ■■□

1. Toute l'équipe des éducateurs préparer la fête du quartier.
2. Un service d'ordre de personnes bénévoles encadrer la manifestation.
3. La musique, la lumière, la foule, tout concourir à donner un air de fête.
4. Le viticulteur, préoccupé par les intempéries, décider de faire les vendanges.
5. La rivière et le torrent, grossis par la pluie, dévaler la colline.
6. L'ensemble des employés s'habituer aux nouveaux horaires.
7. Les naufragés, seuls sur leur île déserte, perdre espoir.
8. Quentin et moi réviser le nom des chefs-lieux des départements.
9. Il monter des nappes de brouillard du fond du vallon.

3 ***Copiez ces phrases en remplaçant les mots en bleu par ceux entre parenthèses et accordez.*** *Difficulté* ■■■

1. Le professeur et les élèves (vous) reconnaissent la difficulté de l'exercice.
2. Personne ne (Peu de gens) sait où se trouve l'île d'Alofi (les monts Olga).
3. Il ne reste qu'une personne (deux hommes) qui connaisse ce souterrain.
4. Ces menuets (Cette symphonie), les musiciens (l'orchestre) les répètent.
5. L'histoire (Les faits), dont s'inspire cet écrivain, est bien réelle.
6. La jetée où sont amarrés les voiliers (le navire) résistera à la tempête.
7. Éric (Toi), qui a vécu en Espagne, affirme que c'est un pays merveilleux.
8. Versailles, où vivaient les courtisans (Louis XIV), est l'œuvre de Mansart.

4 ***Copiez ce texte en écrivant les verbes en bleu au présent de l'indicatif.*** *Difficulté* ■■■

Olivia et son frère Laurent décider de descendre l'Ardèche en canoë. Ils placer leurs vêtements au fond de l'embarcation que leur louer un plagiste. Beaucoup de remous contrarier l'allure du canoë que ne guère maîtriser nos deux apprentis pagayeurs. Un rocher, situé près d'une falaise, les obliger à virer en catastrophe ; le canoë leur échapper et chavirer. Heureusement, un groupe de pêcheurs les apercevoir et les aider à regagner la rive. L'un d'eux s'adresser à Olivia : « Ton frère et toi être bien imprudents ; pourquoi ne porter-vous pas de gilet de sauvetage ? » Laurent et Olivia, penauds, promettre désormais de prendre toutes les précautions nécessaires, en attendant que sécher leurs vêtements !

Pour terminer — 10 min

Copiez ces phrases en accordant les verbes en bleu au présent de l'indicatif.

1. Aucun des coureurs du peloton n'abandonner lors de la dernière étape.
2. À Noël, il se vendre beaucoup de jouets.
3. Lisa et toi rencontrer des difficultés pour achever ce travail.
4. Parcourir à pied le désert du Sahara, cela exiger des mois d'efforts.
5. Les bananes que transporter ce cargo mûrir au cours du voyage.
6. On nous informer de la livraison imminente de nouveaux ordinateurs.
7. Florent et Doris porter les pulls que tricoter leur grand-mère.
8. Chaque jour, à Roissy, il décoller des centaines d'avions.
9. Pluie, vent, brouillard, rien n'arrêter ces alpinistes audacieux.
10. Mes coéquipiers et moi ne pas admettre notre défaite.

Expression écrite

Décrivez, en une dizaine de lignes, le centre d'une grande ville le soir de la fête de la musique.

Vous utiliserez les tournures suivantes et conjuguerez les verbes à l'imparfait de l'indicatif :
Philippe et moi - Jérôme, Sylvie et Stéphane - la plupart des musiciens - l'orchestre de jazz et la chanteuse ;
une phrase interrogative - il se passer - ce groupe, nous l'entendre - l'air que tous fredonner + être + un attribut.

29

Le participe passé employé comme adjectif

Pour débuter

Trouvez le participe passé qui convient pour compléter chaque phrase.

1 Toutes les lumières sont … ; nous sommes dans le noir.

a) éteint
b) éteintes
c) éteints

2 Vous resterez debout car il n'y a plus une seule place … .

a) assis
b) assise
c) assite

3 Les fenêtres sont … ; l'air est plus respirable.

a) ouvertes
b) ouverts
c) ouvert

4 Les livres … en alphabet cyrillique sont difficiles à lire.

a) écrites
b) écrits
c) écrite

5 La citation … dans ce texte est de Victor Hugo.

a) inclut
b) inclus
c) incluse

À retenir

• Le participe passé d'un verbe peut être employé comme un **adjectif**. Il s'accorde alors, en genre et en nombre, avec le nom qu'il qualifie.

un fruit pourri ➔ *une pomme pourrie*
des fruits pourris ➔ *des pommes pourries*
un fruit mûr ➔ *une pomme mûre*
des fruits mûrs ➔ *des pommes mûres*

• Les participes passés des verbes du 1er groupe se terminent tous par « **é** ».
effrayer : *un oiseau effrayé* **cicatriser** : *une plaie cicatrisée*

• Les participes passés des verbes du 2e groupe se terminent tous par « **i** ».
rôtir : *des volailles rôties* **jaunir** : *une feuille jaunie*

• La plupart des participes passés des verbes du 3e groupe se terminent par « **i** » ou « **u** ».
endormir : *un enfant endormi* **décevoir** : *des espoirs déçus*
Mais il peut exister des lettres muettes en fin de participe, ou des formes particulières.
séduire : *séduit* **surprendre** : *surpris* **naître** : *né*
couvrir : *couvert* **mourir** : *mort* **pouvoir** : *pu*

• Le recours à la forme orale du **féminin du participe passé** permet de vérifier la présence ou non d'une consonne finale.
un avantage acquis ➔ *une faveur acquise*
des textes traduits ➔ *des lettres traduites*

• Comme l'adjectif qualificatif, le participe passé peut se trouver **séparé** (par un adverbe ou un verbe) du nom auquel il se rapporte, ou même le **précéder**.
une roue rapidement réparée
Réparée dans les meilleurs délais, la roue retrouve sa place dans le coffre.
La roue sera réparée.

Astuce

On peut confondre le **participe passé d'un verbe du 1er groupe** avec **son infinitif** car, oralement, les terminaisons sont semblables : [**e**].
un objet trouvé *Il est facile de trouver un objet.*

Pour faire la distinction, il suffit de remplacer ce verbe du 1er groupe par un verbe du 2e ou du 3e groupe ; on entend alors la différence.
un objet choisi ➔ *Il est facile de choisir un objet.*
un objet perdu ➔ *Il est facile de perdre un objet.*
(Voir leçon 33.)

Exercices

1 Écrivez les noms en bleu au pluriel et accordez. *Difficulté ■□□*

1. une pièce totalement enfumée
2. un travail à peu près terminé
3. un questionnaire vite rempli
4. un métal très recherché
5. un clou entièrement rouillé
6. une terrasse surélevée
7. une série tout à fait réussie
8. une église à peine restaurée
9. un feu rapidement éteint
10. une histoire réellement vécue

2 Transformez ces expressions selon l'exemple. *Difficulté ■□□*

Ex : trop saler les plats ➔ des plats trop salés

1. enregistrer une émission 2. contracter des muscles 3. bien conseiller des joueurs 4. contrôler des entrées 5. écourter une visite 6. bien nourrir un poisson rouge 7. assortir des vêtements 8. suivre des instructions 9. vite peindre des murs 10. sucrer une tisane 11. épeler des mots

3 Copiez ces phrases en remplaçant les infinitifs en bleu par leur participe passé que vous accorderez. *Difficulté ■■□*

1. Les terres conquérir sur la mer demeurent inondables.
2. Courber du matin au soir, les paysans chinois repiquent le riz.
3. Ces troncs ne seront couper que lorsqu'ils seront secs.
4. Les avions, clouer au sol, attendent que le brouillard se lève.
5. Les monstres, décrire dans ce roman, effraient les jeunes lecteurs.
6. Comment se nommait la cité disparaître dans l'Atlantique ?

4 Copiez ces phrases en remplaçant les noms en bleu par ceux entre parenthèses et accordez. *Difficulté ■■□*

1. Les vitrines (boulevard) illuminées attirent les curieux.
2. Ces fruits (viande), conservés au réfrigérateur, restent frais.
3. Rétablie, Lucie (Raoul) peut enfin quitter l'hôpital.
4. Les trésors (pièces d'or) enfouis ne sont que rarement découverts.
5. Les jetons (euro) introduits dans l'appareil l'ont bloqué.
6. Les grains (graines) finement moulus dégagent tout leur arôme.

5 Copiez ces phrases en remplaçant les adjectifs qualificatifs en bleu par les participes passés des verbes de cette liste. *Difficulté ■■■*

décider - énerver - concentrer - connaître - presser - périmer - empresser - geler - modérer

1. Les voyageurs impatients regardent sans cesse leur montre.
2. Cette machine est ancienne, il faudra la remplacer sans délai.
3. Aimable, la vendeuse nous propose divers modèles.
4. Je suis parti sans gants et j'ai les mains froides.
5. Sur les Champs-Élysées, on peut croiser des personnes célèbres.
6. Le metteur en scène donne ses directives ; les acteurs sont attentifs.
7. Coléreuse, Karine se fâche avec toutes ses amies.
8. Cette offre est raisonnable, vous devez l'accepter.
9. Courageux, les judokas reprennent un entraînement intensif.

Pour terminer

10 min

Copiez ces phrases en les complétant avec les participes passés des verbes en bleu que vous accorderez.

1. Seuls les électeurs inscrire pourront voter.
2. Les marchandises solder ne seront ni reprendre ni échanger.
3. Conduire avec habileté, la Ferrari bat tous les records.
4. Poursuivre par les policiers, les bandits se rendent sans résistance.
5. Les céleris servir avec un jus de viande sont délicieux.
6. La déviation, enfin achever, désengorgera le village.
7. La sonnerie émettre par ce téléphone me rappelle une mélodie oublier.
8. Une parole tenir, c'est l'assurance de garder ses amis.
9. Il ne faut jamais s'engager dans un sens interdire.
10. On dit qu'une chose promettre est une chose devoir.

Dictée préparée

Tristan, mortellement blessé, a envoyé chercher par-delà la mer, la reine Yseult la Blonde, qu'il aime en secret.

Le retard pris à cause de la tempête s'accentue : désormais le vent tombé bloque le bateau déporté par le courant.
Le héros accablé soupire car la belle tant attendue tarde. Tandis que Tristan se lamente, sa femme s'approche ; elle va enfin se venger de cette rivale haïe. « Ami, voici le navire, dit-elle. Ses voiles, haut hissées, sont noires. Yseult la Blonde n'est pas à bord. » Désespéré, Tristan expire.

D'après Thomas et Béroul, *Tristan et Yseult*, 1175.

A Relevez les participes passés, indiquez leur infinitif et donnez leur fonction grammaticale.

B Dites à quel nom ils se rapportent pour expliquer leur accord.

30 Le participe passé employé avec l'auxiliaire être

Pour débuter

Trouvez le participe passé qui convient pour compléter chaque phrase.

1 La table est-elle … ?

a) mit
b) mise
c) mis

2 Ma sœur Samantha est … au brevet.

a) inscrit
b) inscrie
c) inscrite

3 Des recherches sont … pour retrouver les survivants.

a) entreprises
b) entrepries
c) entrepris

4 La voiture est … par un pilote expérimenté.

a) conduit
b) conduie
c) conduite

5 La malheureuse biche est … par une meute déchaînée.

a) pousuivite
b) poursuivie
c) poursuivites

À retenir

• Le participe passé employé avec l'auxiliaire **être** s'accorde **en genre et en nombre** avec le nom (ou le pronom) sujet du verbe.
Le camion est parti ce matin pour l'Espagne.
Elle est partie ce matin pour l'Espagne.
Les poids lourds sont partis ce matin pour l'Espagne.
Les voitures sont parties ce matin pour l'Espagne.

• Se conjuguent avec l'auxiliaire **être** :

- **quelques verbes intransitifs** exprimant un mouvement ou un changement d'état : **aller**, **arriver**, **entrer**, **mourir**, **naître**, **partir**, **rester**, **retourner**, **sortir**, **tomber**, **venir** (et ses dérivés)...
Les grêlons sont tombés sur les blés.
L'heure du départ est enfin arrivée.

- **les verbes à la voix passive**
La charrette est tirée par un âne.
Ces émissions sont regardées par les enfants.

- **les verbes pronominaux**
Les deltaplanes se sont posés en douceur.
Marine s'est couchée tôt.

• Selon le sens, quelques verbes (intransitifs ou transitifs) peuvent être conjugués avec l'auxiliaire **être** ou l'auxiliaire **avoir**.

Elle est rentrée.	*Elle a rentré sa voiture.*
Elles sont sorties.	*Elles ont sorti les géraniums.*
Elle est descendue.	*Elle a descendu l'escalier.*

Attention

• Employé à un temps composé, le verbe **être** se conjugue avec l'auxiliaire **avoir** ; son participe passé est toujours **invariable**.
Ils ont été de bonne foi. *Nous avons été en difficulté.*

• Les pronoms personnels des 1res et 2es personnes - singulier et pluriel -, n'indiquent pas le genre. Seule la personne qui écrit peut indiquer ce genre.

Je suis né en mai.	➔ C'est un homme qui parle.
Tu es née en mai.	➔ On parle à une femme.
Nous sommes nées en mai.	➔ Ce sont des femmes qui parlent.

Exercices

1 *Copiez ces phrases en accordant les participes passés des verbes en bleu.* *Difficulté ■□□*

1. La grotte a été explorer par trois spéléologues expérimentés.
2. Les ministres seront conseiller par des experts.
3. Nous sommes habituer à notre nouvel emploi du temps.
4. Les essuie-glaces ne fonctionnent plus ; ils doivent être changer.
5. Les affiches de l'exposition Monet sont placarder sur tous les murs.
6. Mme Cayla s'est asseoir dans son fauteuil.
7. Les agneaux se sont blottir les uns contre les autres.
8. Les majorettes se sont placer derrière la fanfare.

2 *Conjuguez les verbes en bleu au passé composé. Pour les 3es personnes, vous choisirez des noms sujets.* *Difficulté ■■□*

1. revenir sur ses pas
2. sortir en avance
3. rester chez soi
4. se limiter à l'essentiel
5. se sécher après la baignade
6. se débrouiller tout seul

3 *Copiez ces phrases en écrivant les verbes en bleu au passé composé.* *Difficulté ■■□*

1. Que devenir les anciennes machines à vapeur ?
2. Où naître les premières civilisations méditerranéennes ?
3. Longtemps, les colporteurs aller de village en village.
4. Des milliers de manifestants se joindre au cortège officiel.
5. Des changements de programmes intervenir au dernier moment.
6. La nouvelle tomber à vingt heures : le satellite être placé sur orbite.
7. Après la pluie, les fleurs s'épanouir au soleil.
8. Les articles en promotion se vendre en quelques jours.

4 *Copiez ces phrases en changeant les sujets, mais en conservant les temps.* *Difficulté ■■□*

1. *Comme le melon est arrivé à maturité, il est délicatement cueilli.*
Comme les pommes …
Comme les abricots …
Comme la grappe …
Comme les fraises …
2. *Ce livre est tiré à mille exemplaires car il est très attendu.*
Cette revue …
L'encyclopédie …
Ces histoires …
Ces romans …

5 *Copiez ces phrases que vous mettrez à la voix passive en conservant les temps.* *Difficulté ■■■*

Ex : Les feuilles mortes recouvrent les allées du parc.
➔ Les allées du parc sont recouvertes par les feuilles mortes.

1. Le maire attestera l'authenticité de ces documents.
2. D'anciens sportifs décernent les médailles aux vainqueurs.
3. Leur accent étranger a trahi les espions.
4. Les bûcherons abattaient des chênes centenaires.
5. Les raisins et les abricots secs adoucissent le couscous.
6. Un spécialiste modifiera l'installation électrique.

Pour terminer — 10 min

Copiez ces phrases en accordant les participes passés des verbes en bleu.

1. Ces lettres seront remettre à leurs destinataires dès demain.
2. Les hirondelles sont revenir ; le printemps est là.
3. Les données furent enregistrer sur le disque dur.
4. Nous nous étions tromper en effectuant ces calculs.
5. Ces fromages étaient produire selon un savoir-faire ancestral.
6. Je suis parvenir à terminer ce roman.
7. Les travaux sont achever et la rue est enfin rendre à la circulation.
8. Vous vous êtes égarer dans ce labyrinthe de miroirs.
9. La brèche a été colmater en urgence ; la digue est consolider.
10. D'importantes quantités de gaz naturel sont importer chaque année.

Expression écrite

Écrivez ce texte au passé composé en remplaçant « seaux » par « bassines » ; « Renart » par « la chèvre » ; « sa femme » par « son mari » ; « le son » par « la voix ». N'oubliez pas d'effectuer toutes les transformations et les accords nécessaires.

Dans le puits se trouvaient deux seaux : quand l'un descendait, l'autre montait. Renart s'approcha lentement et se pencha. Il était persuadé que sa femme était enfermée dans ce puits.
Il l'appela et le son lui fut renvoyé du fond. Étonné, il entra dans un seau et descendit. En quelques secondes, il fut submergé par l'eau froide et il comprit, trop tard, qu'il avait commis une erreur.
D'après le *Roman de Renart*, 1171-1250.

31 Le participe passé employé avec l'auxiliaire avoir

Pour débuter

Trouvez le participe passé qui convient pour compléter chaque phrase.

1 Marco a … des crêpes.

a) fait
b) faite
c) faites

2 Ses sentiments, le mime les a … par des gestes.

a) traduites
b) traduits
c) tradui

3 La cible, le tireur l'a … du premier coup.

a) atteignit
b) atteinte
c) atteindue

4 Tes conseils, je les ai … à la lettre.

a) suivis
b) suis
c) suivus

5 Tu es restée muette, j'en ai … que tu ne connaissais pas la réponse.

a) déduite
b) déduies
c) déduit

À retenir

• Employé avec l'auxiliaire **avoir**, le participe passé **ne s'accorde jamais** avec le sujet du verbe.
Le journaliste a démenti l'information.
Les journalistes ont démenti l'information.
La presse a démenti l'information.
Vous avez démenti l'information.

• Employé avec l'auxiliaire **avoir**, le participe passé **ne s'accorde en genre et en nombre que** si le complément d'objet direct est placé **avant** le participe passé.
Tu as appris ta leçon. *Tu as appris quoi ?* **ta leçon**
➔ Le COD est placé après le verbe, il n'y a pas d'accord.
Tu récites la leçon que tu as apprise.
tu as appris quoi ? **que** (mis pour « la leçon »)
➔ Le COD est placé avant le verbe, il y a donc accord.

• Lorsqu'il est placé devant le participe passé, le COD est le plus souvent un **pronom** qui ne nous renseigne pas toujours sur le genre ou le nombre. Il faut donc chercher le nom que remplace le pronom pour bien accorder le participe passé.

- pronom personnel
Leurs leçons, les élèves les ont récitées. **les** (mis pour « leurs leçons »)
Le résumé, les élèves l'ont récité. **l'** (mis pour « le résumé »)

- pronom relatif
Les leçons que tu as récitées sont courtes. **que** (mis pour « les leçons »)
Le résumé que tu as récité est court. **que** (mis pour « le résumé »)

• Si, dans une question, le COD est placé avant le participe passé, celui-ci s'accorde.
Combien de kilomètres as-tu parcourus ?
Tu as parcouru quoi ? **combien de kilomètres**
➔ Le COD est placé avant le verbe, il y a donc accord.

Attention

• Le participe passé « **fait** » suivi d'un infinitif est toujours **invariable**.
Voici les poissons que j'ai fait griller. Voici les saucisses que j'ai fait griller.

• Précédé du pronom **en**, le participe passé est **invariable**.
Des livres policiers, j'en ai lu des dizaines.

• Il ne faut pas confondre le complément d'objet indirect (COI), qui peut être placé avant le participe passé, et le COD.
Les spectateurs ont applaudi ; la pièce leur a plu.
La pièce a plu à qui ? à **leur** (mis pour « les spectateurs ») ➔ COI

Exercices

1 *Copiez ces phrases en écrivant les verbes en bleu au passé composé.* Difficulté ■□□

1. Le dénouement de ce film me laisser rêveuse, déclare Clémence.
2. Ce spectacle amuser les enfants et leurs parents.
3. Les allées de la galerie marchande, je les parcourir de long en large.
4. Ces moutons grillés, l'ogre les engloutir en trois bouchées.
5. Les erreurs que tu trouver, tu les corriger immédiatement.
6. Mélissa recueillir les confidences de son amie Ingrid.

2 *Écrivez les verbes en bleu au passé composé. Encadrez les compléments d'objet directs.* Difficulté ■■□

1. La guirlande que vous placer sur le sapin clignote.
2. Le marchand forain écouler toute sa marchandise en une journée.
3. Les pièces que Swanny faire isoler restent fraîches.
4. Les deux chiffres que tu inverser fausser le résultat de l'opération.
5. Ces terrasses être carrelées avec de belles tomettes.
6. Quels disques Jordan préférer parmi ceux que nous lui prêter ?

3 *Écrivez ces phrases en changeant les mots en bleu, mais en respectant les temps.* Difficulté ■■■

1. *Le boulevard, nous l'avons toujours traversé sur le passage protégé.*

Les rues, … La chaussée, …
L'avenue, … Les carrefours, …

2. *Le dernier film de Luc Besson, en as-tu entendu parler ?*

Cette région lointaine, … Cette émission, …
Ces événements, … Les aventures d'Anton, …

4 *Sans changer de temps, répondez à ces questions en utilisant les pronoms personnels proposés. Identifiez bien les compléments d'objet directs.* Difficulté ■■■

Ex : As-tu plié les serviettes ? → Non, je ne les ai pas pliées.

1. Les convives ont-ils apprécié cette tarte ? Oui, ils …
2. Le déménageur a-t-il déchargé les meubles ? Non, il …
3. Margaux avait-elle obéi aux ordres ? Oui, elle …
4. Avez-vous reçu votre commande ? Non, nous …
5. Le candidat a-t-il répondu aux examinateurs ? Oui, il …
6. Ce tapis a-t-il amorti ta chute ? Oui, il …

5 *Copiez ce texte en écrivant les verbes en bleu au passé composé. Accordez correctement les participes passés.* Difficulté ■■■

Je manger beaucoup de chocolat dans mon enfance et mon adolescence. Parce que j'aimais le chocolat bien sûr et parce que dans les tablettes de certaines marques on trouvait des images que je collectionner des années durant. Je pouvoir remplir grâce à elles trois albums intitulés *Les Merveilles du monde*. Je conserver ces trois albums et je les feuilleter toujours avec un plaisir intense.

D'après J. Lacarrière, *Les Merveilles du monde,* dans *Ce bel aujourd'hui*, J.-C. Lattès, 1989.

Pour terminer (10 min)

Copiez ces phrases en écrivant les verbes en bleu au passé composé. Attention aux accords des participes passés.

1. Erwan ne regrette pas les jouets qu'il donner aux enfants malheureux.
2. Les pommes, Joël les éplucher et les couper en quartiers.
3. Ces objets, le sculpteur les transformer en une œuvre d'art.
4. Cet élève monopoliser la parole ; il lasser ses camarades.
5. J'espère que ces consignes, vous les comprendre bien.
6. Cette lettre, nous la recopier à la main.
7. M. Laporte constate que sa réserve de bois diminuer.
8. Des vacances comme celles-ci, j'en passer de plus agréables.
9. Les chaises que vous faire réparer sont comme neuves.
10. Les photographies que Manuel prendre plaire à ses amis.

Dictée préparée

La grande salle que Tartarin avait aménagée était tapissée de fusils et de sabres. Il y avait rangé toutes les armes de tous les pays du monde. L'explorateur et son aide avaient répertorié, soigné, brossé tous les couteaux. Quant aux flèches, Tartarin les avait étiquetées ainsi : « Pointes empoisonnées, n'y touchez pas ! » Enfin, devant les récits de voyages qu'il avait posés sur un guéridon, un flacon de rhum attendait l'intrépide chasseur.

D'après Alphonse Daudet, *Tartarin de Tarascon*, 1872.

A *Relevez tous les participes passés employés avec l'auxiliaire avoir et justifiez leur orthographe.*

B *Justifiez l'accord des deux autres participes passés.*

32 Le participe présent et l'adjectif verbal en -ant

Pour débuter

Trouvez le mot qui convient pour compléter chaque phrase.

1 Ne touchez à cette casserole … sous aucun prétexte.

a) brûlante
b) brûlant
c) brûlent

2 … une tempête, les marins ne se risquent pas en mer.

a) Craindrants
b) Craignant
c) Craignent

3 Pourquoi sont-ils partis en … ?

a) crient
b) criantes
c) criant

4 …, les gymnastes entrent en piste.

a) Bondissante
b) Bondirant
c) Bondissant

5 Ces tournures de phrases ne sont plus très … .

a) courant
b) courantes
c) courants

À retenir

• Le **participe présent**, toujours **invariable**, est une forme verbale terminée par **-ant**, parfois précédée de « **en** ».
Goûtez-moi ce biscuit craquant sous la dent.
Goûtez-moi cette biscotte craquant sous la dent.
Goûtez-moi ces biscottes craquant sous la dent.
Je termine mon goûter en mangeant un fruit.

• L'**adjectif verbal**, terminé lui aussi par **-ant**, **s'accorde** avec le nom (ou le pronom) auquel il se rapporte.
un biscuit craquant — *une biscotte craquante*
des biscuits craquants — *des biscottes craquantes*

• L'adjectif verbal, comme l'adjectif qualificatif, peut être **épithète** ou **attribut**.
Vous tenez des propos amusants. — *Vos propos sont amusants.*

• Certains adjectifs verbaux sont employés comme des noms.
Les heureux gagnants se partageront le gros lot.

Astuce

Dans certains cas, il est difficile de distinguer le participe présent de l'adjectif verbal.
Il faut alors essayer de remplacer le nom masculin par un nom féminin ; oralement, on entend la différence.
On applaudit l'entrée des joueurs remplaçants.
On applaudit l'entrée des joueuses remplaçantes.
➔ adjectif verbal

On applaudit l'entrée des joueurs remplaçant leurs partenaires.
On applaudit l'entrée des joueuses remplaçant leurs partenaires.
➔ participe présent

Attention

• Les participes présents et les adjectifs verbaux de certains verbes ont des **orthographes différentes**.
en communiquant par signes — *les vases communicants*
en provoquant une émeute — *une tenue provocante*
en différant la réponse — *une réponse différente*

• Il ne faut pas confondre les adjectifs verbaux terminés par **-ant** avec les adverbes terminés par **-ent** ou **-ant**.
Dans les rôles comiques, cette actrice est souvent éblouissante.
Ces locaux, auparavant bruyants, sont désormais silencieux.

Exercices

1 *Complétez selon l'exemple.* *Difficulté* ■□□

Ex : trancher	en tranchant la viande	des lames tranchantes
1. se presser	en … à grands pas	une invitation …
2. trembler	en … de tout son corps	des jambes …
3. résister	en … aux chocs	des métaux …
4. frapper	en … à la porte	des images …
5. éclairer	en … la pièce	une fusée …
6. marquer	en … un but	des faits …
7. envahir	en … les lieux	une présence …

2 *Copiez ces phrases en écrivant les noms en bleu au pluriel et accordez comme il convient.* *Difficulté* ■■□

1. Ce célèbre romancier a écrit un récit amusant pour les enfants.
2. Le mousquetaire, pâlissant sous l'affront, saisit son épée.
3. Cette pièce de théâtre contemporaine est fort distrayante.
4. Quoi de plus agréable qu'un chocolat fondant sur la langue !
5. Dans ce véhicule de luxe, le siège du passager est chauffant.
6. Prévoyant, le pêcheur emporte toujours un fauteuil pliant.
7. Le motard, toute sirène hurlante, précède l'ambulance.

3 *Copiez ces phrases en complétant par l'adjectif verbal ou le participe présent du verbe en bleu.* *Difficulté* ■■□

1. En zapper trop souvent, tu perdras le fil de l'histoire.
2. Les journalistes, rédiger leurs articles, rassemblent leurs souvenirs.
3. Les syndicats obtiendront satisfaction en assouplir leur position.
4. Plongez ces œufs trois minutes dans l'eau bouillir.
5. Coopérer à la perfection, ces alpinistes atteindront le sommet.
6. L'incendie dégage une épaisse fumée asphyxier.
7. Vivre en semi-liberté, ces animaux se reproduisent en nombre.

4 *Copiez ces phrases en remplaçant les noms en bleu par ceux entre parenthèses. Accordez si nécessaire.* *Difficulté* ■■■

1. Désirant se mettre à jour, Régis (Francine) travaille tard ce soir.
2. Cet échange (offre) paraît séduisant ; il faut l'accepter.
3. En adhérant au club de Scrabble, Victor (Élodie) pense faire des progrès.
4. Apprenant qu'il passe en 4e, Maxence (Louisa) est fou de joie.
5. Un cri (voix) perçant déchira le silence de cette soirée.
6. D'ici, vous bénéficierez d'un regard (vue) plongeant sur la scène.

5 *Copiez ces phrases en remplaçant les mots en bleu par un participe présent ou un adjectif verbal que vous accorderez.* *Difficulté* ■■■

1. J'ai surpris Lauriane alors qu'elle cherchait la sortie.
2. Les enfants continuaient leur jeu, sans se faire du souci.
3. Alors qu'il multipliait les recherches, l'enquêteur tomba sur une piste.
4. Comme elle veut te faire plaisir, Corinne t'offre un beau cadeau.
5. Cette voiture possède des phares qui éblouissent.
6. Lorsqu'ils ont conçu ce modèle, les ingénieurs pensaient au prochain.

Pour terminer 10 min

Copiez ces phrases en complétant avec l'adjectif verbal ou le participe présent du verbe en bleu.

1. Les bêtes, sentir venir l'orage, s'affolent.
2. Justine s'avance vers nous, les yeux resplendir de bonheur.
3. Ces images sont saisir de vérité.
4. Chaque matin, vous étalez une crème adoucir sur votre visage.
5. L'agent secret détruit tous les courriers compromettre.
6. Les bateaux quitteront le mouillage à marée monter.
7. En suivre cet itinéraire, nous arriverons à destination.
8. Ces performances ne sont guère briller.
9. Solder tous ses vêtements, le commerçant ne fera pas de bénéfice.
10. As-tu déjà mangé du canard chinois à la sauce piquer ?

Expression écrite

En huit lignes, décrivez une expérience de sciences physiques réalisée au cours d'une séance de travaux pratiques.

Vous emploierez les adjectifs verbaux des verbes de la liste 1 et les participes présents des verbes de la liste 2 :
1. satisfaire - correspondre - étonner - abonder
2. mélanger - protéger - contenir - recouvrir.

Bilan n°5

27. Le verbe et son sujet
28. Le verbe et son sujet : cas particuliers
29. Le participe passé employé comme adjectif
30. Le participe passé employé avec l'auxiliaire *être*
31. Le participe passé employé avec l'auxiliaire *avoir*
32. Le participe présent et l'adjectif verbal en *-ant*

Exercices

1 *Copiez ces phrases en soulignant le sujet de chaque verbe, puis accordez les verbes en bleu au présent de l'indicatif.*

1. Venir-ils à ce rendez-vous ? 2. Ces places sont réservées : toutes celles qui rester sont disponibles. 3. Nous monter nos tentes : lesquelles être les plus solides ? 4. Il arriver que la tempête emporte quelques tuiles. 5. Beaucoup d'amateurs assister aux courses de cerfs-volants sur les plages. 6. Les ouvriers installer les poutres que demander le chef de travaux. 7. Philippe et toi restaurer ce vieux cabanon pour en faire une remise à outils. 8. La plupart des gens croire qu'il n'y a pas de vie sur la planète Mars. 9. Les escargots, ramassés après la pluie, devoir jeûner quinze jours avant qu'on ne les cuisine. 10. La forteresse construite par Vauban se dresser face à la mer.

2 *Recopiez les participes passés employés comme adjectifs, donnez leur infinitif, puis écrivez les noms auxquels ils se rapportent.*

1. Troublé, le garçon fixe cet animal inconnu qui ressemble à la fois à un canard, à un castor et à un ours. 2. Ces musées, tant visités, comptent parmi les plus grands du monde. 3. Charles et Nicole, tout attendris, contemplent leur petite sœur. 4. Les amateurs d'échecs seront ravis : le champion du monde remettra son titre en jeu dès le mois prochain. 5. Ce portefeuille égaré doit être rapporté au bureau des objets trouvés.

3 *Copiez ces phrases en écrivant la terminaison du participe passé qui convient.*

1. Cette porte s'est ouver… dès qu'Ali-Baba a prononcé la formule magique. 2. Quand vous aurez b… cette potion, vous vous sentirez mieux. 3. Si Mélissa était part… avant Élodie, elle serait effectivement arriv… à l'heure. 4. « Les films que j'ai v… récemment ne m'ont pas intéress… ! » regretta Malcolm. 5. Cassandra et Anita n'ont pas écout… leur père et ont oubli… de rapporter du pain. 6. Les soldes de ce magasin ne sont pas encore fin… : tu devrais trouver la caméra dont tu rêves. 7. Mon réveil s'est mi… à sonner en pleine nuit : j'avais oubli… de le régler. 8. Vous vous êtes souven… du nom de cet auteur ? Bravo ! 9. « Tu attends Emma ? Mais Jacques l'a entend… partir il y a cinq minutes ! »

Dictée préparée

L'automne a déjà bien effacé l'été. Lentement mais sûrement, de son pinceau, il a colorié la nature. Les feuilles d'abord jaunissantes, puis rougissantes, sont tombées. Craquant sous les pieds, elles ont formé des masses rousses. L'automne, quelle belle saison ! Je n'apprécie la nature qu'ici, à Crnotina. La nature sent bon, elle me caresse. Je me suis bien reposée en sa compagnie à goûter toutes ses beautés.

D'après Zlata Filipovic, *Le Journal de Zlata*, Pocket Junior, 1998.

A *Recopiez les formes verbales au participe passé et justifiez leur terminaison.*

B *Retrouvez deux adjectifs verbaux et un participe présent.*

Expression écrite

4 *Au Muséum d'Histoire naturelle, vous observez les squelettes des dinosaures. Racontez, en huit lignes, votre visite en employant les expressions suivantes :*

a) exposer - répertorier - assembler - dater - mettre au point - établir - impressionner ;
b) des squelettes - la conservatrice - des cartes - des milliers d'ossements - les paléontologues - les mâchoires - les espèces.
Les GN seront sujets ou COD des verbes que vous conjuguerez au passé composé.

5 *Vous assistez au tournage d'un film. Dans un texte d'environ huit lignes, rédigé au passé composé, vous décrivez le plateau et l'activité qui y règne en employant les expressions suivantes :*

arriver (participe présent) - constater - être présent - le metteur en scène - choisir - un endroit - étonner (adjectif verbal) - faire silence - filmer un plan - les acteurs entrer (participe présent) en scène - se suivre (participe présent).

6 *Composez quatre phrases selon le premier exemple et quatre autres selon le second.*

Ex 1 : J'ai rangé vos chaussures.
→ Vos chaussures ? Je les ai rangées dans le placard.

1. Vous avez mangé des chewing-gums.
2. Tu as écouté mon explication.
3. Les chasseurs ont repéré un ours.
4. Valenciennes a gagné le match.

Ex 2 : J'ai rangé vos chaussures.
→ Les chaussures que j'ai rangées dans le placard traînaient dans le couloir.

1. Les inventeurs ont déposé un brevet.
2. Le sous-marin a aperçu deux épaves.
3. Nous avons applaudi le clown.
4. J'ai ouvert les portes.

Exploitation du test →

Repérez les numéros des questions sur lesquelles vous avez fait des fautes.

Révisez les leçons correspondantes et assurez-vous que vous avez bien compris en refaisant les exercices de ces leçons :

questions 1, 2, 3
→ leçon 27 → Le verbe et son sujet

questions 4, 5, 6
→ leçon 28 → Le verbe et son sujet : cas particuliers

questions 7, 8, 9, 10
→ leçon 29 → Le participe passé employé comme adjectif

questions 11, 12, 13, 14
→ leçon 30 → Le participe passé employé avec l'auxiliaire *être*

questions 15, 16, 17
→ leçon 31 → Le participe passé employé avec l'auxiliaire *avoir*

questions 18, 19, 20
→ leçon 32 → Le participe présent et l'adjectif verbal en *-ant*

10 min Test

Difficulté ■□□

1 ***Qui ... une crêpe à la confiture ?***
a. préfèrent b. préfère c. préfères

2 ***Dans ce théâtre, on ... une comédie de Molière.***
a. joue b. jouent c. joues

3 ***C'est vous qui ... mis la table ?***
a. avait b. avaient c. avez

4 ***Personne ne ... votre histoire.***
a. croira b. croiront c. croient

5 ***Toi et moi ... de vrais amis.***
a. sont b. sommes c. êtes

6 ***Certains ... que l'hiver sera précoce.***
a. affirme b. affirmes c. affirment

7 ***... par une pieuvre, le requin ne peut se dégager.***
a. Enlacé b. Enlacée c. Enlacés

8 ***Des promeneurs découvrirent l'avion ... dans un pré.***
a. écrasés b. écraser c. écrasé

9 ***... de terreur, la mouche fixait l'araignée.***
a. Saisies b. Saisie c. Saisit

10 ***Le bébé ... cette nuit est une superbe petite fille.***
a. naît b. né c. née

11 ***Le public ... vers la sortie.***
a. s'est dirigé b. s'a dirigé c. s'est dirigée

12 ***Les singes ... pour quelques bananes.***
a. se son battu b. se sont battus
c. s'est battu

13 ***Francine était ... par ses résultats.***
a. déçut b. déçue c. décu

14 ***Sébastien ... de vacances.***
a. était revenue b. étais revenu
c. était revenu

15 ***La vigie ... de son poste de surveillance.***
a. a bondi b. a bondie c. a bondit

16 ***Mes lunettes ! Je les ... dans la voiture !***
a. ai laissé b. ai laissées c. est laissées

17 ***Les toiles que Cézanne ... sont célèbres.***
a. a peint b. a peints c. a peintes

18 ***Je vous trouve bien ... de laisser vos affaires.***
a. négligants b. négligents c. négligeant

19 ***... par leurs règles, ces jeux nécessitent pourtant la même concentration.***
a. Différent b. Différant c. Difèrant

20 ***En ... régulièrement ces exercices, vous retrouverez votre souffle.***
a. praticant b. praticants c. pratiquant

Pour aller plus loin

Difficulté ■■■

1 ***Les valises et le carton ... dans le porte-bagages.***
a. s'entasse b. s'entassent c. s'entasses

2 ***Moi qui vous ..., j'ai vu de vrais pirates.***
a. parle b. parles c. parlez

3 ***Une pluie de cendres ... sur les flancs du volcan.***
a. s'est abattu b. se sont abattus c. s'est abattue

4 ***Ces plaisanteries idiotes, Baptiste ne les ... plus.***
a. supportent b. supportes c. supporte

5 ***Chacun ... comme moi : tu avais tort.***
a. pensait b. pensais c. pensaient

6 ***Bien des passants ... devant ce prototype.***
a. s'arrêtez b. s'arrêterai c. s'arrêteront

7 ***Où sont passées les boîtes que nous ... ?***
a. avions archivées b. avions archivé
c. avions archiver

8 ***Voici la maison que Florine et Justin ... .***
a. ont loués b. ont loué c. ont louée

9 ***... à la va-vite, les jumelles sont vite ... .***
a. Coiffées / sorties b. Coiffées / sorti
c. Coiffée / sortie

10 ***Tous..., mais rien n'y ... ; le silence régnait.***
a. appelèrent / fie b. appelèrent / fit
c. appela / fient

11 ***Qu'elles ... jeunes ou adultes, aucune ne ... le feuilleton de 18 heures.***
a. soient / ratent b. soit / rate
c. soient / rate

12 ***Ces journaux, tu les ... ou non ?***
a. as lus b. a lu c. as lu

13 ***Une avalanche de pierres et de cailloux ... l'ascension des alpinistes.***
a. interrompirent b. interromput
c. interrompit

14 ***Mon frère et moi ... à votre rencontre.***
a. sommes venus b. sommes venues
c. avons venu

15 ***Il ... plusieurs solutions à cette énigme.***
a. existent b. existe c. existes

16 ***Dans le sous-bois, ... les branches mortes.***
a. s'étaient amoncelées b. s'était amoncelée
c. s'était amonceler

17 ***Ont été ... pour la finale des Olympiades : Victor, Benjamin et Solène !***
a. sélectionner b. sélectionnées
c. sélectionnés

18 ***... dans la fumée, nous tentons de sortir.***
a. Suffoccant b. Suffoquant c. Suffoquants

19 ***Il est inutile d'avoir des paroles ... .***
a. violantes b. violentes c. violente

20 ***Les macarons que tu ... sont délicieux.***
a. as apportés b. as apporté c. a apporté

33 Le participe passé en -é et l'infinitif en -er

Pour débuter

Trouvez le mot par lequel on peut remplacer le mot en bleu.

1. Pour sauter très haut, utilisez un trampoline.

   a) bondi
   b) bondit
   c) bondir

2. Avez-vous bien noté tous les détails ?

   a) inscrit
   b) inscrite
   c) inscrire

3. À la caisse, il faut patienter de longues minutes.

   a) attendu
   b) attendre
   c) attendit

4. Pendant des années, Hervé a habité au Loup Pendu.

   a) vécu
   b) vivre
   c) vivra

5. Le steak est servi avec des pommes sautées.

   a) frit
   b) frire
   c) frites

À retenir

Pour les verbes du 1er groupe, on peut confondre, oralement :

- la terminaison de l'**infinitif**

L'agriculteur va achever sa récolte.
Pour achever la récolte, il faut du temps.

- et celle du **participe passé**

L'agriculteur a achevé sa récolte.
La récolte achevée, l'agriculteur est satisfait.

Astuce

• Pour écrire correctement la terminaison des verbes du 1er groupe, on peut essayer de **remplacer par un verbe du 2e ou du 3e groupe** pour lequel on entend alors nettement la différence.

L'agriculteur va achever la récolte. *L'agriculteur va finir la récolte.*
Pour achever la récolte, il faut du temps.
Pour finir la récolte, il faut du temps.

L'agriculteur a achevé la récolte. *L'agriculteur a fini la récolte.*
La récolte achevée, l'agriculteur est satisfait.
La récolte finie, l'agriculteur est satisfait.

• Pour que la recherche soit la plus rapide possible, même si le sens n'est pas tout à fait respecté, il est préférable de choisir toujours le même verbe (**faire - fait**).

L'agriculteur va faire la récolte. *Pour faire la récolte, il faut du temps.*
L'agriculteur a fait la récolte. *La récolte faite, l'agriculteur est satisfait.*

Attention

• Lorsque le pronom personnel « **vous** » précède la forme verbale, il y a risque de confusion à l'oral entre la forme de la 2e personne du pluriel de l'indicatif et l'infinitif.

Vous aidez l'agriculteur. *Je suis là pour vous aider.*
Dans ce cas, il suffit de **conjuguer le verbe à une autre personne**.
Tu aides l'agriculteur. *Je suis là pour t'aider.*

• Il ne faut pas oublier que le participe passé s'accorde dans certains cas.

des récoltes achevées
Achevées, les récoltes sont à l'abri. } → adjectif qualificatif : accord
Les récoltes sont achevées. → auxiliaire **être** : accord avec le sujet
Voici les récoltes que tu as achevées. → auxiliaire **avoir** + COD placé avant

Exercices

1 Complétez ces expressions par un infinitif ou un participe passé employé comme adjectif. Difficulté ■□□

1. une machine qui lave le linge ➔ une machine à …
2. des fleurs que l'on coupe ➔ des fleurs …
3. une vitre en mille morceaux ➔ une vitre …
4. une maison mise en location ➔ une maison à …
5. des feuilles recouvertes d'or ➔ des feuilles …
6. une crème qui facilite le bronzage ➔ une crème pour …

2 Copiez ces phrases en complétant par -é ou -er. Difficulté ■□□

1. Le coupable est rong… par le remords, il va se dénonc… .
2. Charly est tomb… sous le charme de ce livre qui l'a passionn… .
3. Pour rédig… cette lettre, la secrétaire a employ… un traitement de texte.
4. L'horaire est affich… ; il suffit de consult… le panneau.
5. Les élèves ont délégu… leurs pouvoirs à Fanny et Rachid.
6. Avant d'entr…, j'ai essuy… mes pieds sur le paillasson.

3 Complétez ces phrases par un des verbes de cette liste que vous écrirez à l'infinitif ou au participe passé. Attention aux accords. Difficulté ■■□

fasciner - encoller - critiquer - tailler - poser - doper - manger - proposer - utiliser

1. Tu as … les murs, puis tu as … le papier peint.
2. Pour … un yaourt, il faut … une cuillère.
3. Ce sécateur permet de … les rosiers.
4. Les coureurs … sont immédiatement exclus de la compétition.
5. Les visiteurs sont … par la virtuosité de ce peintre.
6. Rien ne sert de … ce projet, il faut … une solution.

4 Copiez ce texte en remplaçant les verbes en bleu par des infinitifs ou des participes passés que vous accorderez. Difficulté ■■□

Harry sauta par-dessus la grille verrouiller du parc et traversa la pelouse dessécher. Lorsqu'il arriva devant les balançoires, il se laissa tomber sur la seule que Dudley et ses amis n'avaient pas réussi à casser et contempla le sol d'un air maussade. Il ne pouvait plus se cacher dans le massif de fleurs des Dursley. Demain, il faudrait songer à un nouveau moyen d'écouter les informations. Entre-temps, il n'avait d'autre perspective qu'une nouvelle nuit tout aussi agiter que les précédentes.

J.K. Rowling, *Harry Potter et l'Ordre du Phénix*, traduit par J.F. Ménard, Gallimard-Jeunesse, 2002.

5 Copiez ces phrases en remplaçant les mots en bleu par un verbe de même sens que vous écrirez à l'infinitif ou au participe passé. Difficulté ■■■

1. Pour prendre en photo ce paysage, tu utilises un appareil numérique.
2. Nous dansons sur une musique qui a du rythme.
3. Il faut faire ses achats pendant la période des soldes ; c'est moins cher.
4. Les meilleurs résultats seront mis en valeur.
5. Les noms polonais ne sont pas faciles à mettre en mémoire.
6. Suite à un accident, la voie de droite est un espace neutre.

Pour terminer (10 min)

Copiez ces phrases en les complétant avec l'infinitif, ou une forme conjuguée ou le participe passé des verbes en bleu. Attention aux accords.

1. L'expert est là pour constater les dégâts ; ils sont minimes.
2. Rassurer par votre appel, vos parents ne s'inquiètent plus.
3. Lorsqu'elle s'est marier, Perrine portait une robe splendide.
4. Les villages situer près d'une raffinerie n'attirent guère les touristes.
5. Les animaux abandonner sont provisoirement héberger par la SPA.
6. À n'en pas douter, le chantier sera terminer dans un mois.
7. Les aménagements réaliser devraient faciliter l'accès au parking.
8. Vous tenter de retirer de l'argent dans ce distributeur.
9. Avec la parabole que tu as commander, on peut capter des centaines de chaînes.
10. Pour ranger vos livres, vous installer des étagères récemment acheter.

Dictée préparée

Grâce aux conseils d'Arsène Lupin, l'inspecteur de police Ganimard vient d'arrêter un homme suspecté de meurtre.

Ganimard jouissait d'une excellente réputation, d'ailleurs justifiée.
Cette capture opérée si vite et par des moyens très simples, que la police s'empressa de divulguer, lui valut une célébrité soudaine.
On chargea le coupable de tous les crimes demeurés impunis et les journaux se mirent à vanter les prouesses de Ganimard.
L'affaire, au début, fut menée rapidement, mais l'accusé revint sur ses aveux.

D'après G. Leroux, *L'Écharpe de soie rouge*, 1911.

A Relevez trois participes passés employés comme adjectifs.

B Justifiez la terminaison de « menée » en analysant la forme verbale complète.

C Trouvez les verbes à l'infinitif.

34 -i, -is, -it / -u, -us, -ut

Pour débuter

Trouvez la forme par laquelle on peut remplacer le mot en bleu.

1 On est certain que tu dis la vérité.

a) exprimes
b) exprimé
c) cachés

2 Pauline a réuni toutes ses économies.

a) comptait
b) réunira
c) compté

3 Je me rafraîchis le visage.

a) mouillé
b) rafraîchissais
c) mouillée

4 Le retardataire poursuit le peloton.

a) poursuivra
b) poursuivre
c) rattrapé

5 Ce bijou m'a plu.

a) plaisons
b) attiré
c) plairont

À retenir

• **Verbes du 2e groupe et quelques verbes du 3e groupe**
Pour les trois personnes du singulier du présent de l'indicatif et du passé simple, les terminaisons sont homophones avec celles du participe passé.

présent de l'indicatif	passé simple	participe passé
Je bondis sur place.	*Je bondis sur place.*	*J'ai bondi.*
Tu bondis sur place.	*Tu bondis sur place.*	*Tu as bondi.*
Il bondit sur place.	*Il bondit sur place.*	*Il a bondi.*

• **Autres verbes du 3e groupe,** en **-i** ou en **-u**
Pour les trois personnes du singulier du passé simple, les terminaisons sont homophones avec celles du participe passé.

passé simple	participe passé	passé simple	participe passé
Je dormis.	*J'ai dormi.*	*Je sus me taire.*	*J'ai su me taire.*
Tu dormis.	*Tu as dormi.*	*Tu sus te taire.*	*Tu as su te taire.*
Il dormit.	*Il a dormi.*	*Il sut se taire.*	*Il a su se taire.*

• Le participe passé s'accorde lorsqu'il est employé comme adjectif.
(Voir leçon 29.)

Astuce

Pour faire la distinction entre une forme conjuguée et le participe passé, on essaie de **remplacer le mot pour lequel on hésite, par une autre forme verbale en changeant de temps**. Si c'est possible, il s'agit du verbe conjugué.

Tu bondis sur place. → *Tu bondissais sur place.*
David dormit. → *David dormait.*
Je sus me taire. → *Je savais me taire.*

Dans le cas contraire, c'est le participe passé.
On a démenti l'information. → *une information démentie*

Attention

• Certains participes passés se terminent par **-is** ou **-it**, au masculin singulier. Pour ne pas oublier le « **s** » ou le « **t** », on essaie de **remplacer le nom masculin par un nom féminin** ; on entend alors la lettre finale.
un message transmis → *une lettre transmise*
un sens interdit → *une rue interdite*

• Il ne faut pas confondre les formes des deux premières personnes du singulier du présent de l'indicatif des verbes en **-indre** avec celle du participe passé.
Je peins la barrière. *Tu peins la barrière.* *J'ai peint la barrière.*

Exercices

1 ***Copiez ces phrases en écrivant les verbes en bleu au présent de l'indicatif.*** *Difficulté* ■□□

1. Gérald a réagi dans la précipitation ; il a eu tort.
2. Le maçon a bâti ce hangar agricole en huit jours seulement.
3. Connaissez-vous le nom de cet animal qui a glapi ?
4. Une épidémie de rougeole sévissait dans le nord du Niger.
5. Dans la savane, le lion a rugi longuement ; les gazelles ont tremblé.
6. J'ai rejoint mes camarades au centre aéré dès le mois de juillet.

2 ***Conjuguez les verbes en bleu de ces expressions au présent, au passé simple et au passé composé de l'indicatif.*** *Difficulté* ■■□

1. boire du lait
2. conduire une voiture
3. séduire le public
4. éteindre les bougies
5. entrevoir une solution
6. dire bonjour
7. ne pas ternir sa réputation
8. vivre dans une cité
9. craindre une réaction
10. pouvoir courir

3 ***Transformez selon l'exemple.*** *Difficulté* ■■■

	passé composé	présent de l'indicatif
Ex : des blasons cousus	On a cousu des blasons.	On coud des blasons.
1. la soupe servie	J' …	Je …
2. des mots confondus	Tu …	Tu …
3. des prix garantis	Il …	Il …
4. une barre tordue	Tu …	Tu …
5. des murs noircis	J'…	Je …
6. une erreur admise	Elle …	Elle …
7. le conseil suivi	On …	On …

4 ***Copiez ces phrases en écrivant les verbes en bleu au passé simple.*** *Difficulté* ■■■

1. Tu me racontes une histoire d'extraterrestres, mais je ne te crois pas.
2. Le caissier me remet un reçu lors de l'achat d'un radio-réveil.
3. J'ai perdu mon pari et j'ai dû accepter un gage.
4. Le mannequin sort, puis reparaît avec une nouvelle robe.
5. Le service de la ville nous a avertis : l'eau sera coupée durant deux heures.
6. Le Président a conclu son discours par ces mots : « Vive la France ! »

5 ***Copiez ces phrases en remplaçant les verbes en bleu par le participe passé ou la forme conjuguée au passé simple.*** *Difficulté* ■■■

1. Le sanglier a surgir sous nos yeux, puis il s'est enfuir dans les fourrés.
2. L'agriculture française a subir de profondes transformations.
3. L'affiche entrevoir nous invite à aller voir ce film.
4. Napoléon Ier connaître l'exil dans l'île de Sainte-Hélène.
5. Induire en erreur par une mauvaise signalisation, elle se perdre.
6. La reine de Suède porte une bague sertir de diamants.
7. Ophélie nourrir son hamster avec des carottes bien fraîches.

Pour terminer (10 min)

Copiez ces phrases en les complétant avec le participe passé ou une forme conjuguée (présent ou passé simple) des verbes en bleu.

1. Avez-vous goûté à ces courgettes farcir ?
2. Émouvoir jusqu'aux larmes, Juliette contemple ses cadeaux.
3. Lorsque je me souviens de cette histoire, j'en rire encore.
4. Cette mauvaise nouvelle refroidir les participants.
5. Tu as lire l'énoncé avec attention et tu as savoir répondre.
6. Il y avait beaucoup de vent, néanmoins l'avion a atterrir en douceur.
7. Le suspense battait son plein lorsque le film s'interrompre.
8. Après que tu eus vaincre ton vertige, il falloir redescendre.
9. M. Fort repeindre ses volets en vert.
10. Emma Bovary engloutir toute sa fortune dans de folles dépenses.

Expression écrite

Un professeur a demandé à ses élèves d'écrire, en huit lignes, un récit au passé simple ; or Thomas s'est trompé, il a rédigé le sien au passé composé.

1. À partir des mots suivants, et en ajoutant les mots de votre choix, composez le texte de Thomas au passé composé :

a) le druide - sourire - quand - reconnaître - le jeune chef
b) il - recevoir - une bourse - car - prédire - l'issue - la bataille
c) le vieil homme - prendre - un chaudron - boire - une potion
d) lorsque - le chef - savoir - la victoire - sortir - et - se battre courageusement.

2. Réécrivez le même texte au passé simple après la correction du professeur de Thomas.

35 a - à / est - et

Pour débuter

Trouvez les mots par lesquels on peut remplacer le mot en bleu.

1. On dit que l'éléphant a une mémoire extraordinaire.

   a) avait
   b) de
   c) pour

2. Marine utilise de grosses aiguilles à tricoter.

   a) pour
   b) avait
   c) sera

3. Le funambule est suspendu au-dessus du vide.

   a) et puis
   b) avait
   c) était

4. Après des tours et des détours, nous sommes enfin arrivés.

   a) et puis
   b) aura
   c) était

5. J'ai pris un bain moussant.

   a) était
   b) avais
   c) et puis

À retenir

Ne pas confondre a - as - à :

• **a**, sans accent, est la forme de la **3e personne du singulier** de l'auxiliaire **avoir** au présent de l'indicatif. On écrit **a** quand on peut le remplacer par un autre temps simple de l'indicatif.

Joris a froid. *Joris avait froid.* *Joris aura froid.*

• **as** est la forme de la **2e personne du singulier** de l'auxiliaire **avoir** au présent de l'indicatif.

Tu as froid. *Tu avais froid.* *Tu auras froid.*

La présence du pronom personnel de la 2e personne du singulier nous indique la terminaison.

• **à**, avec un accent grave, est une **préposition**.

Joris va à la mairie. *Joris est à l'heure.* *Joris parle à Saïd.*
Joris utilise une machine à calculer. *Joris porte une chemise à fleurs.*

Ne pas confondre est - es - et :

• **est** est la forme de la **3e personne du singulier** de l'auxiliaire **être** au présent de l'indicatif. On écrit **est** quand on peut le remplacer par un autre temps simple de l'indicatif.

Alice est sportive. *Alice était sportive.* *Alice sera sportive.*

• **es** est la forme de la **2e personne du singulier** de l'auxiliaire **être** au présent de l'indicatif.

Tu es sportive. *Tu étais sportive.* *Tu seras sportive.*

La présence du pronom personnel de la 2e personne du singulier nous indique la terminaison.

• **et** est une **conjonction de coordination** qui permet de relier deux groupes de mots ou deux parties d'une phrase. On peut remplacer la conjonction **et** par **et puis**.

Alice est sportive et dynamique.
➔ *Alice est sportive et puis dynamique.*
Alice est sportive et Jules est dynamique.
➔ *Alice est sportive et puis Jules est dynamique.*

Attention

Il existe une autre forme homonyme de **est**, **es**, **et** : « **ai** », 1re personne du singulier du verbe **avoir** au présent de l'indicatif.

J'ai souvent froid. *J'avais souvent froid.*

Il faut bien observer le sens de la phrase pour éviter une confusion.

Exercices

1 Copiez ces phrases en les complétant par a, as ou à. *Difficulté* ■□□

1. Cette ballerine … la danse dans le sang ; cela saute aux yeux.
2. Si tu … des soucis, tu n'… qu'… te confier … ton père.
3. Ce potier … du talent et il … déjà réalisé des chefs-d'œuvre.
4. Jessy … des sueurs froides rien qu'… l'idée de passer son permis.
5. Le malade … pris sa température : il … de la fièvre.
6. José … perdu le stylo … bille que tu lui … prêté.
7. Mme Honoré … de la chance ; l'épicier la livre … domicile.

2 Copiez ces phrases en les complétant par est, es ou et. *Difficulté* ■□□

1. La discussion … au point mort … nul ne sait quand elle s'achèvera.
2. Brice … satisfait, le policier l'a renseigné … il … sur le bon chemin.
3. Le pot de confiture … vide … tu … obligé de manger ton pain sec.
4. Tu … fier de tes résultats … ton entraîneur l'… également.
5. L'hiver … là … tu t'… équipée en conséquence.
6. La patience du pêcheur … récompensée ; son panier … plein.
7. Ce maillot … léger … il sèche en quelques minutes.

3 Copiez ces phrases en écrivant les mots en bleu au singulier. Attention aux accords. *Difficulté* ■■□

1. Les bureaux sont devant la fenêtre et ils sont bien éclairés.
2. Des filets sont disposés sur les pommiers pour les protéger de la grêle.
3. Les péniches ont franchi l'écluse ; elles sont près de Saint-Quentin.
4. Les archéologues sont perplexes car ils ont trouvé un objet mystérieux.
5. Les détails des coups de pinceau n'ont pas échappé à l'œil averti de l'expert.
6. Les fauves ont des attitudes menaçantes et les dompteurs ont quitté la cage.
7. Les leçons sont courtes et sont faciles à réviser.

4 Copiez ces phrases en changeant les sujets, mais en conservant les temps. *Difficulté* ■■□

1. *Vous avez un travail à terminer et vous n'êtes pas vraiment en avance.*

Le comptable … J'…
Tu … Aglaé …

2. *Nous sommes devant le rayon des CD et nous avons à faire notre choix.*

Je … Tu …
Antoine … Le client …

5 Copiez ces phrases en les complétant par est, es, et ou a, à. *Difficulté* ■■■

1. Avec ce fer … jets de vapeur, le repassage … presque un plaisir.
2. Depuis qu'il … ici, Louis … du temps … consacrer … ses fleurs.
3. Le disque … endommagé … la musique … inaudible.
4. L'hôtel … complet ; Philippe n'… le choix qu'entre le camping … la plage !
5. Ce monsieur … très élégant ; il porte un œillet … la boutonnière de sa veste.
6. Le merle … un bec jaune … un plumage noir ; il … facile … reconnaître.
7. Tu … capable de peindre … la manière de Manet … de Renoir.

Pour terminer (10 min)

Copiez ces phrases en les complétant par :

a - as - à

1. Valentin … enfoncé les clous … grands coups de marteau.
2. Le cahier de textes est … jour ; tu l'… bien rempli.
3. Christine … acheté une valise … roulettes pour aller … Rome.
4. Au self, on … le choix entre une escalope … la crème ou du saumon … l'oseille.
5. La mélodie qu'… jouée Audrey … plu … toutes ses amies.

est - es - et - ai

6. Ce métier … épuisant … une retraite précoce … bien méritée.
7. Mon frère … au lycée … j'… hâte de le rejoindre.
8. L'informaticien … formel ; le disque dur de l'ordinateur … à changer.
9. Tu … dans le couloir … tu attends Lucas qui … à la vie scolaire.
10. Le plateau de Valensole, c'… le paradis de la lavande … du blé dur.

Dictée préparée

Aujourd'hui, le professeur d'arts plastiques nous a emmenés au musée. C'est vraiment un endroit à découvrir. Ce bâtiment ancien a été fermé pendant cinq ans et désormais il est ouvert à tous les publics. La grande salle du quatrième étage abrite les collections locales et une superbe paroi représentant un serpent.
Quant à l'étage inférieur, les murs rouges s'ornent de peintures du XVIIe siècle.

A Relevez tous les emplois de et - est, puis de a - à, et justifiez leur orthographe.

B Expliquez la terminaison du participe passé « emmenés ».

C Que signifie « quant à » ?

36 sont - son

À retenir

• **sont** est la **forme conjuguée** de l'auxiliaire **être** à la **3e personne du pluriel** au présent de l'indicatif.
On écrit **sont** quand on peut le remplacer par une autre forme conjuguée de l'auxiliaire **être** à la 3e personne du pluriel : **étaient**, **seront**, **furent**…

Tous les espoirs sont permis. — *Tous les espoirs étaient permis.*
Tous les espoirs seront permis. — *Tous les espoirs furent permis.*

• **son** est un **déterminant possessif** singulier. Il peut être remplacé par un autre déterminant possessif. Il est placé devant un nom ou un adjectif et indique l'appartenance.
On peut également remplacer le groupe nominal par un pronom possessif.

Son espoir est déçu. → *Ton espoir est déçu.* → *Ses espoirs sont déçus.*
Son espoir est déçu. → *Le sien est déçu.* → *Les siens sont déçus.*

Attention, même si **son** est un déterminant possessif masculin, on le place devant des noms (ou des adjectifs) **féminins** commençant par **une voyelle** ou un « **h** » muet.

son arrivée — *son épaule* — *son abondante chevelure*
son habitude — *son heureuse décision*

Astuce

La liaison fait parfois apparaître oralement :

• le « **n** » final de **son** devant une voyelle ou un « **h** » muet
son (n)anniversaire — *son (n)école* — *son (n)oreille* — *son (n)habit*

• ou le « **t** » final de **sont**
Ils sont (t)à l'heure. — *Les pendules sont (t)arrêtées.*

Attention

Il ne faut pas confondre les pronoms possessifs **mon** et **ton** avec les formes **m'ont** et **t'ont** qui sont les formes contractées de « **me ont** » et « **te ont** ».
Mon oncle et ma tante m'ont (m'avaient) offert un cadeau.
Ton oncle et ta tante t'ont (t'avaient) offert un cadeau.

Pour débuter

Trouvez les mots par lesquels on peut remplacer les mots en bleu.

1 Ces magasins sont fermés le lundi.

a) les siens
b) seront
c) mes

2 Muriel range ses photographies dans son album.

a) ses albums
b) étaient
c) furent

3 Les ânes sont-ils des animaux têtus ?

a) étaient
b) mon
c) ton

4 Les parents sont en admiration devant le berceau de leur fille.

a) la sienne
b) mon
c) étaient

5 Le violoniste ne se sépare jamais de son archet.

a) du sien
b) étaient
c) seront

Exercices

1 ***Conjuguez les verbes en bleu de ces expressions au présent de l'indicatif. Pour les 3es personnes, vous choisirez des noms sujets.*** Difficulté ■□□

1. être dans son lit
2. être sur scène
3. être dans son fauteuil
4. être sur son vélo
5. être avec son moniteur
6. être sur le point de partir

2 ***Copiez ces phrases en les complétant avec son ou sont.*** Difficulté ■□□

1. Les parents de Justine demandent d'excuser … absence.
2. Ces magazines … hebdomadaires, mais … journal favori est quotidien.
3. Pablo nous confirme que, dans … pays, les terres agricoles … fertiles.
4. « À chacun … métier et les vaches … bien gardées », dit le proverbe.
5. Le clown a déchiré … pantalon en courant et les enfants … ravis.
6. Ces vieilles demeures … en ruine depuis qu'elles … inhabitées.
7. Les files d'attente … si longues que les clients … mécontents.

3 ***Copiez ces phrases en remplaçant les mots en bleu par ceux entre parenthèses et accordez.*** Difficulté ■■□

1. Félix (Mes amis) est parti trop vite et il a oublié son sac.
2. Le ballon (ballons) de rugby n'est pas rond, mais celui de football l'est.
3. En plein mois de janvier, le toit (toits) est couvert de neige.
4. J'ai perdu mon marqueur, mon frère (frères) m'a aidé à le retrouver.
5. Avec leur tronçonneuse, les bûcherons (bûcheron) abattent les sapins.
6. Exceptionnellement, l'avenue (rues) est réservée aux piétons.
7. Luc a noté ses numéros de téléphone personnels (adresse) sur son agenda.
8. Cette personne (personnes) est sourde ; elle est handicapée.

4 ***Trouvez l'objet auquel les personnes suivantes tiennent le plus pour leur activité.*** Difficulté ■■■

Ex : un écrivain ➔ son stylo

1. un musicien ➔ …
2. un informaticien ➔ …
3. un chasseur ➔ …
4. un chanteur ➔ …
5. un peintre ➔ …
6. un coiffeur ➔ …
7. un éclairagiste ➔ …
8. une standardiste ➔ …
9. un chirurgien ➔ …
10. un boucher ➔ …
11. un marin ➔ …
12. un routier ➔ …

5 ***À partir de ces titres d'articles de journaux, composez des phrases verbales dans lesquelles vous introduirez l'auxiliaire être au présent de l'indicatif.*** Difficulté ■■■

Ex : essence et gazole hors de prix : automobilistes en colère
➔ Les automobilistes sont en colère depuis que l'essence et le gazole sont hors de prix.

1. sécheresse : des coupures d'eau prévues
2. départs en vacances et autoroutes paralysées
3. usines fermées : ouvriers au chômage
4. deuxième tirage du loto : nombreux gagnants
5. les Toulousains en finale après un match très disputé
6. mois d'août caniculaire : plages prises d'assaut
7. soldes d'hiver : commerçants satisfaits

Pour terminer (10 min)

Copiez ces phrases en les complétant avec son ou sont.

1. Marie-Alizé a choisi … futur métier : elle sera pharmacienne.
2. Où … allés Sacha et … cousin ?
3. À l'arrivée, le jockey flatte l'encolure de … cheval.
4. Au royaumes des aveugles, les borgnes … rois.
5. La chèvre de M. Seguin a quitté … enclos.
6. Les coquelicots … rouges alors que les pervenches … bleues.
7. Lorsqu'elle a achevé … travail, Réjane éteint … ordinateur.
8. La plupart des observatoires astronomiques … situés en altitude.
9. Ces films … sous-titrés en français ; les malentendants … satisfaits.
10. Des ennuis … à craindre si le chauffeur ne déplace pas … véhicule.

Expression écrite

Jonathan a un cousin de son âge, très jaloux, qui compare sans cesse ce que chacun possède. Rapportez ses paroles.

Dans chacune des sept phrases que vous écrirez, vous placerez :
- son + un nom masculin singulier ;
- un groupe nominal pluriel + sont.

Ex : Son chien est beau, mais mes perruches sont des oiseaux merveilleux.

37 ont - on - on n'

Pour débuter

Trouvez les mots par lesquels on peut remplacer le mot en bleu.

1 Grâce au TGV, on va d'Avignon à Paris en moins de trois heures.

a) vous
b) le voyageur
c) avait

2 Les cow-boys ont dressé des chevaux sauvages.

a) avaient
b) leur
c) il

3 On pense que le site d'Alésia se trouve en Bourgogne.

a) L'historien
b) Avaient
c) Auront

4 Les Basques ont disputé une partie de pelote.

a) ils
b) avaient
c) seront

5 On n'oublie pas ses premières années d'école.

a) Auraient
b) Elles
c) Il

À retenir

• **ont** est la **forme conjuguée** de l'auxiliaire **avoir** à la **3e personne du pluriel** au présent de l'indicatif.
On écrit **ont** quand on peut le remplacer par une autre forme de l'auxiliaire **avoir** à la 3e personne du pluriel : **avaient**, **auront**, **eurent**…
Les canards ont les pattes palmées. *Les canards avaient les pattes palmées.*

• **ont** est aussi la forme de l'auxiliaire **avoir** lorsqu'un verbe est conjugué à la 3e personne du pluriel au passé composé.
Les canards ont pris leur envol. *Les canards avaient pris leur envol.*
Les canards auront pris leur envol. *Les canards eurent pris leur envol.*

• **on** est un pronom **personnel indéfini** de la 3e personne du singulier, toujours sujet d'un verbe. On écrit **on** quand on peut le remplacer par un autre pronom personnel de la 3e personne du singulier ou un nom sujet singulier.
On voit un vol de canards. *Il voit un vol de canards.*
Elle voit un vol de canards. *Le naturaliste voit un vol de canards.*

Astuce

• Quand **on** est placé devant un verbe commençant par **une voyelle** ou un « **h** » muet, on n'entend pas la différence entre la forme affirmative et la forme négative.
À la **forme affirmative**, on entend la liaison à l'oral.
On (n)aperçoit des canards. *On (n)héberge des canards.*
À la **forme négative**, la première partie de la négation « **ne** » est élidée.
On n'aperçoit pas de canards. *On n'héberge pas de canards.*

• Si on remplace **on** par un autre pronom personnel, on entend alors la différence (**ne** ➔ **n'**).
Il aperçoit des canards. *Elle héberge des canards.*
Il n'aperçoit pas de canards. *Elle n'héberge pas de canards.*

Attention

Le **pronom personnel indéfini** est souvent employé à la place du pronom personnel **nous**, surtout dans la langue orale.
On sort en retard. ➔ *Nous sortons en retard.*
Dans ce cas, si **on** désigne plusieurs personnes, il entraîne néanmoins un accord du verbe au singulier.

Remarque : Dans un souci de cohérence grammaticale, nous recommandons de ne pas accorder le participe passé lorsque le sujet est « **on** », même si l'accord est parfois toléré.

Exercices

1 ***Copiez ces phrases en les complétant avec on, elles ou ils.*** Difficulté ■□□

1. … circule à droite.
2. … ont de la suite dans les idées.
3. … ont le sourire.
4. … ont beaucoup de charme.
5. … ont des soucis.
6. … trépigne d'impatience.
7. … ont de belles chaussures.
8. … apprécie une pause.
9. … dit la vérité.
10. … ont des équipements spéciaux.
11. … en ont pour une minute.
12. … exagère toujours la force du vent.

2 ***Copiez ces phrases en les complétant avec ont ou on. Utilisez les procédés de substitution pour vous aider.*** Difficulté ■■□

1. Les bolides … démarré si vite qu'… ne les voit déjà plus.
2. Les champignons qu'… trouvés ces promeneurs … un bel aspect.
3. Pour Pâques, … offre des œufs ou des poules en chocolat.
4. Les voisins … été incommodés par la fumée du barbecue.
5. Quand les hommes …-ils découvert l'art de la céramique ?
6. … peut choisir entre deux versions de cette nouvelle automobile.
7. …-ils appris l'espagnol lors de leur séjour à Madrid ?
8. … circule bien mieux depuis que les architectes … aménagé le quartier.
9. Quand … est en retard, … doit se rendre au bureau de la vie scolaire.

3 ***Copiez ces phrases en écrivant les verbes en bleu au présent de l'indicatif. Vous remplacerez nous par on.*** Difficulté ■■□

1. Nous aurons de l'admiration pour ceux qui auront le courage de plonger.
2. Les nappes de mazout avaient souillé les côtes ; nous les avons nettoyées.
3. Quand nous aurons débarrassé la table, nous ferons la vaisselle.
4. Nous avons feint la surprise, mais nous connaissions la fin de l'histoire.
5. Mes deux équipiers avaient réduit les voiles car nous avions le vent de face.
6. Nous ignorions où trouver ce produit et nous n'avons pas consulté Internet.
7. Nous avions la naïveté de croire que les mages avaient du pouvoir.

4 ***Copiez ces phrases en les complétant avec on ou on n'.*** Difficulté ■■■

1. … obtiendra pas satisfaction si … continue à parler aussi fort.
2. Avec ce téléviseur, … a ce qu'… peut trouver de mieux aujourd'hui.
3. Quand … est un champion de ski, … hésite pas à dévaler les pistes noires.
4. … a pas renouvelé cet abonnement ; … l'a trouvé trop cher.
5. Le score est nul, … se dirige tout droit vers les tirs au but.
6. … appelle les pompiers pour éteindre un feu de broussailles.
7. Quand … est modeste, … étale pas ses connaissances.
8. Dans la forêt amazonienne, … avance pas sans utiliser une machette.

5 ***Avec chaque expression, écrivez deux phrases ; dans l'une vous emploierez on et dans l'autre ont.*** Difficulté ■■■

1. avoir bénéficié d'une réduction
2. avoir des dons artistiques
3. avoir raison
4. avoir besoin d'aide
5. avoir le trac
6. avoir des rollers neufs
7. avoir des nerfs d'acier
8. ne pas avoir la force de parler

Pour terminer — 10 min

Copiez ces phrases en les complétant avec on, ont ou on n'.

1. Des rochers … obstrué la route et … a dû prendre la déviation.
2. … opère un demi-tour et … revient au point de départ.
3. Chez ce luthier, … trouve des instruments qui … une sonorité merveilleuse.
4. Les baleines … une vie aquatique, c'est pourquoi … les prend parfois pour des poissons.
5. Beaucoup d'Aveyronnais … quitté leur région pour travailler à Paris.
6. Avant de faire une expérience de chimie, … prend beaucoup de précautions.
7. Ces moquettes … des taches qu'… devra nettoyer.
8. Avant la projection, … fait le noir dans la salle.
9. Les portes … été verrouillées ; … insiste pas pour entrer.
10. … utilise jamais une grue pour soulever un seau d'eau !

Expression écrite

Un fastueux repas a été servi lors d'une soirée organisée chez un chanteur à la mode.

Décrivez-le, en cinq phrases, à l'aide des éléments suivants que vous enrichirez. Les verbes seront conjugués au passé composé.

1. les serveuses - les plateaux - apporter
2. les cuisiniers - la viande - découper
3. les convives - la sauce - verser
4. les desserts - à tous - plaire
5. les invités - les succès de la star - chanter

38 peut - peux - peu

Pour débuter

Trouvez le mot par lequel on peut remplacer les mots en bleu.

1 Peu de gens savent que Léonard de Vinci était gaucher.

a) Pourra
b) Pouvait
c) Beaucoup

2 Dans cette boutique, on peut se faire tatouer.

a) très
b) beaucoup
c) a pu

3 Les rayons sont pleins, tu peux choisir à ta guise.

a) beaucoup
b) pourras
c) assez

4 Au Moyen Âge, le seigneur peut vendre ses serfs.

a) pouvait
b) peu
c) très

5 Bien peu croyaient en la réussite de Christophe Colomb.

a) Beaucoup
b) Étaient
c) Nous

À retenir

• **peut** est la **forme conjuguée** du verbe **pouvoir** à la 3e personne du singulier du présent de l'indicatif. On écrit **peut** quand on peut le remplacer par une autre forme conjuguée du verbe **pouvoir** à la même personne (**pouvait**, **pourra**, **a pu**…).

Coline peut inviter ses amies. *Coline pouvait inviter ses amies.*
Coline pourra inviter ses amies. *Coline a pu inviter ses amies.*

• **peux** est la **forme conjuguée** du verbe **pouvoir** à la 1re ou 2e personne du singulier du présent de l'indicatif. On écrit **peux** quand on peut le remplacer par une autre forme conjuguée du verbe **pouvoir** à la même personne (**pouvais**, **pourrai**, **ai pu**…).

Je peux inviter mes amies. *Je pouvais inviter mes amies.*
Je pourrai inviter mes amies. *J'ai pu inviter mes amies.*

Seul le sujet permet de distinguer **peut** et **peux**.

• **peu** est un **adverbe de quantité**, donc invariable. On écrit **peu** quand on peut le remplacer par **beaucoup** (ou quelquefois par **très** devant un adjectif).

Coline a invité peu d'amies. *Coline a invité beaucoup d'amies.*
Coline est peu gourmande. *Coline est très gourmande.*

• Lorsque **peu** est précédé de **un**, c'est l'ensemble « **un peu** » qui se remplace par **beaucoup** ou **très**.

Coline est un peu gourmande. *Coline est très gourmande.*

• **peu** est parfois employé comme **nom** (il signifie alors une petite quantité).

Coline reçoit le peu d'amies qu'elle a invitées.

Attention

• Retenons l'orthographe de quelques expressions :

Peu s'en faut que l'orage n'éclate. (Il s'en est fallu de peu…)
Il faut faire peu de cas des calomnies. (ignorer)
Cet immeuble compte à peu près dix étages. (environ)
Cette moquette est quelque peu usée. (assez)
La côte est rude, ce n'est pas peu dire ! (c'est évident)
Nous irons peut-être à la fête foraine. (c'est possible, mais pas certain)

• Il ne faut pas confondre l'adverbe **peut-être** (qui s'écrit avec un trait d'union) et le groupe, formé du verbe conjugué **pouvoir** et de l'infinitif **être** (qui ne prend pas de trait d'union), que l'on peut toujours remplacer par **pouvait être**.

Nous trouverons peut-être la solution.
La solution peut être trouvée.

Exercices

1 ***Conjuguez les verbes en bleu de ces expressions au présent de l'indicatif.*** *Difficulté* ■□□

1. pouvoir s'abriter un peu
2. pouvoir voyager à peu de frais
3. pouvoir sortir sous peu
4. pouvoir se contenter de peu

2 ***Copiez ces phrases en écrivant les verbes en bleu au présent de l'indicatif, en changeant les sujets.*** *Difficulté* ■■□

1. *Nous ne pouvons pas visiter toutes les salles de ce musée.*
Tu … Les touristes …
Alix … Je …
2. *D'ici, avec un peu de chance, vous pouvez admirer le mont Blanc.*
… je … … tu …
… Frédéric … … les randonneurs …

3 ***Copiez ces phrases en écrivant les noms en bleu au singulier et accordez.*** *Difficulté* ■■□

1. Avec cet élévateur, les déménageurs peuvent monter des meubles très lourds.
2. Au premier coup, les pions peuvent avancer de trois cases.
3. À dix-huit ans, les jeunes peuvent conduire, s'ils ont leur permis !
4. De bons bergers peuvent surveiller d'importants troupeaux.
5. Ces machines peuvent imprimer des milliers d'ouvrages en deux heures.
6. Ces correcteurs orthographiques ne peuvent pas supprimer toutes les erreurs.

4 ***Copiez ces phrases en les complétant par peut, peux ou peu.*** *Difficulté* ■■■

1. Cet enfant sourd … communiquer grâce à la langue des signes.
2. Voilà un bruit étrange, ce … être un moteur d'hélicoptère ?
3. Les téléphones portables remplacent … à … les téléphones fixes.
4. Malgré tous mes efforts, je ne … imiter le cri de la chouette.
5. Par la douceur, on … obtenir plus que par la colère.
6. Attendez un …, les saucisses ne sont pas encore grillées.
7. Il y a …-être une solution à ce problème, mais on ne … pas savoir.
8. L'amandier ne … pas s'épanouir dans les régions trop froides.
9. Attention, ce vêtement de laine … rétrécir au lavage.

5 ***Copiez ces phrases en les complétant par peut, peux ou peu.*** *Difficulté* ■■■

1. Ce plongeur … rester à … près trois minutes sous l'eau.
2. Tu … faire des pieds et des mains, tu ne me convaincras pas.
3. Aller voir une cartomancienne : très … pour moi !
4. Avec … d'argent, on ne … pas acheter grand-chose.
5. L'équipe de Nice … gagner, pour … que le gardien arrête le penalty.
6. Je ne … admettre que tu fasses si … de cas de ma proposition.
7. L'archer a raté la cible de … ; il est certain qu'il … faire mieux.
8. Caroline Ricard court le 80 mètres plat en 10 secondes : excusez du … !
9. Ils se sont quittés un … vite ; pour un … ils ne se seraient même pas salués.

Pour terminer

10 min

Copiez ces phrases en les complétant par peut, peux ou peu.

1. Le dromadaire … rester des jours sans boire.
2. Cette couleuvre est inoffensive, mais nous tremblons un petit …
3. Avec ce tabouret, je … changer l'ampoule du lustre.
4. Beaucoup veulent admirer la Joconde, mais … la verront de près.
5. Voyons un … comment vous allez monter ce meuble !
6. Un violent cyclone … ravager une région en très … de temps.
7. Votre grippe, c'est … de chose à côté du cancer ou du sida.
8. Si tu … saisir l'amarre, cela facilitera l'accostage.
9. Il … pleuvoir, mon imperméable me protège.
10. Se …-il que des navires énormes puissent pénétrer dans ce petit port ?

Expression écrite

Dans un dialogue d'environ dix lignes, vous expliquez à un camarade le fonctionnement d'un nouveau logiciel de jeu.

Vous emploierez le verbe pouvoir au présent de l'indicatif pour développer :
a) les questions de votre camarade à la 1re personne du singulier ;
b) vos réponses à la 2e personne du singulier quand vous dites à votre ami ce qu'il peut faire ;
c) vos réponses à la 3e personne du singulier quand vous désignez ce que peut faire le héros du jeu.
Vous utiliserez au moins deux fois peu ou un peu.

39

tout - tous
toute - toutes

Pour débuter

Trouvez le mot qui convient pour compléter chaque phrase.

1 Le délégué parle en notre nom à … .

a) tout
b) tous
c) toute

2 Nous avons quitté la salle en … hâte.

a) toute
b) toutes
c) tous

3 … ces volailles étaient élevées à l'air libre.

a) Tout
b) Tous
c) Toutes

4 Orlando parle … bas ; on l'entend à peine.

a) tous
b) toute
c) tout

5 Je me régale avec ces oranges … juteuses.

a) tout
b) tous
c) toutes

À retenir

• **Tout** est un **déterminant indéfini** quand il se rapporte à un nom auquel il s'accorde en genre et en nombre. Il est généralement suivi d'un second déterminant.
tout l'orchestre   toute la musique   tous ces musiciens   toutes les chanteuses

• **Tout** est un **pronom indéfini** quand il remplace un nom. Il est alors sujet ou complément. Au pluriel, **tout** devient **tous** ou **toutes** (on entend la différence entre ces deux formes).
Tout devrait être terminé à vingt heures.   Tous veulent assister au concert.
Ces chansons, on les connaît toutes.

• **Tout** est un **adverbe**, le plus souvent invariable, quand il est placé devant un adjectif qualificatif ou un autre adverbe. On peut alors le remplacer par **tout à fait**.
Les spectateurs sont tout étonnés. ➔ *Les spectateurs sont tout à fait étonnés.*
La salle est tout étonnée. ➔ *La salle est tout à fait étonnée.*
L'orchestre joue tout doucement. ➔ *L'orchestre joue tout à fait doucement.*

Quand l'adverbe **tout** est placé devant un adjectif qualificatif féminin commençant par une consonne (dont un « **h** » aspiré), il s'accorde pour que la prononciation soit plus facile.
La brioche est toute froide.   Les spectatrices sont toutes surprises.
Les adjectifs débutant par un « **h** » aspiré sont peu nombreux : **hardie**, **honteuse**, **hagarde**, **hérissée**, **hachée**…

• **Tout** peut être un **nom** précédé d'un déterminant.
Le jeu de ces musiciens forme un tout agréable.

Attention

• Pour certaines phrases, il faut étudier le sens pour reconnaître la nature de **tout**. En essayant de remplacer **tout** par **tout à fait**, on peut faire la distinction.
Ces musiciens sont tout attentifs.   (**tout à fait** attentifs ➔ adverbe)
Ces musiciens sont tous attentifs.   (**tous** sont attentifs ➔ pronom)

• Quand on hésite entre le singulier et le pluriel pour certaines expressions, on essaie de placer un déterminant entre **tout** et le nom.
tous feux éteints   *tous les feux éteints*   ➔ pluriel
de tout cœur   *de tout mon cœur*   ➔ singulier

Exercices

1 Complétez avec le déterminant tout que vous accorderez. Difficulté ■□□

1. … la place
2. … les projecteurs
3. … le texte
4. … tes livres
5. … mon travail
6. … ses vêtements
7. … le jour
8. … la nuit
9. … les heures
10. … les chaînes
11. … ces magasins
12. … cette affiche

2 Copiez ces phrases en les complétant avec tout, tous, toute ou toutes. Vous encadrerez les déterminants. Difficulté ■■□

1. Les épis de blé ont … été couchés par le vent.
2. Avant de quitter le gymnase, nous avons rangé … les tapis.
3. Malgré la fatigue, le coureur a … de même tenu à franchir le col.
4. Ce métro s'arrête dans … les stations ; néanmoins il est très rapide.
5. Les capitales européennes, je les connais … .
6. Renaud a versé … la sauce tomate sur ses pâtes.

3 Copiez ces phrases en les complétant avec tout, tous, toute ou toutes. Vous encadrerez les adverbes. Difficulté ■■□

1. Mme Santy, la maîtresse des …-petits, est la directrice de l'école.
2. … les inventions ne sont pas le fruit du hasard ; il y a encore des chercheurs.
3. … les flacons sont conservés dans un local … spécialement aménagé.
4. Pour reconstituer un puzzle le … est de procéder minutieusement.
5. Il est possible que … vérité ne soit pas bonne à dire.
6. Ce jeune garçon, c'est … le portrait de ses parents.

4 Copiez ces phrases en remplaçant les noms en bleu par ceux entre parenthèses et accordez. Difficulté ■■■

1. Repeint, ce camion (voiture) paraît tout neuf.
2. Samuel a oublié sa tarte (gâteau) dans le four ; elle est toute brûlée.
3. Georgia ne cache pas ses cartes, tout le monde (assistance) peut voir son jeu.
4. Tous les enfants (jeunesse) du monde aiment chanter et jouer.
5. Le clou (pointe) est tout rouillé ; on ne peut pas l'arracher.
6. Ce paquetage (malle) pèse tout au plus dix kilos.
7. Ces huîtres sont fraîches ; je les déguste avec toute ma famille (amis).

5 Copiez ces phrases en les complétant avec tout, tous, toute ou toutes. Vous encadrerez les pronoms. Difficulté ■■■

1. En attendant les notes du jury, Kathy est … émue.
2. Ce bavard intervient dans la conversation à … propos.
3. Il n'y a plus une place assise et les retardataires sont … debout.
4. La voie ferrée est en réparation ; … les trains auront du retard.
5. Ces jeunes filles veulent … s'habiller comme Madonna.
6. À midi, nous nous sommes … rendus au self.
7. Firmin est consciencieux, il ne quittera son poste que lorsque … sera fini.
8. Cette maison … neuve est à louer.

Pour terminer

10 min

Copiez ces phrases en les complétant avec tout, tous, toute ou toutes.

1. Dans une rédaction, on écrit les nombres en … lettres.
2. … proportions gardées, Orso joue déjà comme un champion.
3. Il y a une aire de repos … les vingt kilomètres.
4. William a dit … autre chose que ce qu'il pensait réellement.
5. La boulangère est … aimable avec ses clients.
6. Pour … bagage, je n'ai qu'une petite valise.
7. Vous êtes … convaincues qu'un peu de ménage est nécessaire.
8. … boueux, ce sentier ne permet pas la pratique du VTT.
9. Contre … attente, ce cheval a remporté la course du tiercé.
10. Dominique repasse … en écoutant de la musique.

Dictée préparée

Suter, arrivé de Suisse aux États-Unis, rêve de partir à la découverte de nouveaux territoires, toujours plus à l'ouest.

Ce qui intéresse avant tout Suter, c'est la parole des voyageurs qui montent et descendent toutes les rivières. Sa maison est ouverte à tous. L'accueil est tel que la demeure ne désemplit pas : aventuriers, colons, chercheurs de fortune tout émerveillés de trouver une auberge. Suter est infatigable, il les régale tous. Il confronte tous les récits, il se souvient de tout.

Tous ont employé un mot qui donne toute sa grandeur à leurs récits : l'Ouest.

D'après Blaise Cendras, *L'Or*, Denoël, 1925.

A Relevez trois « tout » employés comme adjectifs et trois « tout » employés comme pronoms.

B Justifiez l'orthographe de « tout » dans l'expression « chercheurs de fortune tout émerveillés » .

40 Des confusions verbales

Pour débuter

Trouvez les mots par lesquels on peut remplacer les mots en bleu en conservant un sens à la phrase.

1 Soudain, je glissai sur le verglas.

a) ils glissèraient
b) tu glissas
c) il glissai

2 J'aimerais que tous ses vœux se réalisent.

a) Nous aimons
b) Nous aimerions
c) Tu aimeras

3 Le cavalier est près du cheval.

a) Vous êtes
b) Vous avez
c) Il a

4 Il faut toujours que l'actrice ait le sourire.

a) nous avons
b) nous ayons
c) nous sommes

5 À l'école primaire, je restais toujours à l'étude.

a) tu restais
b) nous restames
c) il restat

À retenir

Passé simple et imparfait de l'indicatif

La 1re personne du singulier du passé simple et de l'imparfait des verbes du 1er groupe ont souvent la même prononciation. Il faut les **remplacer par la 2e personne du singulier** : on entend alors la différence.

Tous les soirs, j'écout[ɛ] la radio. ➔ *Tous les soirs, tu écoutais la radio.* **imparfait**

Intrigué, j'écout[ɛ] la radio. ➔ *Intrigué, tu écoutas la radio.* **passé simple**

Futur simple et présent du conditionnel

Oralement, il est difficile de faire la distinction entre la 1re personne du singulier du futur simple et celle du présent du conditionnel. Pour écrire la bonne terminaison, il faut **changer de personne** ; on entend alors la différence.

Je partir[ɛ] certainement. Tu partiras certainement. ➔ **futur simple**
Je partir[ɛ] certainement. Nous partirons certainement. ➔ **futur simple**

Je partir[ɛ] peut-être. Tu partirais peut-être. ➔ **présent du conditionnel**
Je partir[ɛ] peut-être. Nous partirions peut-être. ➔ **présent du conditionnel**

Présent de l'indicatif et présent du subjonctif

• Pour écrire les terminaisons du présent du subjonctif et du présent de l'indicatif, qui se prononcent de la même façon, il faut penser à la **1re personne du pluriel** ou **remplacer le verbe employé** par un verbe pour lequel on entend la différence.

	présent de l'indicatif	**présent du subjonctif**
	Je conclus le texte.	*Il faut que je conclue le texte.*
Mais	*Nous concluons le texte.*	*Il faut que nous concluions le texte.*
	Je lis le texte.	*Il faut que je lise le texte.*

• Les trois personnes du singulier et la 3e du pluriel de l'auxiliaire **avoir** au présent du subjonctif se prononcent comme celles de l'auxiliaire **être** aux 2e et 3e personnes du présent de l'indicatif. Il en est de même de celle de l'auxiliaire **avoir** à la 1re personne du singulier du présent de l'indicatif.
Là encore, on essaie de **changer de personne** pour faire la différence.

Il faut qu'il [ɛ] le temps. Il faut que nous ayons le temps. **subjonctif** ➔ *ait*
Il faut qu'ils [ɛ] le temps. Il faut que nous ayons le temps. **subjonctif** ➔ *aient*

Il est vrai que j'[ɛ] le temps. Il est vrai que nous avons le temps. **présent** ➔ *ai*
Il est vrai que tu [ɛ] à l'heure. Il est vrai que nous sommes à l'heure. **présent** ➔ *es*
Il est vrai qu'il [ɛ] à l'heure. Il est vrai que nous sommes à l'heure. **présent** ➔ *est*

Exercices

1 Copiez ces phrases en écrivant les verbes en bleu au *passé simple* ou à *l'imparfait de l'indicatif*. Difficulté ■■□

1. Je s'ennuyer fermement, alors je décider d'ouvrir un livre.
2. En cas de danger, le seigneur se réfugier dans son donjon.
3. Je ne jamais marquer de points, mais ce jour-là je réaliser un bon score.
4. Je se doucher tranquillement lorsque l'eau s'arrêter de couler.
5. Comme la bride du sac être cassée, je la réparer comme je pouvoir.
6. J'avoir un exposé à écrire, alors je se documenter sur la vie des batraciens.
7. Je marcher à la lisière du bois quand surgir un chamois.
8. Peu sûre de moi, je vérifier deux fois les mesures.

2 Copiez ces phrases en écrivant les verbes en bleu au *futur simple* ou au *présent du conditionnel*. Difficulté ■■□

1. Pour les vacances, je souhaiter visiter les îles Baléares.
2. Je ne pas affirmer que j'ai raison si je ne m'appuyais sur des preuves.
3. Pour ne pas prendre de but, je dégager le ballon en touche.
4. S'il faisait beau, j'accepter peut-être de vous accompagner.
5. Après mes études, je désirer créer mon entreprise.
6. Lorsque mon texte sera achevé, je l'enregistrer.
7. J'estimer la réparation terminée lorsque le bruit aura cessé.
8. J'adorer posséder un perroquet pour me tenir compagnie !
9. Si j'avais une pelle et un seau, j'édifier un château de sable.

3 Copiez ces phrases en écrivant les verbes en bleu au *présent de l'indicatif* ou au *présent du subjonctif*. Difficulté ■■□

1. J'espère que tu me croire sincère quand je vouloir t'aider.
2. Rien ne sert que le lièvre courir vite, s'il ne pas partir à point.
3. Tu penser que je sourire pour te faire plaisir ; tu avoir raison.
4. À l'approche des photographes, le guépard fuir.
5. Le volcan est en éruption, il est nécessaire que la population quitter la ville.
6. Il faut que tu s'asseoir pour entendre cette bonne nouvelle.
7. Si c'est nécessaire, le principal exclure les élèves perturbateurs.

4 Copiez ces phrases en les complétant par les formes des verbes être ou avoir qui conviennent au *présent de l'indicatif* ou au *présent du subjonctif*. Difficulté ■■■

1. Cet animal … affamé ; j'… pitié de lui et je le nourris.
2. Pour que tu … chaud, tu n'… qu'à porter un anorak fourré.
3. Pensez-vous que Valérian … un stylo à lui prêter ?
4. Je ne comprends pas pourquoi j'… perdu mon chemin.
5. Mes parents attendront que j'… mon permis pour m'offrir un scooter.
6. Le renard disparaît avant que les chasseurs … la possibilité de le viser.
7. Lorsque le courant … coupé, toute l'activité sociale … paralysée.
8. La seule personne qui … encore une brouette en bois, c'est Roger.
9. Qu'elle … les cheveux courts ou longs, Naïma … toujours séduisante.

Pour terminer

10 min

Écrivez les verbes en bleu aux temps qui conviennent.

Passé simple ou imparfait de l'indicatif

1. Huit heures sonner, aussitôt je quitter la salle.
2. Je pédaler à toute vitesse lorsque tu me doubler.
3. Les résultats être affichés et je réaliser tout à coup que j'avoir réussi.

Futur simple ou présent du conditionnel

4. Pour retirer les billets, je récupérer d'abord ma carte bancaire.
5. J'aimer que tous les hommes soient tolérants.
6. Je réclamer bien encore une part de gâteau.

Présent de l'indicatif ou présent du subjonctif

7. Il est rare que je ne pas rire en entendant les histoires de Jamel.
8. Quand on voir que la planète se réchauffer, on se dire qu'on courir à la catastrophe.
9. Il être regrettable que tu ne pas avoir prêté attention à mes propos.
10. Désormais, il faut que tous les véhicules avoir des airbags.

Dictée préparée

Au fort, le lieutenant Drogo s'abandonnait parfois dans des rêveries héroïques. Depuis des jours, il est blessé, mais il résiste aux Tartares. Et voici qu'il tente une sortie à la tête de ses derniers hommes, il faut qu'il coure face à l'ennemi, qu'il tienne jusqu'à ce que les renforts arrivent.
Alors il dirait :
« J'espérais cette bataille depuis si longtemps que je tentai l'ultime combat avec plus d'énergie. Je voudrais que le roi sache que, demain, je mourrai pour lui s'il le faut. »
D'après Dino Buzzati, *Le Désert des Tartares*, 1940, Pocket.

Relevez les verbes conjugués. Vous indiquerez leur mode et leur temps que vous justifierez.

Bilan n°6

33. Le participe passé en *-é* et l'infinitif en *-er*
34. -i, -is, -it / -u, -us, -ut 35. a - à / est - et
36. sont - son 37. ont - on - on n'
38. peut - peux - peu
39. tout - tous - toute - toutes
40. Des confusions verbales

Exercices

1 *Copiez ces phrases en les complétant par l'infinitif ou le participe passé du mot en bleu. Accordez si nécessaire.*

1. Pour visiter cette ville, il faut être un bon marcheur. 2. Essan a traverser ce fleuve à la nage. 3. Vous souhaitez rentrer avant la nuit. 4. La voiture est tomber en panne ; elle a pourtant été réviser. 5. « Les enfants ! Il est l'heure d'aller vous coucher ! » 6. Agathe ! Arrête de manger des sucreries ! 7. J'aurais aimer inventer la machine à remonter le temps. 8. Tu es vexer et pourtant personne ne voulait te contrarier.

2 *Copiez ces phrases en les complétant avec la forme en bleu qui convient. Soulignez l'indice qui vous aura permis de choisir.*

1. Si je croyais davantage en moi, j'(aurai / aurais) plus d'audace. 2. Quand tu seras adulte, je (serai / serais) une vieille dame. 3. Annabelle était là depuis dix minutes quand j'(arrivai / arrivais). 4. Je (repassais / repassai) cinq chemises tous les week-ends. 5. L'adversaire attend que nous (engageons / engagions) le ballon. 6. Nous espérons que vous (êtes / soyiez) prêts et que votre sac (n'est / ne soit) pas trop encombrant. 7. Je (payai / payais) ma consommation et sortis du restaurant.

3 *Copiez ces phrases en écrivant les verbes en bleu selon les consignes.*

1. Pour chasser son hoquet, Bastien a boire (participe passé) un grand verre d'eau. 2. J'avais prendre (participe passé) un gâteau, il a disparaître (participe passé). 3. Il se taire (passé simple) dès qu'il voir (passé simple) que son fils dormait. 4. Anaïs rougir (passé simple) quand Éric lui faire (passé simple) un compliment. 5. Je être (passé simple) très surprise de votre appel. 6. Poussé par la faim, le renard s'enhardir (présent de l'indicatif) et s'introduire (présent de l'indicatif) dans le poulailler.

4 *Copiez ces phrases en les complétant avec les mots de la liste suivante.*

a - as - à - à - et - es - est - sont - sont - son - ont - on

1. Les thermes romains … les ancêtres des complexes sportifs d'aujourd'hui. 2. J'éviterais de toucher à cette plante si j'étais … votre place : elle … vénéneuse ! 3. Tu … bien de la chance d'être chez toi … 17 heures. 4. Mes parents t' … invité, mais tu … malade. 5. … avis est important pour moi ; il m'… toujours bien conseillée. 6. … veut me faire croire que Christelle … Bertrand ne … pas là.

Dictée préparée

Œdipe est un héros de la mythologie grecque au destin tragique : l'oracle a annoncé qu'il tuerait son père et épouserait sa mère. On peut penser qu'il est un horrible criminel, mais le hasard et les dieux ont provoqué ses fautes. Le jeune homme a tué quelqu'un qui l'empêchait de passer, puis a obtenu la main de la veuve du roi de Thèbes en triomphant du Sphinx. Peu de mortels sont victimes d'un tel sort.

A *Quel est le sujet du verbe en bleu ?*

B *Repérez les couples d'homonymes grammaticaux et justifiez leur emploi.*

Expression écrite

5 *Rédigez, en six phrases, un texte publicitaire pour un magasin de votre choix.*

Trois phrases incluront tout (pronom), les trois autres incluront tout (déterminant). Une dernière phrase montrera la réaction des personnes lisant ce texte en intégrant tout adverbe.

Ex : « tout » (pronom) → Tout à un euro !
« tout » (déterminant) → Tout le rayon sera soldé à 50 % !
« tout » (adverbe) → Les visiteurs, tout étonnés, relurent le texte.

6 *Anne attend ses correspondants irlandais à la gare. Ils arrivent par le train de Paris. Vous composerez un texte de huit lignes qui :*

a) développera les pensées d'Anne au présent et au futur simple de l'indicatif (attente, impatience, joie des retrouvailles, projets). Vous utiliserez je peux (2 fois), peut (2 fois) ;
b) décrira l'arrivée des voyageurs. Les verbes seront conjugués à l'imparfait et vous utiliserez les expressions peu à peu et peu de.

7 *Composez des phrases à partir des propositions suivantes. Les temps à employer seront le passé simple / l'imparfait / le futur simple / le présent du conditionnel / le présent de l'indicatif ou du subjonctif, selon le cas.*

1. Je souhaite que vous …
2. Le chat miaula, fit un bond et je (verbe du 1er groupe) …
3. Devant la boutique du fleuriste, habituellement, je ne (verbe du 1er groupe) …
4. Dès votre retour, je …
5. Nelly apprend que tu …
6. Si Paulo rentrait tôt, je …

Exploitation du test →

Repérez les numéros des questions sur lesquelles vous avez fait des fautes.

Révisez les leçons correspondantes et assurez-vous que vous avez bien compris en refaisant les exercices de ces leçons :

questions 1, 2, 3
→ leçon 33 → Le participe passé en *-é* et l'infinitif en *-er*

questions 4, 5
→ leçon 34 → -i, -is, -it / -u, -us, -ut

questions 6, 7
→ leçon 35 → a - à / est - et

questions 8, 9, 10
→ leçon 36 → sont - son

questions 11, 12, 13
→ leçon 37 → ont - on - on n'

questions 14, 15
→ leçon 38 → peut - peux - peu

questions 16, 17
→ leçon 39 → tout - tous - toute - toutes

questions 18, 19, 20
→ leçon 40 → Des confusions verbales

10 min Test

Difficulté ■□□

1. ***François veut … ses projets à la prochaine réunion.***
   a. exposé b. exposée c. exposer
2. ***Tu parles de … ta visite du parc d'attractions.***
   a. reportée b. reporter c. reportés
3. ***Il s'est … de rentrer avant la nuit.***
   a. dépêché b. dépêcher c. dépêchait
4. ***Quand je … mon panier, l'anse se … .***
   a. pris / rompit b. pri / romput
   c. prit / rompu
5. ***Fred … poursuivre, mais l'entretien fut … .***
   a. voulut / suspendue b. voulus / suspendit
   c. voulut / suspendu
6. ***Il … pris un coup de soleil … la plage.***
   a. a / as b. à / a c. a / à
7. ***… Lilian ? …-il resté chez lui ?***
   a. Et / Est b. Est / Et c. Et / Et
8. ***Quoi ? … père et sa mère … en voyage à l'étranger ?***
   a. Sont / sont b. Son / sont c. Son / son
9. ***…-elles rentrées ? Non, ce … les voisins.***
   a. Sont / son b. Son / sont c. Sont / sont
10. ***Pascal a laissé … téléphone sonner.***
    a. son b. sont c. s'ont
11. ***Si … vous le demande, répondez qu'ils … quitté Rouen depuis une semaine.***
    a. on / on b. on / ont c. ont / on
12. ***Comment peut- … dire cela ? … vous trompe.***
    a. ont / On b. on / Ont c. on / On
13. ***Les 3es … quitté la cantine, quand les 6es … commencé leur repas.***
    a. ont / ont b. on / on c. ont / on
14. ***Dans … de temps, minuit sonnera.***
    a. peut b. peux c. peu
15. ***Tu … quand même me sourire !***
    a. peux b. peu c. peut
16. ***… étonnée, Marianne regarda Agnès.***
    a. Toute b. Tout c. Toutes
17. ***Mes sœurs ? Mais elles sont … là !***
    a. tous b. toute c. toutes
18. ***Chaque matin, je me … les dents ; pourtant, ce matin-là, j'… .***
    a. brossait / oubliait b. brossais / oubliai
    c. brossa / oublia
19. ***Tu … bien ce jeu, mais tu n'as plus d'argent.***
    a. achèterais b. achèterai c. achèteraient
20. ***José s'imagine que ses amis le … .***
    a. croyent b. croient c. croivent

Pour aller plus loin

Difficulté ■■■

1. ***Sortez vite ! Le musée est … jusqu'à demain !***
   a. fermé b. fermer c. fermée
2. ***Les fleurs que je veux … devront être … .***
   a. planter / arroser b. planter / arrosées
   c. planté / arroser
3. ***Tu as … mais as-tu … la bonne réponse ?***
   a. réfléchi / inscrit b. réfléchis / inscris
   c. réfléchi / inscrivit
4. ***Aviez-vous déjà … un roman de chevalerie ?***
   a. lus b. lut c. lu
5. ***Attention ! Ce chien … mal … la patte !***
   a. as / a b. a / à c. à / à
6. ***La nouvelle machine … laver … très performante.***
   a. a / et b. à / et c. à / est
7. ***Les images ne … pas nettes : … doit régler le récepteur.***
   a. sont / on b. son / ont c. son / on
8. ***Le short … … maillot sont assortis.***
   a. et / son b. et / sont c. est / sont
9. ***Ce n'est pas facile ! … ne … distinguer la cible.***
   a. Ont / peut b. On / peut c. On / peux
10. ***La Terre se réchauffe … ; c'est l'effet de serre.***
    a. peut à peut b. peux à peu c. peu à peu
11. ***Je ne … consacrer que … d'espace à votre texte.***
    a. peux / peu b. peut / peut c. peu / peu
12. ***Les souvenirs heureux ne disparaissent pas … .***
    a. toutes b. tout c. tous
13. ***… est fini entre ces deux collaborateurs.***
    a. Tous b. Tout c. Toute
14. ***Je me … et je … sur le podium.***
    a. levais / montait b. levais / montais
    c. levai / montai
15. ***Les députés estiment que cette loi … être votée.***
    a. doive b. doit c. doît
16. ***Quelle victoire ! Moi qui … un échec !***
    a. craignait b. craignis c. craignais
17. ***Tu … les angles, si tu voulais définir un tétraèdre.***
    a. compterai b. compterait c. compterais
18. ***Élisa souhaiterait que nous … un deuxième dessert.***
    a. prenons b. prenions c. prennions
19. ***Je … d'aller te voir en vélo si le temps se couvre.***
    a. refuserai b. refuserais c. refuserait
20. ***Dès que possible, je vous … une carte de Rodez.***
    a. enverrais b. enverrai c. envoyerai

41

La ponctuation : les points, la virgule, les majuscules

Pour débuter

Trouvez le nom des signes de ponctuation en bleu.

1 Le vert est la couleur de l'espérance.

a) un point
b) une virgule
c) des points de suspension

2 Pourquoi ces arbres perdent-ils leurs feuilles en hiver ?

a) un point d'exclamation
b) une virgule
c) un point d'interrogation

3 Après le fromage, je prendrais bien un petit dessert.

a) un point d'exclamation
b) des points de suspension
c) une virgule

4 Ne marchez pas sur le parquet avec vos chaussures à crampons !

a) un point
b) un point d'exclamation
c) une majuscule

5 Nous avons visité le château de Chantilly.

a) des points de suspension
b) une majuscule
c) une virgule

À retenir

Dans un texte écrit, les signes de ponctuation guident le lecteur et facilitent la compréhension. Un texte mal ponctué peut être incompréhensible ou donner lieu à des contresens.

• Le **point** marque la fin d'une phrase dont le sens est complet. Au début d'une phrase, on place toujours une **lettre majuscule**.
Le supermarché est ouvert. Les clients sont nombreux à faire leurs achats.

• Le **point d'interrogation** marque la fin d'une phrase interrogative. L'intonation est montante.
Le supermarché est-il ouvert ? *Est-ce que le supermarché est ouvert ?*

• Le **point d'exclamation** marque la fin d'une phrase ayant un sens impératif ou exclamatif.
Allez vite faire vos achats ! *Le supermarché est enfin ouvert !*

• La **virgule** indique une courte pause. On l'emploie pour :
- séparer des éléments de même nature dans une proposition ou une phrase
Le supermarché est immense, bien approvisionné, facile d'accès.
- isoler des mots dans une phrase
Le supermarché, chaque samedi, ferme à 22 heures.
- isoler un complément ou une proposition
Quand vient l'heure de la fermeture, les employés quittent les lieux.

• Les **points de suspension** marquent la fin d'une énumération ou celle d'une phrase qui pourrait être prolongée.
Au supermarché, on trouve des jouets, des aliments, des vêtements…
À cette heure, le supermarché est peut-être ouvert…

Remarque :
etc. est une abréviation (latin : *et caetera*) qui signifie « **et ainsi de suite** », soit l'équivalent de **points de suspension**. C'est pourquoi, elle n'est jamais suivie de points de suspension.
Au supermarché, on trouve de tout, des jouets, des aliments, des vêtements, etc.

Attention

• Les **noms propres** débutent toujours par une lettre majuscule.
Londres *Charles* *Saint-Denis de la Réunion* *la tour Eiffel*

• Les noms qui désignent **les habitants** d'un lieu sont des noms propres ; ils prennent donc une **majuscule**.
un Français (un habitant)

En revanche, l'adjectif qualificatif et le nom qui désigne une langue s'écrivent avec une minuscule.
le peuple français (adjectif) *parler le français* (la langue)

• Comme les minuscules, les majuscules peuvent être **accentuées**.
À la fin de la semaine, Émilie part en vacances à Étretat.

Exercices

1 ***Copiez ces phrases en plaçant correctement les majuscules et les points.*** *Difficulté* ■□□

1. le hérisson traverse lentement la route
2. la guadeloupe produit des bananes savoureuses
3. l'accent canadien surprend ceux qui l'entendent pour la première fois
4. l'hippocampe est un poisson à tête de cheval
5. on dit que saint louis rendait la justice sous un chêne
6. l'éléphant d'asie a de plus petites oreilles que celui d'afrique

2 ***Copiez ces phrases en plaçant correctement les virgules et les points.*** *Difficulté* ■■□

1. Surtout ne faites pas un mouvement vous feriez fuir le faisan
2. En quelques jours tous les billets du spectacle ont été vendus
3. L'écuyère montée sur son cheval blanc exécute des sauts extraordinaires
4. Chez la grand-mère de Marie la cafetière est toujours pleine
5. En branchant le radiateur vous avez mis hors circuit toute l'installation
6. L'usine de chaussures faute de commandes devra fermer ses portes

3 ***Copiez ces phrases en plaçant les majuscules oubliées. Si nécessaire, placez les accents.*** *Difficulté* ■■■

1. la planète vénus est parfaitement visible depuis l'observatoire de saint-michel.
2. le cabinet du docteur michel duber se trouve à limoges, rue de la liberté.
3. les provençaux affirment que l'huile d'olive de manosque est la meilleure.
4. de nombreux irlandais sont partis pour les états-unis d'amérique.
5. en égypte, grâce au barrage d'assouan, les crues du nil sont atténuées.
6. à paris, au musée d'orsay, on admire des tableaux de renoir ou de cézanne.
7. les champs-élysées sont l'avenue la plus célèbre de france.
8. le neveu de charlemagne, roland, fut trahi par ganelon.

4 ***Copiez ces phrases en plaçant les points d'interrogation, les points d'exclamation ou les points de suspension.*** *Difficulté* ■■■

1. À votre avis, quel est l'organe le plus complexe du corps humain
2. Les rivières débordent, la catastrophe est inévitable
3. La musique des jeunes, c'est le rap, le rock, la techno, le hip-hop
4. Nous allons démarrer, attachez vos ceintures
5. Pour traverser le Sahara, que faut-il emporter
6. Il me semble que tu te trompes de blouson, tu prends le mien
7. Esther aime tous les fruits exotiques : les mangues, les ananas, les kiwis

5 ***Copiez ce texte en plaçant les signes de ponctuation aux emplacements indiqués (points, virgules ou points d'interrogation).*** *Difficulté* ■■■

Il est nuit * Je m'en aperçois tout d'un coup * Combien y a-t-il de temps que je lis ce livre * Quelle heure est-il *
Je ne sais pas * mais voyons si je puis encore lire * Je frotte mes yeux * je tends mon regard * les lettres s'effacent * les lignes se mêlent * je saisis encore un mot * puis plus rien *
J'ai le cou brisé * la nuque qui me fait mal * la poitrine creuse * Je suis resté penché sur les chapitres sans lever la tête * sans rien entendre * dévoré par la curiosité * pris d'une émotion intense * remué jusqu'au fond du cœur *

D'après Jules Vallès, *L'Enfant*, 1881.

Pour terminer (10 min)

Copiez ces phrases en plaçant les signes de ponctuation manquants aux emplacements indiqués.
N'oubliez pas de mettre les majuscules lorsqu'elles sont nécessaires.

1. En hiver * un feu de cheminée * c'est très agréable *
2. Lorsque sonne la fin du cours * nous nous précipitons dehors *
3. Dans quel pays se trouve la ville de stockholm *
4. Je crains que ma question reste sans réponse *
5. Ce robot ultra perfectionné fonctionne à merveille *
6. Avec ce téléphone * on peut même prendre des photos *
7. Peut-on louer des voiliers sur le lac d'annecy *
8. Son maillot * son short * ses chaussettes * ses crampons * tout l'équipement de justin se trouve dans son sac *
9. L'ascension du mont blanc * c'est une rude épreuve *
10. Le fils de fernand panay * mon voisin * part soigner les enfants tchadiens *

Expression écrite

Décrivez le lieu de votre enfance dans un texte d'une dizaine de lignes. Vous nommerez précisément l'endroit.

Les verbes seront conjugués à l'imparfait de l'indicatif.
Vous inclurez une énumération pour employer la virgule et les points de suspension.
Une phrase se terminera avec un point d'interrogation et une autre avec un point d'exclamation.

42 D'autres signes de ponctuation

Pour débuter

Trouvez le nom des signes de ponctuation en bleu.

1. La sonorisation est en panne **;** le concert est annulé.

   a) un point d'interrogation
   b) un tiret
   c) un point-virgule

2. La liste des pays producteurs de pétrole est longue **:** l'Arabie, le Venezuela, la Russie…

   a) des parenthèses
   b) deux points
   c) des guillemets

3. Les rapaces des Cévennes sont-ils en voie de disparition ?

   a) un point-virgule
   b) un trait d'union
   c) un point d'exclamation

4. Le mécanicien conseille les automobilistes : « Ménagez vos freins ! »

   a) des parenthèses
   b) des points de suspension
   c) des guillemets

5. Les balises (rouges ou vertes) signalent l'entrée du port.

   a) des parenthèses
   b) des points de suspension
   c) des guillemets

À retenir

• Le **point-virgule** sépare des propositions ou des expressions qui ont un lien relatif. Son emploi est délicat car il est proche du point ou de la virgule.
Les cultures manquent d'eau ; la récolte de maïs sera médiocre.
Le point-virgule n'est pas suivi d'une majuscule.

• Les **guillemets** encadrent un discours direct. L'ouverture des guillemets est souvent précédée de **deux points**.
L'agriculteur déclare : « S'il ne pleut pas, on court à la catastrophe ! »

Si plusieurs personnes **dialoguent** dans le discours direct, on place un **tiret** au début de chaque intervention d'une des personnes (sauf pour la première).
Lorsque l'orage éclate, l'agriculteur interroge son fils :
« As-tu mis le tracteur à l'abri ?
- Bien sûr, il est sous le hangar.
- Ajoute une bâche, je serai plus tranquille. »

Parfois, dans un dialogue, il faut indiquer la personne qui parle. Dans ce cas, on ne ferme pas les guillemets après ses paroles, on place simplement une courte phrase entre deux virgules.
« Le tracteur est à l'abri, déclare le fils, et je l'ai recouvert d'une bâche. »
Cette **proposition incise** n'est jamais précédée d'un point et ne commence jamais par une majuscule.

• Le **trait d'union** se place entre le verbe et le pronom sujet à la forme interrogative. Il faut parfois ajouter la lettre « **t** » entre le verbe et le pronom.
Arroserez-vous bientôt ? *Le système d'irrigation fonctionne-t-il ?*
On place également un trait d'union pour écrire certains nombres ou les noms composés.
vingt-cinq moissonneuses-batteuses

• Les **parenthèses** permettent d'insérer une explication ou une brève précision.
Le maïs (céréale gourmande en eau) a besoin de sols bien irrigués.

Attention

On utilise également **deux points** pour annoncer une énumération, une explication, une citation.
Voici tout le matériel : un tracteur, un semoir, une charrue et des pompes à eau.
La récolte est bonne : c'est le résultat du travail de l'agriculteur.

Exercices

1 Copiez ces phrases en plaçant le point-virgule oublié dans chacune d'elles. *Difficulté* ■□□

1. Le pneu est à plat il faudra s'arrêter à la station service.
2. Richard a mal au dos il partira en cure à Aix-les-Bains.
3. Le fils du roi vient d'avoir des jumeaux tous les journaux l'annoncent.
4. Le groupe Kyo se produit à Dole toute la ville est en émoi.
5. La publicité envahit nos murs certains manifestent leur mécontentement.
6. L'avion amorce sa descente tous les passagers bouclent leur ceinture.
7. La cité va retrouver un peu de vie un centre commercial s'installera bientôt.

2 Copiez ces phrases en plaçant correctement les guillemets et les deux points. *Difficulté* ■■□

1. Cet astronome déclare La vie existe peut-être sur Mars.
2. Le professeur débute toujours sa leçon ainsi Prenez votre livre.
3. Le douanier nous interroge Avez-vous des marchandises à déclarer ?
4. Le chef de gare est rassurant Le train partira à l'heure prévue.
5. Le boucher conseille son apprenti Tiens ton couteau plus fermement !
6. Lorine avoue avec un grand sourire J'adore les beignets !
7. Kamel l'admet volontiers Je n'aurais pas dû rouler sans casque.
8. L'entraîneur t'encourage Encore trois tours de piste et tu te reposeras.

3 Copiez ces phrases en plaçant les signes de ponctuation manquants. *Difficulté* ■■■

1. Thiphaine m'interroge * * Connais*tu l'adresse de Betty **
2. Le guide s'inquiète pour toi * * As*tu bien fixé tes crampons * *
3. Ne touchez pas à ce champignon * c'est du poison *
4. Décontenancé * Anita bafouilla * * Pourquoi n'irai*je pas avec vous * *
5. Le conteur commence ainsi son récit * * Il était une fois * *
6. L'edelweiss * plante protégée * est aussi appelé * immortelle des neiges * *
7. Le pirate scrute en vain l'horizon * pas une seule voile en vue *
8. M. Combe a des dizaines de cravates * des rayées * des unies * des à carreaux * des courtes et des longues *

4 Copiez ce texte en plaçant les signes de ponctuation manquants. *Difficulté* ■■■

Le ballon n'était plus qu'à quatre cents pieds au*dessus des flots *
À ce moment * une voix mâle se fit entendre * À cette voix répondirent des voix non moins énergiques *
* Tout est*il jeté *
* Non ! Il y a encore dix mille francs d'or ! *
Un sac pesant tomba aussitôt à la mer.
* Le ballon se relève*t*il *
* Un peu, mais il ne tardera pas à retomber !
* Que reste*t*il à jeter au dehors *
* Rien *
* Si !... La nacelle *
* Accrochons*nous au filet et jetons la nacelle à la mer * *

D'après Jules Verne, *L'Île mystérieuse*, 1874.

Pour terminer

10 min

Copiez ces phrases en plaçant les signes de ponctuation manquants.

1. Est*ce le bon modèle de cartouche d'encre *
2. Ce laboratoire met au point un médicament * c'est un immense espoir pour les malades *
3. Les Jeux olympiques débutent en août * on espère une vingtaine de médailles *
4. Le thé * à consommer avec modération * exige une préparation minutieuse *
5. Ninon consulte un voyant * * Serais*je une danseuse étoile * *
6. Les couverts sont à ta disposition * les fourchettes * les couteaux * les cuillères * etc *
7. Le cuisinier est formel * * Donnez*moi de bons légumes et vous aurez de bons plats * *
8. La pancarte est bien en évidence * * Fermeture annuelle * *
9. Un jour * l'homme s'installera peut*être sur Jupiter * Qui sait *
10. Les chiens * parfaitement dressés * emportent le traîneau sur la glace *

Expression écrite

Une baby-sitter vient garder un bébé pour la première fois. Elle demande à la maman quelles sont ses recommandations.

Votre texte, de dix lignes environ, sera construit avec une phrase d'introduction, puis enchaînera huit répliques entre les deux personnes.
Dans le dialogue, vous introduirez des phrases incises, avec des verbes de la liste suivante :
demander - questionner - s'exclamer - répondre - indiquer - conseiller - interroger - suggérer - s'étonner - affirmer.

43

Les accents Le tréma

Pour débuter

Trouvez le mot qui convient pour compléter ces expressions.

1 écarter un obstacle …

a) gênant
b) gennant
c) gênente

2 obtenir un franc …

a) succes
b) sucsait
c) succès

3 avoir une bosse sur le …

a) cranne
b) crâne
c) cranes

4 avoir une attitude …

a) stoïque
b) stoik
c) stoique

5 Le cheval est le … de la jument.

a) malle
b) mâle
c) mal

À retenir

Les accents sont des **signes placés sur les voyelles** pour, le plus souvent, en modifier la prononciation. Un texte où les accents sont absents est beaucoup plus difficile à lire.

• L'**accent aigu** (´) se place uniquement sur la lettre « **e** » qui se prononce alors [**e**].
Jérémie est désespéré car il a égaré sa précieuse clé.

• L'**accent grave** (`) se place le plus souvent sur la lettre « **e** » qui se prononce alors [ɛ].
Cet athlète possède une bonne hygiène de vie.

On trouve parfois un **accent grave** sur les lettres « **a** » et « **u** ».
(Voir leçons 35 et 59.)
- Où se trouve l'Espagne ?
- Au-delà des Pyrénées, à deux heures de Paris en avion.

• L'**accent circonflexe** (^) se place sur la lettre « **e** » qui se prononce alors [ɛ].
se jeter tête baissée dans la mêlée

On trouve aussi un accent circonflexe sur les autres voyelles.
un château *une chaîne* *un rôle* *le mois d'août*

L'accent circonflexe peut représenter une lettre disparue que l'on retrouve dans des mots de la même famille.
l'hôpital ; hospitalisé ; l'hospice *la croûte ; croustillant*

L'accent circonflexe permet aussi de distinguer des mots homonymes.
(Voir leçon 58.)
L'abricot est mûr. / un mur de brique
une tache de graisse / une rude tâche

• Le tréma (¨), généralement placé sur la lettre « **i** », indique que cette voyelle est prononcée séparément de celle qui la précède.
une héroïne de roman *l'école laïque* *une mosaïque romaine*

Attention

• Lorsque le « **e** » se trouve **devant deux consonnes**, il ne prend pas d'accent, même s'il est prononcé [ɛ].
ne jamais perdre la technique de la lecture

• Devant la lettre « **x** », le « **e** » n'a jamais d'accent. (Voir leçon 48.)
expliquer la solution d'un exercice complexe

• Selon les régions, la prononciation des lettres accentuées peut varier.

Exercices

Pour tous ces exercices, vous pouvez utiliser un dictionnaire.

1 Complétez ces mots avec les accents qui conviennent. *Difficulté* ■■□

1. une niece 2. un caractere 3. une tempete 4. le solfege
5. un pieton 6. l'honnetete 7. un chene 8. une reunion
9. une arete 10. une fleche 11. un decimetre 12. une scene
13. un geant 14. une helice 15. une conquete 16. la preference
17. les paupieres 18. un reflexe 19. un interet 20. un siege
21. la fraicheur 22. le telephone 23. la cloture 24. la severite

2 Complétez, si nécessaire, ces mots avec un accent circonflexe. *Difficulté* ■■□

1. quatre 2. un chale 3. une piqure 4. brouter
5. l'huile 6. un chalet 7. un piquet 8. couter
9. l'huitre 10. chatain 11. la zone 12. la lime
13. un abime 14. un chameau 15. un cone 16. la cime
17. du paté 18. une chataigne 19. une chaine 20. une bache
21. paternel 22. un diplome 23. une traine 24. un lache
25. la voute 26. un arome 27. une graine 28. la mache
29. la croute 30. un atome 31. une semaine 32. la hache

3 Complétez ces expressions avec les accents oubliés. *Difficulté* ■■■

1. ecouter un interprete algerien
2. pecher a la mouche le long d'une riviere
3. connaitre la reponse exacte
4. retablir immediatement la verite
5. reflechir avant de se decider
6. se bruler en touchant le rechaud a gaz
7. se vetir d'une legere pelerine
8. reparer un systeme perfectionne
9. decouper une tranche de roti
10. apprecier les qualites de ces mecanismes
11. deguster une part de gateau
12. rever d'habiter une planete inconnue
13. etre chez la coiffeuse
14. verifier les resultats du probleme

4 Copiez ces phrases en plaçant les accents oubliés. *Difficulté* ■■■

1. Cet ane a une severe blessure a l'extremite de la patte arriere ; il boite.
2. Pour eblouir l'assemblee, la frele ecuyere execute un saut perilleux.
3. Cet apres-midi, les eleves du college eliront leurs delegues.
4. La traversee est dangereuse, ne negligez pas de prendre des precautions.
5. Pour tracer des lignes paralleles, il faut une regle bien droite.
6. Avant de se decider, Rene compare les qualites des differents vehicules.

5 Copiez ces phrases en plaçant les accents et les trémas oubliés. *Difficulté* ■■■

1. Aie ! Par la faute de cette piqure de guepe, j'ai des demangeaisons.
2. Une etonnante soupiere en faience trone sur la table de la salle a manger.
3. Avant de monter dans le canoe, verifie la robustesse des pagaies.
4. L'egoisme est un sentiment haissable ; preferez la solidarite.
5. Impossible de denicher quoi que ce soit dans ce grenier : quelle pagaille !
6. Toutes les pieces du chateau de Versailles sont d'un luxe inoui.
7. L'exiguite de cette piece ne permet pas d'y sejourner longtemps.

Pour terminer — 10 min

Copiez ces phrases en plaçant les accents et les trémas oubliés.

1. Les cotes de l'ile sont polluees par une nappe de petrole.
2. Le lievre regagne son gite en hate.
3. Lison palit a la vue d'un hideux fantome.
4. Tu telephones a l'hotel pour reserver une chambre.
5. Le trefle a quatre feuilles est une espece peu repandue.
6. Ce retard est tres facheux ; nous n'arriverons pas a l'heure.
7. La caissiere a place les cheques dans un tiroir special.
8. Benedicte recite un poeme d'un ecrivain celebre.
9. Par une etrange coincidence, ces deux eleves portent le meme prenom.
10. La grele a ravage la moitie de la recolte de mais.

Expression écrite

Écrivez les mots de la liste suivante en rétablissant les accents oubliés et le tréma :
une fenetre - Noel - une foret - la riviere - deja - enneigee - un vetement - gelee - un traineau - la grele - rever - l'atmosphere.

Employez au moins huit de ces mots dans un texte de votre choix.

44 Les écritures du son [j]

Pour débuter

Trouvez le mot qui convient pour compléter chaque phrase.

1 Piloter un … n'est pas simple.

a) avillon
b) avion
c) avyon

2 Au CDI, il y a des ordinateurs à notre … .

a) disposission
b) dispozission
c) disposition

3 Un vrai ami doit être franc et … .

a) loillal
b) loyal
c) loial

4 Il faut que j'ôte un petit … de ma chaussure.

a) cayou
b) caillou
c) cailou

5 Tracy préfère la gelée de … .

a) grozeille
b) groseille
c) grosaiye

À retenir

Lorsqu'on entend le son [**j**], on peut l'écrire :

• « **y** »
la bruyère ; essuyer ; une rayure ; prévoyant

• « **ill** »
une douille ; le réveillon ; le poulailler ; la cuillère
Dans ce cas, la lettre « **i** » est inséparable des deux « **l** » et ne se prononce pas avec la voyelle qui la précède.

• « **ll** », seulement après la voyelle « **i** » qui termine une syllabe.
griller ; la chenille ; une bille ; croustiller

Lorsque le son [**j**] s'écrit « **i** » entre une consonne et une voyelle, il se confond le plus souvent avec le son [**i**].
un panier ; curieux ; le diable ; rien

Il existe quelques graphies plus rares :
les yeux ; la faïence ; un quincaillier
cueillir ; l'orgueil ; le recueil

• Les noms féminins terminés par le son [**j**] s'écrivent « **-ille** ».
la muraille ; la bouteille ; la feuille ; la rouille

• Les noms masculins terminés par le son [**j**] s'écrivent « **-il** ».
du corail ; le seuil ; le fauteuil ; le fenouil
Exceptions : les noms composés masculins formés avec le nom féminin **feuille**.
un portefeuille ; un millefeuille ; le chèvrefeuille

Attention

• Il ne faut pas confondre les noms masculins terminés par « **-il** » avec les formes conjuguées des verbes de la même famille (1er groupe).
le travail (nom) mais *il travaille* (verbe **travailler**)
le réveil (nom) mais *elle se réveille* (verbe **se réveiller**)

• La lettre « **y** » peut se prononcer [**i**].
un pays ; le lycée ; le gymnase

• Les deux « **ll** » se prononce [**l**] dans :
tranquille ; un village ; un million

Exercices

1 Trouvez l'intrus de chaque colonne, c'est-à-dire le mot dans lequel on n'entend pas le son [j]. Difficulté ■■□

une vrille	un papillon	un milliard	une quille
une ville	un billard	un grillon	une fille
un sillon	un pillard	une faucille	une jonquille
une lentille	un million	resquiller	osciller
une flottille	un pavillon	une brindille	nasillard

2 Copiez ces mots en plaçant un article (un ou une) ou un pronom personnel (il ou elle). Il peut y avoir plusieurs réponses. Difficulté ■■□

1. … gouvernail 2. … conseille 3. … abeille 4. … merveille
5. … entaille 6. … vitrail 7. … bétail 8. … taille
9. … accueil 10. … accueille 11. … sommeil 12. … sommeille
13. … deuil 14. … seuil 15. … cueille 16. … treuil
17. … bille 18. … soleil 19. … paille 20. … canaille
21. … orteil 22. … patrouille 23. … citrouille 24. … veille
25. … bail 26. … écaille 27. … détaille 28. … rail

3 Dans ces mots, on entend le son [j] ; copiez-les en les complétant comme il convient. Difficulté ■■■

1. le courr…er 2. un gard…en 3. la press…on 4. l'amb…ance
5. un ore…er 6. b…entôt 7. brou…er 8. une p…euvre
9. des tena…es 10. des m…ettes 11. effra…er 12. un ma…ot
13. un cra…on 14. mou…er 15. le surve…ant 16. un rout…er
17. un ra…on 18. un cam…on 19. un lo…er 20. abo…er

4 Copiez ces phrases en complétant les mots dans lesquels on entend le son [j]. Difficulté ■■■

1. Sur un gratin de nou…es, rien de me…eur que du gru…ère râpé.
2. Chercher une aigu…e dans une botte de pa…e, c'est b…en difficile.
3. L'écureu… trouve des provisions dans le no…er.
4. Tu as eu une belle fra…eur, alors que ce n'était qu'un coba…e apprivoisé.
5. Après le conse… de classe, les collég…ens comparent leur mo…enne.
6. Nous nous ennu…ons et nous bâ…ons à nous décrocher les mâchoires.
7. Le chant…er des fou…es archéologiques est entouré d'un gri…age.

5 Copiez ces phrases en les complétant avec un mot de la famille du mot en bleu. Difficulté ■■■

1. relais — Ce match de football est … par satellite.
2. lumineux — À Lyon, le 8 décembre, c'est la fête des L… .
3. balai — Après le carnaval, il faut … tous les confettis.
4. gentil — La … de Germain est sans limite ; il rend service à tous.
5. un fusil — Des patriotes furent … pendant la Seconde Guerre mondiale.
6. un œil — L'acteur adresse une … appuyée en direction du public.
7. un envoi — Rien de plus simple que d'… un message par Internet.

Pour terminer (10 min)

Copiez ces phrases en complétant les mots dans lesquels on entend le son [j].

1. Sous l'effet du gel, les p…erres se fendi…ent.
2. Pour redorer les déta…s de ce tableau, il faut emplo…er un pinceau très fin.
3. Toute la fami… écarqui… les …eux devant le berceau du nouveau-né.
4. Les rela…eurs de l'équipe de France ont remporté une méda… d'or.
5. La corbe… à pap…er déborde ; vous devez la vider.
6. Qui n'a jamais participé à une bata… de boules de neige ?
7. Branche le tu…au et l'eau va ja…ir.
8. Le chevreu… se cache dans les broussa…es.
9. Pour pa…er, tu sors un bi…et de ton portefeu… .
10. Un bouquet de gla…euils éga…ait le salon.

Dictée préparée

Accoudée à la muraille, Mireille observe le paysage ; l'éveil de la nature l'émerveille toujours : l'écureuil dans le feuillage, le bouvreuil perché sur la treille, une brindille de paille dans le bec…
Dans la vieille maison, il faut cependant déployer des trésors d'attention pour entendre le petit pas pressé des souris alors que le grenier accueille des hiboux sautillants.

A Classez les mots dans lesquels vous retrouvez le son [j].

B Dites pourquoi les noms en bleu ont des terminaisons différentes.

45 Les consonnes doubles

Pour débuter

Trouvez le mot qui convient pour compléter chaque phrase.

1. Dans ce nombre, on … les zéros inutiles.

   a) sûprimme
   b) supprime
   c) sûprime

2. Le train passe sous un … .

   a) tunnel
   b) tunelle
   c) tunele

3. Il ne faut pas confondre le frein et l'… .

   a) assélérateur
   b) aquecélérateur
   c) accélérateur

4. Nous avons … un plat de frites.

   a) comendé
   b) commandé
   c) comenddé

5. Avez-vous une … à faire ?

   a) suggestion
   b) suguejestion
   c) sugjestion

À retenir

• Une consonne peut **être doublée** :
- entre deux voyelles
un bulletin ; différent ; la gamme ; la pierre ; un panneau
- entre une voyelle et la consonne « **l** »
siffler ; le supplice ; acclamer
- entre une voyelle et la consonne « **r** »
admettre ; approcher ; souffrir

• Précédée d'une autre consonne, une consonne n'est jamais doublée.
parler ; un pompier ; venger ; une armée ; la pente

• Lorsqu'une consonne est doublée, il n'y a **jamais d'accent sur la voyelle qui précède**. Inversement, la consonne qui suit une voyelle accentuée n'est jamais doublée.
une vignette, mais *la planète* — *une rondelle*, mais *un modèle*
une antenne, mais *une sirène* — *un parterre*, mais *un caractère*
Exception : *le châssis* (et les mots de la même famille)

Il est souvent difficile de savoir s'il faut placer un accent sur la voyelle ou doubler la consonne qui suit. **En cas de doute, il faut consulter un dictionnaire**.

• Entre deux voyelles, si la lettre « **s** » est doublée, elle se prononce [**s**].
le poisson ; basse ; la casse ; un Russe
Entre deux voyelles, si la lettre « **s** » est simple, elle se prononce [**z**].
le poison ; la base ; une case ; une ruse

Attention

• Certains mots **homonymes** (qui se prononcent de la même manière) se distinguent par la présence ou non d'une consonne double.
une serviette sale ; une salle à manger
une date historique ; manger une datte

• Dans quelques familles, certains mots contiennent une consonne double, et d'autres une consonne simple. Il faut toujours vérifier dans un dictionnaire.
la sonnerie, mais *la sonorisation* — *l'honneur*, mais *honorer*
nommer, mais *nominal* — *une monnaie*, mais *monétaire*

• Dans la conjugaison de beaucoup de verbes en **-eler** et **-eter**, le « **l** » et le « **t** » sont doublés devant un « **e** » muet. La prononciation change alors.
appeler : *il appelle ; nous appellerons* — **jeter** : *je jette ; ils jetteront*
Mais pour quelques verbes, la consonne n'est pas doublée et on place un accent grave pour obtenir le son [ɛ]. (Voir leçon 12.)
geler : *il gèle ; il gèlera* — **acheter** : *j'achète ; vous achèterez*

Exercices

Pour tous ces exercices, vous pouvez utiliser un dictionnaire.

❶ *Copiez ces mots en les complétant avec une consonne simple ou une consonne double.* *Difficulté* ■■□

1. inte…igent 2. une gra…e 3. trico…er 4. une ra…ale
5. un é…ève 6. s'écha…er 7. envelo…er 8. une hu…e
9. le tro…oir 10. une gira…e 11. la co…ère 12. attra…er
13. une bouillo…e 14. la sou…rance 15. une co…onne 16. la gri…e
17. une hési…ation 18. le sou…re 19. la co…ine 20. s'engou…rer

❷ *Copiez ces phrases en les complétant avec un homonyme du mot en bleu.* *Difficulté* ■■□

1. pâte — Pour obtenir un sucre, le chien donne la … à son maître.
2. cane — La jambe plâtrée, Virginie se déplace avec une … .
3. balade — « La … des pendus » est un poème de François Villon.
4. balai — Le « Lac des Cygnes » est peut-être le … le plus célèbre.
5. atèle — Le palefrenier … le cheval à la carriole.
6. cote — Au Moyen Âge, les chevaliers portaient des … de mailles.
7. taire — La … de ce jardin est très fertile.
8. cour — La chasse à … est trop cruelle pour le gibier.

❸ *Copiez ces expressions en les complétant avec une consonne simple ou une consonne double.* *Difficulté* ■■□

1. se re…ever après une chu…e
2. esca…ader la bu…e en cou…ant
3. un ca…efour très dan…ereux
4. a…lamer les co…édiens
5. résoudre un problè…e di…icile
6. grelo…er sans se réchau…er
7. ba…er les trois derniers chi…res
8. ava…er un exce…ent de…ert
9. ra…imer les fla…es du foyer
10. jouer du vio…once…e
11. dé…endre son te…itoire
12. pou…er des wago…ets

❹ *Copiez ces phrases en complétant les mots avec la consonne simple ou la consonne double qui convient.* *Difficulté* ■■■

1. Dans le port du Havre, on a insta…é de nombreuses ra…ineries.
2. Ce gra…in de po…iron est vraiment su…ulent.
3. Une peu de po…ade sur l'articu…ation et vous serez gué…i.
4. Vous rem…lacez votre ante…e par une pa…abole.
5. Co…ent a…ède-t-on à la natio…alité française ?
6. Ne vous affo…ez pas, les concu…ents ne sont pas enco…e partis.
7. Pour la justice, tuer un ho…e de sang-froid, c'est un ho…icide volontaire.

❺ *Trouvez les noms (contenant une consonne double) qui répondent à ces définitions.* *Difficulté* ■■■

1. l'accessoire indispensable d'un arbitre ➔ un s… (7 lettres)
2. un bel oiseau multicolore qui peut parler ➔ un p… (9 lettres)
3. Il contient une grande quantité de vin. ➔ un t… (7 lettres)
4. On ouvre celle de la porte avec une clé. ➔ la s… (7 lettres)
5. un animal qui nourrit ses petits avec son lait ➔ un m… (9 lettres)
6. un récipient pour verser de l'eau sur les plantes ➔ un a… (8 lettres)

Pour terminer (10 min)

Copiez ces phrases en complétant les mots avec une consonne simple ou une consonne double.

1. Nelly a ava…é une a…ête de poi…on.
2. Ce…e é…i…ion est sans inté…êt.
3. Les coups de to…e…e ébranlent les murs de l'i…euble.
4. Cet a…a…eil d'o…a…ion est vendu à moi…ié prix.
5. Pour être faci…ement reco…us, les policiers portent un bra…ard.
6. Avez-vous trouvé le bon numé…o au ti…age ou au gra…age ?
7. Le souve…ain porte une cou…o…e en or.
8. Dans cette camio…e…e, on peut transpor…er quatre to…es de marchandises.
9. Le pro…e…eur de techno…ogie a qui…é le co…ège.
10. Trois mi…utes après le déco…age, l'avion dispa…aît.

Expression écrite

Trois collégiens racontent leurs cours du lundi. Chacun d'eux décrit une activité.

Vous rédigerez un dialogue de six à sept phrases sur les thèmes proposés après avoir rétabli l'orthographe des mots des listes suivantes. Les verbes seront conjugués au passé composé.

1. **musique** : flu…e - sou…ler - chanto…er - violo…iste - saxopho…e - pia…o
2. **mathématiques** : ad…itio…er - éque…e - droi…e - des do…ées - ra…orteur
3. **EPS** : cou…ir - sau…iller - hand-ba… - un fi…et - dri…ler - faire une pa…e - un jo…ing

46 Les consonnes doubles après une voyelle initiale

Pour débuter

Trouvez le mot qui convient pour compléter chaque phrase.

1. Paméla … notre initiative ; elle se joindra à nous.

   a) apréssie
   b) apprécie
   c) aprétie

2. Pour Noël, la rue de la Paix est … .

   a) illuminée
   b) îluminée
   c) iluminner

3. Dix euros pour une telle chaise, c'est une … !

   a) à faire
   b) afère
   c) affaire

4. Ce bruit est … ; ne frappez plus sur ce tambour.

   a) aguaçant
   b) agâssant
   c) agaçant

5. Si vous n'êtes pas …, vous ne pourrez pas comprendre.

   a) atantife
   b) attentifs
   c) âttentifs

À retenir

• Les mots commençant par **ab-**, **ad-** et **am-** ne doublent pas le « **b** », le « **d** » et le « **m** ».
l'abandon ; aboyer ; un abus ; d'abord
adieu ; adapter ; adroit ; un adulte
l'amitié ; amer ; amortir ; amusant
Exceptions : *une abbaye ; une addition ; l'adduction ; l'ammoniaque*

• Les mots commençant par **ap-** prennent souvent deux « **p** ».
appeler ; approcher ; l'apparence ; applaudir ; appuyer
Principales exceptions : *apercevoir ; apaiser ; après ; s'apitoyer ; aplatir ; l'apostrophe…*

• Les mots commençant par **ac-** (dans lesquels on entend le son [**k**]), prennent le plus souvent deux « **c** ».
accompagner ; l'accident ; accrocher ; acclamer
Principales exceptions : *l'acrobate ; l'académie ; l'acacia ; l'acompte ; l'acajou ; acoustique ; acquitter…*

• Les mots commençant par **af-**, **ef-** et **of-** prennent deux « **f** ».
l'affaire ; un effort ; l'officier
Exceptions : *afin ; l'Afrique ; africain*

• Les mots commençant par **ag-** ne prennent qu'un seul « **g** ».
agressif ; agréable ; agrandir ; un agriculteur
Exceptions : *aggloméré ; agglutiner ; aggraver*

• Les mots commençant par **at-** prennent le plus souvent deux « **t** ».
attacher ; l'attaque ; attraper ; attendre
Principales exceptions : *l'atelier ; l'athlète ; l'atlas ; l'atmosphère ; l'atome ; l'atout ; atroce…*

Attention

• Les mots formés avec les préfixes **il-**, **im-**, **in-**, **ir-** doublent la consonne quand le radical commence par « **l** », « **m** », « **n** » ou « **r** ».
il-limité ; im-mangeable ; l'in-novation ; ir-réel
Mais : *imaginer ; l'île ; l'iris ; inamical* (radical : **ami**)

• Le radical n'est pas toujours facile à retrouver, il faut donc consulter un dictionnaire en cas de doute.
illustre → latin *lustrare* (**éclairer**) *innocent* → latin *nocere* (**nuire**)

Exercices

Pour tous ces exercices, vous pouvez utiliser un dictionnaire.

1 Complétez les verbes de ces expressions avec une consonne simple ou une consonne double. Difficulté ■■□

1. s'i…itier au parapente
2. o…uper son temps à voyager
3. a…raver son cas
4. a…rafer des feuilles de papier
5. i…iguer les champs de salades
6. i…iter le chant du rossignol
7. a…énager sa chambre
8. a…oncer une bonne nouvelle
9. a…irer les curieux
10. a…errir en douceur
11. a…ourir au coup de sifflet
12. a…ercevoir une étoile filante

2 Copiez ces noms en les complétant avec une consonne simple ou une consonne double. Difficulté ■■□

1. l'a…mission
2. une é…auche
3. un i…éal
4. un o…icier
5. l'i…norance
6. l'o…éissance
7. un a…rochage
8. l'a…hlétisme
9. un é…outeur
10. l'i…usion
11. une o…ange
12. une a…eille
13. un e…aceur
14. un o…jectif
15. l'i…ustration
16. l'a…ordage
17. un é…out
18. l'o…éan
19. une e…eur
20. l'a…aye
21. l'i…ensité
22. un a…entat
23. l'e…ectif
24. l'i…uption

3 Copiez ces phrases en complétant les mots avec la consonne simple ou la consonne double qui convient. Difficulté ■■■

1. On dit que la meilleure défense, c'est l'a…aque.
2. Cet a…areil est i…éparable, je vais t'en o…rir un nouveau.
3. Cet a…iment te donne de l'a…étit, c'est vraiment é…onnant.
4. Faites a…ention, votre feu de position a…ière est é…eint.
5. Mélinda a…rend à poser les a…itions de nombres décimaux.
6. Au XVIIe siècle, les nobles portaient d'é…ormes pe…uques.

4 Écrivez le contraire des adjectifs suivants. Difficulté ■■■

1. lisible
2. différent
3. réversible
4. régulier
5. logique
6. mobile
7. nombrable
8. réfléchi
9. légitime
10. moral
11. défini
12. rationnel
13. lettré
14. mortel
15. recevable
16. responsable
17. licite
18. buvable
19. utile
20. révocable
21. mérité
22. partial
23. correct
24. réaliste

5 Trouvez les mots qui répondent à ces définitions. Difficulté ■■■

1. Si elle est polluée, on respire très mal. → l'a… (10 lettres)
2. qui n'est pas conforme à la loi → i… (7 lettres)
3. On écrit celle du destinataire sur l'enveloppe. → l'a… (7 lettres)
4. Celle de l'appendicite n'est pas très douloureuse. → l'o… (9 lettres)
5. la plus petite particule de matière qui soit → un a… (5 lettres)
6. Il est séparé du nom par un verbe d'état. → l'a… (8 lettres)
7. Si on la frotte, elle s'enflamme. → l'a… (9 lettres)

Pour terminer (10 min)

Copiez ces phrases en complétant les mots avec une consonne simple ou double.

1. Cet a…artement i…occupé est envahi par les a…aignées.
2. L'a…istance a…laudit l'a…robate qui exécute des sauts i…ouis.
3. Pour e…ectuer un dépassement, le chauffeur a…puie sur l'a…élérateur.
4. Témoin d'une a…ression, vous a…elez la police.
5. L'a…iche a…once l'ouverture des soldes.
6. Farida a…ore se reposer sur cet î…ot a…andonné.
7. À Carcassonne, tout o…ose la ville ancienne et la ville nouvelle.
8. Pour ne pas a…ourdir tes bagages, n'a…epte pas tous ces cadeaux.
9. L'i…ondation a déposé une a…ondante quantité d'a…uvions sur les berges.
10. Cet a…ateur a a…ompli un exploit : a…eindre le sommet de l'Everest.

Dictée préparée

Saint-Clair était attentif auprès de toutes les femmes et affichait un goût certain pour leur conversation. Il était difficile de savoir s'il était amoureux, mais on affirmait qu'il éprouvait de l'affection pour Mathilde, une jeune veuve chez laquelle il venait souvent.
Pourtant, il affectait de ne jamais prononcer son nom en public ; jamais son regard ne s'illuminait lorsqu'il la croisait et, s'il était obligé de parler d'elle, jamais il ne lui adressait de compliments.

D'après Prosper Mérimée, *Le Vase étrusque*, 1829.

A *Relevez les mots contenant une consonne double et débutant par une voyelle.*

B *Relevez les autres mots contenant une consonne double.*

47 La lettre « h »

Pour débuter

Trouvez le mot qui convient pour compléter chaque phrase.

1. Chaque élève remplit avec soin son … de texte.

   a) cahier
   b) cailler
   c) cayer

2. Aimes-tu les sardines à l'… ?

   a) uile
   b) huile
   c) huille

3. Le magicien demanda au garçon de formuler trois … .

   a) souaits
   b) souèts
   c) souhaits

4. Un coup violent laisse souvent un … sous la peau.

   a) hématome
   b) ématome
   c) hémmattome

5. L'… de Christobal reviendra à ses neveux.

   a) hérittage
   b) éritage
   c) héritage

À retenir

Comme la lettre « **h** » ne se prononce pas, seules **la mémorisation des mots ou la consultation d'un dictionnaire** permettent de la placer correctement.

• En début de mot, il y a présence d'un « **h** » **aspiré** lorsqu'on ne trouve pas d'apostrophe ou que la liaison avec le mot qui précède est impossible.
le hameau ➔ les / hameaux ; se hasarder ; se hâter

• En début de mot, avec un « **h** » **muet**, on place l'apostrophe au singulier et on fait la liaison au pluriel.
l'hélice ➔ les (s)hélices ; s'habiller

• À l'intérieur des mots, on peut trouver la lettre « **h** » entre de nombreuses lettres.
authentique ; une panthère ; le thermalisme ; un dahlia ; l'éther

• Entre deux voyelles, le « **h** » remplace un **tréma**, pour permettre de prononcer séparément ces deux voyelles.
ahuri ; brouhaha ; un cahot ; un véhicule

• On trouve la lettre « **h** » combinée avec d'autres lettres pour former des **sons consonnes**.
« **ch** » : *la chasse ; empêcher ; un match*
« **ph** » : *un phoque ; une phrase ; une strophe*
« **sh** » : *le short ; le shérif ; un rush ; le flash*
« **sch** » : *le schéma ; le kirsch*
« **ch** » (prononcé [**k**]) : *la chlorophylle ; la chorale ; une chronique*

Attention

• De nombreux préfixes et suffixes, d'origine grecque, sont employés pour former des mots.
un thermomètre ; le thermostat
l'orthographe ; le photographe
un chronomètre ; la chronologie
la bibliothèque ; la discothèque

• Dans des mots d'origine étrangère, la lettre « **h** » placée après un « **g** » permet de prononcer le « **g** » [**g**].
un ghetto ; des spaghettis

• On trouve parfois la lettre « **h** » à la fin de quelques mots.
oh ; eh ; un mammouth ; l'aneth ; la casbah

Exercices

1 ***Copiez ces phrases en les complétant avec les mots de la liste suivante, dont vous pouvez chercher le sens dans un dictionnaire.*** *Difficulté* ■■□

apothicaire - anthropophage - rhododendron - posthume - prohibé - apothéose

1. Une œuvre … est publiée après la mort de l'auteur.
2. Le port d'armes à feu est …, sauf dans les armées.
3. La finale du double fut une véritable … de coups exceptionnels.
4. Autrefois, le pharmacien s'appelait l'… .
5. Les fleurs du … peuvent être roses, blanches, rouges ou violettes.
6. Il n'y a plus un seul …, même parmi les populations les plus isolées.

2 ***Copiez ces phrases en les complétant avec un homonyme du mot en bleu (dans lequel il y aura la lettre « h »).*** *Difficulté* ■■□

1. plainte — Le carreleur pose une … au bas du mur de la cuisine.
2. auteur — La … de ce triangle mesure cinq centimètres.
3. autel — Nous passerons la nuit à l'… *du Chevalier blanc*.
4. alène — Mehdi a couru à perdre … pour rattraper l'autobus.
5. ente — Il paraît qu'un fantôme … les couloirs de ce manoir.
6. mante — Avec les feuilles de …, on prépare un sirop vert.

3 ***Copiez ces phrases en complétant les mots avec des préfixes ou des suffixes d'origine grecque.*** *Difficulté* ■■□

1. Le journaliste enregistre cette conversation à l'aide d'un magnéto… .
2. La famille Victor fait ses courses dans un …marché.
3. Les gladiateurs disputaient leurs combats dans un …théâtre.
4. L'équateur partage la Terre en deux …sphères.
5. Les …somes portent tout notre patrimoine génétique.
6. Pourquoi ce mot est-il entre paren… ?

4 ***Complétez, si nécessaire, ces mots avec la lettre « h ». Vous pouvez consulter un dictionnaire.*** *Difficulté* ■■□

1. …eureux	2. un …archet	3. un …exagone	4. l'estomac…
5. …européen	6. une …armonie	7. un …octogone	8. l'almanac…
9. l'…eucalyptus	10. at…létique	11. l'…anguille	12. un lut…ier
13. un …angar	14. un charpent…ier	15. un …arpon	16. une mét…ode
17. la tra…ison	18. …arpenter	19. un mét…éore	20. un t…ermite
21. enva…ir	22. une p…rase	23. le décat…lon	24. ad…ésif

5 ***Trouvez les noms, qui contiennent la lettre « h », répondant à ces définitions.*** *Difficulté* ■■■

1. On y on trouve le cœur et les poumons de l'homme. ➔ le t… (6 lettres)
2. Celles de Marennes ou d'Oléron sont renommées. ➔ les … (7 lettres)
3. Obélix adore les tailler et les transporter. ➔ les m… (7 lettres)
4. Ce peut être un appartement, une maison, une villa. ➔ une … (10 lettres)
5. cri poussé à la manière des loups ➔ un … (9 lettres)
6. Thésée en sortit grâce au fil que lui donna Ariane. ➔ le l… (10 lettres)

Pour terminer — 10 min

Copiez ces phrases en ajoutant, si nécessaire, un « h » à certains mots.

1. Les …autbois suivent le ryt…me donné par le chef d'orc…estre.
2. La foule enva…it les allées du marché : quelle co…ue !
3. Une noire sil…ouette se dét…ache sur l'…orizon.
4. La cat…édrale de Reims est de st…yle got…ique.
5. Le c…oléra provoque des diarr…ées épouvantables.
6. Cet …emplacement est réservé aux personnes …andicapées.
7. M. Chevrier porte une prot…èse à la …anche droite.
8. Par cette t…empérature, ne restez pas de…ors, vous allez vous enr….umer.
9. Les …oraires des trains sont …affichés sur un immense panneau.
10. Tu n'as pas …ésité longtemps avant d'…alerter les pompiers.

Expression écrite

Dans le cadre d'un exposé sur la santé, vous visitez un hôpital ou une clinique.

Racontez votre arrivée en huit lignes. Vous utiliserez les mots de la liste suivante après les avoir complétés, si nécessaire :
…ôpital - …umérus - …omoplate - in…alateur - stét…oscope - c…irurgien - ort…opédie - …opération - …émorragie.

48 La lettre « x »

Pour débuter

Trouvez le mot qui convient pour compléter chaque phrase.

1. L'… a fait trembler les vitres.

   a) esplosion
   b) ecxplosion
   c) explosion

2. Le 21 mars, c'est l'… de printemps.

   a) équinocse
   b) équinoxe
   c) équinosse

3. Avant de commencer, observez l'… .

   a) egzemple
   b) exemple
   c) exsample

4. Après une séance de …, on se sent mieux.

   a) relaxation
   b) relacsation
   c) relaccation

5. Cette rampe facilite l'… à la terrasse.

   a) axès
   b) accès
   c) acsès

À retenir

• La lettre « **x** » se prononce :

- [**ks**]
l'explication ; une galaxie ; l'expiration ; un élixir

- [**gz**] dans les mots commençant par **ex-**, si le « **x** » est suivi d'une voyelle ou d'un « **h** »
exagérer ; l'exécution ; l'exhibition

Si l'on veut que le « **x** » ait la valeur d'un [**k**] dans les mots commençant par **ex-**, il faut ajouter un « **c** » après le « **x** ».
exciter ; l'excédent ; excentrique ; excellent

• En fin de mot, le son [**ks**] peut s'écrire « **x** » ou « **xe** ».
le silex ; le larynx ; une taxe ; l'annexe

• Très peu de mots débutent par la lettre « **x** ».
un xylophone ; la xénophobie ; le vin de xérès et le prénom *Xavier*

• Il arrive que le son [**ks**] soit transcrit par deux « **c** » devant « **e** » ou « **i** ».
le succès ; accepter ; l'occident ; la succession

Comme la lettre « **x** » équivaut à deux sons consonnes, il n'y a **jamais d'accent sur le « e » qui la précède**.

Attention

• Pour certains noms et adjectifs, la lettre « **x** » marque le pluriel et ne se prononce pas.
les bateaux ; les aveux ; les bijoux ; des journaux locaux

• Certains mots se terminent par un « **x** » muet, même au singulier.
la croix ; le houx ; deux ; roux

• La lettre « **x** » se prononce parfois [**s**] ou [**z**].
[**s**] ➔ *dix ; six ; soixante ; Bruxelles ; Auxerre*
[**z**] ➔ *deuxième ; sixième ; dixième*

• Retenons l'orthographe de :
le tocsin (« **cs** » se prononce [**ks**]) : sonnerie de cloche pour donner l'alarme
l'eczéma (« **cz** » se prononce [**gz**]) : rougeurs sur la peau

Exercices

Pour tous ces exercices, vous pouvez utiliser un dictionnaire.

1 *Prononcez ces mots à haute voix et complétez-les avec « x », « cc » ou « xc ».* *Difficulté* ■■□

1. un e…édent 2. e…humer 3. une e…ursion 4. un e…tincteur
5. va…iner 6. un a…essoire 7. la su…ession 8. un e…amen
9. e…hubérant 10. e…aspérant 11. e…ulter 12. l'a…élérateur
13. e…empter 14. a…éder 15. l'e…eption 16. ine…orable
17. e…écrable 18. la synta…e 19. le parado…e 20. la fi…ation
21. le ma…imum 22. l'anore…ie 23. un e…ploit 24. asphy…ier

2 *Copiez ces phrases en les complétant avec des mots dans lesquels on trouve la lettre « x ».* *Difficulté* ■■□

1. Charlie Parker était un …ellent joueur de …phone.
2. La piscine se trouve à pro… du gymnase : c'est pratique.
3. Le prestidigitateur fait preuve d'une de…rité assez …ptionnelle.
4. L'…position du peintre Delacroix a attiré un nombreux public.
5. Cet enfant souffre d'un …cès de poids ; il devra maigrir.
6. Le bo…eur a reçu un coup sur le laryn… ; il ne peut plus parler.
7. La dysle… est une véritable maladie qui handicape certains élèves.
8. Cette liste est e…haustive ; il ne manque pas un numéro.

3 *Copiez ces phrases en complétant les mots qui sont tous terminés par le son [ks].* *Difficulté* ■■□

1. Le prix de ce baladeur est affiché toutes ta… comprises.
2. Les hommes préhistoriques frappaient les sil… pour obtenir des étincelles.
3. Dans ce garage souterrain, chaque voiture a un bo… à sa disposition.
4. Retrouver les racines latines des mots est parfois un exercice compl… .
5. Ma sœur et son mari habitent un dupl… .
6. Je suis perple… ; quelle direction prendre ?

4 *Écrivez les noms qui correspondent à ces verbes d'action ; ils sont tous terminés par [ksjɔ̃].* *Difficulté* ■■■

Ex : perfectionner son style ➔ la perfection de son style

1. fléchir l'avant-bras ➔ … 2. connecter deux fils ➔ …
3. annexer un territoire ➔ … 4. réfléchir intensément ➔ …
5. tracter une remorque ➔ … 6. infléchir une opinion ➔ …
7. évincer un intrus ➔ … 8. actionner brusquement ➔ …
9. joindre deux points ➔ … 10. dicter un courrier ➔ …

5 *Trouvez les noms, qui contiennent la lettre « x », répondant à ces définitions.* *Difficulté* ■■■

1. un gaz indispensable à la respiration des mammifères ➔ l'o… (7 lettres)
2. chez l'homme, le nom de la mâchoire inférieure ➔ le ma… (10 lettres)
3. mise hors du terrain d'un joueur lors d'un match ➔ l'e… (9 lettres)
4. On les présente quand on est en retard. ➔ les e… (7 lettres)
5. un des cinq doigts d'une main ➔ l'in… (5 lettres)
6. un animal sauvage qui a les yeux perçants ➔ le ly… (4 lettres)

Pour terminer — 10 min

Copiez ces phrases en complétant les mots comme il convient.

1. Envoyer un fa… avec son ordinateur portable, ce n'est plus un lu… .
2. Le président de ce pays d'Afrique est en e…il dans un pays e…térieur au sien.
3. La Terre tourne sur un a…e qui passe par les deux pôles.
4. Mon oncle bénéficie d'une e…onération d'impôts.
5. À la place d'un dictionnaire, certaines personnes n'utilisent qu'un le…ique.
6. Ce ta…i possède un kla…on bien trop bruyant.
7. Pour a…éder au di…ième étage, prenez l'ascenseur.
8. L'a…ent peut être circonfle…, grave ou aigu.
9. La co…inelle est parfois appelée « la bête à bon Dieu ».
10. Ce morceau de fer est bien trop o…ydé.

Dictée préparée

Maxence était parti en excursion dans un pays exotique. Au cours du safari, il croisa successivement un lion, deux lynx et dix exceptionnels chevaux sauvages. Mais il ne put exhiber ses talents de chasseur car il eut extrêmement peur d'un serpent venimeux, bien qu'il ait pris soin de se faire vacciner avant de partir.

A ***Relevez les mots dans lesquels la lettre « x » se prononce, et classez-les selon que l'on entend [ks] ou [gz].***

B ***Trouvez deux mots où l'on entend [ks] mais dans lesquels il n'y a pas la lettre « x ».***

C ***Trouvez les mots où la lettre « x » est muette et donnez-en la raison.***

Bilan n°7

41. La ponctuation : les points, la virgule, les majuscules
42. D'autres signes de ponctuation
43. Les accents - Le tréma
44. Les écritures du son [j] - 45. Les consonnes doubles
46. Les consonnes doubles après une voyelle initiale
47. La lettre « h » - 48. La lettre « x »

Exercices

1 ***Copiez ces phrases en rétablissant la ponctuation (majuscules, points, points d'exclamation, virgules). Vous devez retrouver trois noms propres désignant des personnages de la commedia dell'arte.***

à ma gauche * il y a une petite fille sérieuse * à ma droite * se trouve un jeune homme attentif et tous deux attendent comme moi que le rideau de velours rouge s'ouvre * c'est alors que retentissent les trois coups * puis arlequin s'avance le premier * suivi de pantalon et pulcinella * pour les amateurs de comédie * ce spectacle tant attendu va déclencher les rires * pourvu que les personnages se fâchent * alors les coups de bâton succèderont aux gifles retentissantes * vive le théâtre à l'italienne *

2 ***Copiez ces phrases en les ponctuant correctement avec les signes suivants :*** « » - : ? ! ,

1. Le maire déclare ** Les jeunes gens âgés de 18 ans se présenteront demain à la mairie ** 2. Sophie questionne Siham ** Viendras * tu dimanche ** 3. Quel temps * On ne sortira pas tant qu'il pleuvra * c'est sûr * 4. Tu as attrapé froid sans veste * si seulement tu avais écouté ta mère * 5. C'est décidé * nous serons candidats aux prochaines élections du Conseil Communal Jeunes *

3 ***Copiez ces phrases en les complétant par le mot en bleu qui convient.***

1. Le (platre / plâtre) qui recouvre les murs est gonflé d'humidité. 2. La (foret / forêt) est habitée de milliers de (betes / bêtes) inconnues. 3. Les (poëles / poêles) à charbon n'existent plus (guerre / guère). 4. Cet (événement / évènement) marquera les mémoires. 5. Ce (brûle / brule)-parfum dégage une odeur agréable. 6. (Raphaël / Raphael) a oublié de rendre son livre à (Emmanuel / Emmanuël).

4 ***Copiez ces phrases en complétant les mots par une consonne double, si nécessaire.***

1. Ce jeu de strat…égie est un vérit…able cas…e-têt…e. 2. Vos af…irmations ne tien…ent pas debout. 3. Ces enfants sont as…oif…és après une tel…e bal…ade. 4. Tu as ap…erçu un léop…ard et un él…éphant. 5. Le mét…ro est en pan…e ; nous prendrons un taxi. 6. Ce gât…eau aux fruits secs contient des dat…es. 7. Dans un group…e nomin…al, il y a au moins un nom. 8. Mets ton vêt…ement sal…e dans le panier à linge. 9. Vous vous ef…orcez de calmer vos bat…ements de cœur.

Dictée préparée

La Chandeleur est une fête ainsi nommée parce qu'on porte à la main, ce jour-là, des chandelles allumées. Autrefois, aux calendes de février, les Romains illuminaient la ville pendant toute la nuit et veillaient pour que Mars leur accorde la victoire sur leurs ennemis, en échange des honneurs qu'ils rendaient à sa mère.
Cette lumière apparaît au milieu de l'hiver et elle est le symbole du bien et de la vie. Elle s'oppose au froid et à la nuit que les Anciens rapprochaient du mal et de la mort.

D'après Jacques de Voragine, *La Légende dorée*, entre 1250 et 1296.

A ***Cherchez le sens du mot « calendes » dans un dictionnaire.***

B ***Relevez les mots contenant une consonne double ; classez-les selon leur nature.***

C ***Trouvez un mot de la famille des noms chandelle - honneur : que constatez-vous ?***

Expression écrite

5 ***Employez les verbes et les noms suivants dans un texte de huit lignes, écrit au présent de l'indicatif, qui racontera une journée à la Société Protectrice des Animaux (SPA) :***

a) réveiller - recueillir - choyer - nettoyer - aboyer
b) un panier - un labrador - le travail - la gardienne - un cobaye.

6 ***Employez les mots suivants dans des phrases de votre choix. Auparavant, veillez à rétablir l'orthographe.***

a) …ampooing - …armacie
b) mat…ématiques - s…émas
c) t…ermes - bains antiques
d) aromatiser - poisson - anet…
e) …ibou - …ululer
f) …amac - a…acher - arbres

7 ***Les mots suivants contiennent tous les sons [ks] ou [ɛgz]. Complétez-les, puis choisissez-en quelques-uns pour écrire un texte de sept lignes environ.***

un a…ès de fièvre - un e…éma - un e…ès de rougeurs - un e…ellent remède - des démangeaisons e…trêmement pénibles - une a…ion immédiate

8 ***Vous traversez la Manche à l'occasion d'un voyage scolaire. Décrivez votre trajet et vos impressions en huit lignes environ. Les verbes seront conjugués au passé composé. Vous emploierez les mots suivants en les complétant par une consonne simple ou double :***

1. tu…el - soute…ain - les ra…es du train - un fe…y - la vite…e - le tra…et ;
2. pa…er sous la mer - a…eindre Londres - du…er à pei…e trente mi…utes ;
3. impa…ience - un peu d'a…réhension.

Exploitation du test →

Repérez les numéros des questions sur lesquelles vous avez fait des fautes.

Révisez les leçons correspondantes et assurez-vous que vous avez bien compris en refaisant les exercices de ces leçons :

questions 1, 2
→ leçon 41 → La ponctuation : les points, la virgule, les majuscules

questions 3, 4, 5
→ leçon 42 → D'autres signes de ponctuation

questions 6, 7
→ leçon 43 → Les accents - Le tréma

questions 8, 9
→ leçon 44 → Les écritures du son [j]

questions 10, 11, 12
→ leçon 45 → Les consonnes doubles

questions 13, 14, 15
→ leçon 46 → Les consonnes doubles après une voyelle initiale

questions 16, 17, 18
→ leçon 47 → La lettre « h »

questions 19, 20
→ leçon 48 → La lettre « x »

10 min Test
Difficulté ■□□

1. *Sur le ring * les boxeurs s'affrontent.*
a. ! b. , c. ?

2. *... chantent dans le jardin.*
a. Anna et Ludovic b. anna et Ludovic
c. anna et ludovic

3. *Viens * Nous irons jusqu'au parc **
a. ! / ! b. . / , c. ? / ?

4. *Ce bateau surmontera*t-il cette tempête **
a. - / ? b. ' / ? c. ' / ,

5. *Les volcans * éteints en France * sont actifs en Italie.*
a. , / ! b. (/) c. : / :

6. *Ce ... fut content d'attraper deux truites.*
a. pecheur b. pècheur c. pêcheur

7. *... est une fête de famille pour beaucoup de gens.*
a. Noël b. Noel c. Noêl

8. *Tu ... l'activité portuaire depuis la jetée.*
a. surveilles b. surveil c. surveille

9. *Le ... est une délicieuse plante aromatique.*
a. cerfeuille b. cerfeil c. cerfeuil

10. *On ... la fin de la Seconde Guerre mondiale le 8 mai.*
a. comémore b. commémore c. commémort

11. *La Volga est un grand fleuve ... .*
a. ruse b. ruce c. russe

12. *Les ... sont des ornements des temples grecs.*
a. colonnes b. colones c. collonnes

13. *Cet ... s'élance avec ... sur la piste.*
a. acrobate / aplomb b. accrobate / aplond
c. acrobate / applomb

14. *On a ... le nouveau sous-marin pour le tester.*
a. imergé b. imerjé c. immergé

15. *L' ... de la gorge se soigne avec du sirop.*
a. iritation b. irritation c. irritassion

16. *Un ... souffre de troubles de la coagulation sanguine.*
a. hémophile b. émophile c. hémofile

17. *L'aimant ... à la plaque de fer.*
a. hadère b. adhère c. adère

18. *« ... ! un ... empaillé ! » s'exclama le garçonnet.*
a. Ô / mamouth b. Ho / mamout
c. Oh / mammouth

19. *Un ... s'est produit à l'entrée d'...-en-Provence.*
a. accident / Aix b. axident / Aix
c. assident / Exe

20. *Quelle ... aventureuse !*
a. eczistence b. existence c. egzistence

Pour aller plus loin
Difficulté ■■■

1. *... le spectacle vous a plu, applaudissez **
a. Si / , b. Si / ! c. Si / .

2. *Éric * si tu désobéis * je me fâche **
a. , / , / ! b. , / : / ? c. : / , / ...

3. *Le professeur demande * * Voulez*vous réciter ce poème de Ronsard * **
a. , / : / - / ? / ! b. : / « / : / - / »
c. : / « / - / ? / »

4. *Le buffle ... est dangereux lorsqu'il est blessé.*
a. malle b. mal c. mâle

5. *Cette boisson a un ... .*
a. gout âcide b. goût acide c. goût asside

6. *La chambre a des dimensions ... .*
a. exiguës b. egigües c. exigues

7. *Il faut ... ces ... qui s'accumulent dans la cour.*
a. broyé / feuille b. broyer / feuilles
c. broiller / feuiyes

8. *Les ... du comte seront célébrées au château.*
a. fiançailles b. fiançail c. fiançayes

9. *Elle avait des lèvres ... .*
a. vermeil b. vermeils c. vermeilles

10. *Le ... de Tintin comporte des ... de plomb.*
a. scafandre / semeles b. scaphandre / semelles
c. scaphandre / semmelles

11. *Pour obtenir un mélange ..., il faut remuer la solution.*
a. homogène b. omogène c. omoghène

12. *Comment se faire entendre dans un tel ... ?*
a. chaut b. chahut c. chahu

13. *Les armées ... mirent Constantinople à sac.*
a. crétiennes b. crétienes c. chrétiennes

14. *L'... se trouve entre le pouce et le majeur.*
a. index b. indecse c. indexe

15. *Cette équipe a remporté une victoire à l'... .*
a. extérieur b. ecxtérieure c. ekstérieur

16. *Ces ... supportent une trop lourde charge.*
a. tréteaus b. tréteaux c. trétaux

17. *J'avais cru ... Cécile.*
a. apercevoir b. aperçevoir c. appercevoir

18. *... sous trois couvertures, Fouad n'aura pas froid.*
a. Emmitouflé b. Emmitoufflé c. Emitoufflé

19. *Le ... de cette pièce prendra au moins deux heures.*
a. nettoiage b. nettoyage c. nettoillage

20. *... ! Je me suis fait mal !*
a. Haye b. Aye c. Aïe

49 Les noms terminés par le son [e]

Pour débuter

Trouvez le nom qui convient pour compléter chaque phrase.

1 La … du 14 Juillet se termine par un grand bal.

a) soirée
b) soirez
c) soirer

2 Tu prends des feuilles de … blanc.

a) papié
b) papier
c) papiet

3 Dans le souterrain, l'… est totale.

a) obscuriter
b) obscur
c) obscurité

4 Le … est la boisson préférée des Anglais.

a) tait
b) thé
c) tes

5 Au bas de la piste, le skieur emprunte une … mécanique.

a) remontée
b) remonter
c) remmontté

À retenir

• Les **noms féminins** terminés par le son [**e**] s'écrivent **-ée**.
une allée ; la cheminée ; la veillée ; la bouée
Exceptions :
- *la clé* (qui peut aussi s'écrire *la clef*) ; *l'acné*
- la plupart des noms terminés par **-té** ou **-tié**.

• Les **noms féminins** terminés par **-té** ou **-tié** s'écrivent donc sans « **e** ».
la bonté ; la liberté ; la santé ; l'amitié
Exceptions :
- *la dictée ; la montée ; la remontée ; la jetée ; la portée ; la butée ; la pâtée*
- les noms qui indiquent un contenu :
une brouettée de sable ; une potée aux choux

• Beaucoup de **noms masculins** terminés par le son [e] s'écrivent **-er**.
le sanglier ; le danger ; l'épervier ; un loyer

On trouve ainsi :
- des noms de métiers
un boucher ; un pompier ; un routier ; un serrurier
- des noms d'arbres ou d'arbustes
un framboisier ; un cerisier ; un rosier ; un olivier
- des noms formés sur des infinitifs de verbes du 1er groupe
le dîner ; le souper ; le déjeuner ; le goûter

• Un certain nombre de **noms masculins** terminés par le son [e] s'écrivent **-é**.
le blé ; le bébé ; le degré ; le café

Attention

• Certains **participes passés de verbes du 1er groupe** sont employés comme noms.
un corrigé ; un énoncé ; un soufflé ; un traité
Certains de ces participes passés peuvent être employés au masculin ou au féminin dont ils prennent la marque.
un(e) réfugié(e) ; un(e) employé(e) ; un(e) accusé(e) ; un(e) invité(e)

• Quelques noms masculins terminés par le son [e] s'écrivent **-ée**. Retenez l'orthographe des plus courants.
le lycée ; le musée ; le scarabée ; un mausolée ; un rez-de-chaussée ; un trophée

• Quelques noms masculins ont des terminaisons particulières.
le pied ; le nez

Exercices

1 ***Copiez ces expressions en complétant les noms par -é, -ée, -er ou -ez.*** *Difficulté* ■■□

1. reconnaître une qualit… 2. proposer une id… intéressante 3. avoir une foul… impressionnante 4. habiter une contr… isolée 5. rencontrer un délégu… de classe 6. porter un faux n… 7. exercer un méti… manuel 8. posséder une volont… de fer 9. s'appuyer contre un pili… 10. tailler les branches du pommi…

2 ***Complétez ces noms par -é, -ée, -er ou -ed.*** *Difficulté* ■■□

1. le pr…	2. la mar…	3. la drag…	4. le boulang…
5. la municipalit…	6. le pass…	7. la pur…	8. l'étri…
9. le scarab…	10. la sociét…	11. le figui…	12. la priorit…
13. la gel…	14. le senti…	15. l'électricit…	16. le trépi…
17. la poup…	18. le scaphandri…	19. l'assembl…	20. le march…

3 ***Transformez ces groupes nominaux selon l'exemple.*** *Difficulté* ■■■

Ex : un emploi stable → la stabilité d'un emploi

1. un sol inégal	2. un document légal	3. un pays pauvre
4. un caractère ferme	5. une histoire réelle	6. une grave décision
7. un manuscrit rare	8. une réaction vive	9. un adolescent timide
10. une mode nouvelle	11. une terre fertile	12. une énigme difficile

4 ***Copiez ces phrases en complétant les noms par -é, -ée ou -er. Attention aux accords.*** *Difficulté* ■■■

1. L'intelligence du chimpanz… étonne parfois les spécialistes.
2. À l'École des Sorci…, la spécialit… de Rogue, ce sont les potions.
3. L'ann… civile débute le 1er janvi… ; l'ann… scolaire le 1er septembre.
4. Avec trois pellet… de gravi…, le cantonni… a comblé le foss… .
5. L'entr… du chanti… est réservée aux seuls ouvri… .
6. Avec une pinc… de sel, ce velout… de champignons sera délicieux.
7. Soutenu par ses équipi…, le demi de mêl… effectue une perc… .
8. Tu as renversé l'encri… sur les imprim… ; ils sont tachés.

5 ***Écrivez le nom (terminé par le son [e]) correspondant à chaque verbe. Vous ajouterez un complément ou un adjectif.*** *Difficulté* ■■■

Ex : renommer → la renommée d'un écrivain

1. penser	2. ruer	3. suer	4. tourner
5. fumer	6. lever	7. échapper	8. tomber
9. rentrer	10. traverser	11. résumer	12. feuilleter

6 ***Trouvez un nom de la même famille que le verbe en bleu.*** *Difficulté* ■■■

Ex : émincer des légumes → un émincé de légumes

1. défiler avec des majorettes	2. monter l'escalier
3. plonger en eau profonde	4. dicter des mots
5. énoncer une solution	6. tracer des parallèles
7. vouloir réussir	8. arriver tardivement

Pour terminer

10 min

Copiez ces phrases en complétant les noms avec -é, -er ou -ée. Mettez au pluriel si nécessaire.

1. Marco n'a fait qu'une bouch… de cette tranche de pât… .
2. D'une enjamb…, Kévin franchit la tranch… .
3. La chauss… enneigée sera dégagée dans la matin… .
4. Le caissi… de la librairie est en cong… .
5. En vue de la course du tierc…, le palefreni… soigne son cheval.
6. Dans ce mus… d'antiquit…, on découvre des troph… africains.
7. Au début d'une port… musicale, on place une cl… .
8. Les casi… sont placés derrière la dernière rang… de bureaux.
9. Le pétroli… s'est échoué contre les roch…, à l'extrémit… de la jet… .
10. Dans la boîte aux lettres, avec le courri…, il y a une foule de publicit… .

Dictée préparée

Dès le lever du soleil, tout le quartier s'anime. C'est l'été, il faut profiter de cette matinée. Sitôt le petit déjeuner avalé, l'épicier ouvre le volet de fer de son magasin. En effet, la moitié de ses clients attend sous le marronnier : l'un voudra de la pâtée pour son chat, l'autre des ingrédients pour préparer un soufflé.
Une journée agitée s'annonce…

Classez les mots terminés par le son [e] de la manière suivante :

- ***noms masculins en -er ou -é ; nom masculin de métier ;***
- ***noms féminins en -ée, -té ou -tié ;***
- ***participes passés employés comme noms ; participes passés employés comme adjectifs.***

50

Les noms terminés par le son [ɛ]

Pour débuter

Trouvez le nom qui convient pour compléter chaque phrase.

1 Dans le …, je préfère le blanc.

a) poulet
b) poulais
c) pouler

2 La famille Julian prend le … sur son balcon.

a) frès
b) frais
c) frey

3 Le caissier nous rend la … .

a) monnet
b) monnaie
c) moné

4 Tu as remporté un … mérité.

a) sucsait
b) succet
c) succès

5 Le … se tient droit sur ses étriers.

a) joquet
b) jauquais
c) jockey

À retenir

• Les **noms masculins** terminés par le son [ɛ] s'écrivent le plus souvent **-et**.
le filet ; un billet ; le parquet ; le budget

• Mais il existe d'**autres terminaisons** qu'il faut connaître.

-ai
le minerai ; le délai

-ais
le palais ; un harnais

Beaucoup de noms de langues, de régions et d'habitants se terminent par **-ais**.
le polonais ; le Bordelais ; les Anglais ; les Libanais

-ès
l'accès ; le congrès

-ect
le respect ; l'aspect

-ait
le forfait ; le retrait

-ey / -ay
le volley ; le tramway

Ces noms sont des emprunts à la langue anglaise.

• Les **noms féminins** terminés par le son [ɛ] s'écrivent **-aie**.
la plaie ; la baie ; la craie

Exceptions : *la paix ; la forêt*

Beaucoup de lieux plantés d'arbres (ou d'arbustes) sont des noms féminins terminés par **-aie**.
la roseraie ; la palmeraie ; une orangeraie

Astuce

On peut parfois trouver la lettre muette finale de ces noms avec un mot de la même famille dans lequel cette lettre est prononcée.

le regret	➔	*regretter*	*l'excès*	➔	*excessif*
le lait	➔	*la laiterie*	*le suspect*	➔	*suspecter*

En cas d'hésitation, il est utile de consulter un dictionnaire.

Exercices

Pour tous ces exercices, vous pouvez utiliser un dictionnaire.

1 *Complétez les noms terminés par le son [ɛ].* *Difficulté* ■■□

1. le perroqu… 2. le tick… 3. un beign… 4. l'irresp…
5. un robin… 6. un proj… 7. la for… 8. un chal…
9. une cocoter… 10. un mu… 11. un eff… 12. un croch…
13. un duv… 14. un cach… 15. un acc… 16. un guich…
17. le hock… 18. un œill… 19. un paqu… 20. la p…

2 *Donnez le diminutif de ces noms en utilisant un suffixe.* *Difficulté* ■■□

Ex : un tonneau ➔ un tonnelet

1. un agneau 2. un jardin 3. un coussin 4. un bâton
5. un mur 6. un porc 7. un garçon 8. un blond
9. un coffre 10. un livre 11. un os 12. un moulin

3 *Écrivez les noms, terminés par le son [ɛ], correspondant à ces verbes.* *Difficulté* ■■□

Ex : jouer ➔ le jouet

1. fouetter 2. relayer 3. refléter 4. jeter
5. balayer 6. essayer 7. arrêter 8. souhaiter
9. pagayer 10. remblayer 11. décéder 12. rabaisser
13. progresser 14. faire 15. piqueter 16. retirer

4 *Copiez ces phrases en les complétant avec des noms, terminés par le son [ɛ], de la famille des mots en bleu.* *Difficulté* ■■■

1. rejeter — Après cette greffe de peau, il n'y a pas eu de … .
2. attractif — Ce pays a un … particulier ; il me plairait d'y aller.
3. extraire — Ludovic traduit un … de *L'Île au trésor* de Stevenson.
4. un sac — Un … de lavande parfume le linge d'une armoire.
5. guetter — Le soldat chargé du … se posta sur le chemin de ronde.
6. l'Écosse — Les … portent des kilts, sortes de jupes à carreaux.
7. rayer — Cathy est coiffée avec une … au milieu.
8. tracer — Avec ce crayon, mes … sont trop épais.
9. banque — Les Gaulois organisaient d'imposants … .
10. couple — Le premier … de *La Marseillaise* est le plus connu.

5 *Trouvez les noms, terminés par le son [ɛ], répondant à ces définitions.* *Difficulté* ■■■

1. la femelle du sanglier ➔ la l… (4 lettres)
2. En français, il compte vingt-six lettres. ➔ l'a… (8 lettres)
3. un lieu planté de bananes ➔ une b… (10 lettres)
4. un cheval de très petite taille ➔ un p… (5 lettres)
5. On le passe à la fin de la classe de 3e. ➔ le b… (6 lettres)
6. On connaît surtout celle de l'oreiller. ➔ la t… (4 lettres)
7. L'endroit du port où les bateaux viennent s'amarrer. ➔ le q… (4 lettres)
8. Sous une dent, il fait très mal ! ➔ l'a… (5 lettres)

Pour terminer — 10 min

Copiez ces phrases en complétant les noms terminés par le son [ɛ].

1. La princesse porte un bracel… au poign… gauche.
2. On dit qu'un bienf… n'est jamais perdu.
3. Serais-tu capable de garder ce secr… ?
4. Geoffroy présente son carn… de correspondance au surveillant.
5. Madeleine a placé un bouqu… sur le buff… .
6. Une h… de cypr… borde l'oliver… .
7. Le premier jour du mois de m…, on offre un brin de mugu… .
8. M. Ray a obtenu un pr…, mais les intér… sont élevés.
9. Un proc… d'assises se tient au pal… de justice.
10. Pour dessiner le portr… de Sarah, le peintre place la toile sur un cheval… .

Expression écrite

Écrivez cinq phrases en utilisant les noms suivants dont vous aurez complété la terminaison.

1. le vent violent - flammes - la palmer…
2. le bobsleigh - la victoire - les Jeux olympiques d'hiver - les Finland…
3. Walt Disney - créer - un dessin animé - un héros - Mick…
4. le rugby - un joueur - transformer - un ess…
5. la banque - le guich… - un carn… de chèques - un retr… d'argent

51 Les noms terminés par le son [ɑ̃s]

Pour débuter

Trouvez le nom qui convient pour compléter chaque phrase.

1 La … entre ces jumeaux est frappante.

a) ressembleur
b) rassemblement
c) ressemblance

2 Le petit voilier s'est réfugié dans une … bien protégée.

a) anse
b) ansse
c) hense

3 Pour ne pas aller en cours d'EPS, il faut une … .

a) discussion
b) dispersion
c) dispense

4 Ma … va aux romans de science-fiction.

a) préfération
b) préférence
c) préfératrice

5 Le médecin remplit l'… pour le pharmacien.

a) ordonnance
b) ordonnatrice
c) ordonnateur

À retenir

• Les noms féminins terminés par le son [**ɑ̃s**], s'écrivent généralement avec deux terminaisons différentes, aussi fréquentes l'une que l'autre.

-ance
la balance ; les vacances ; la nuance ; la vengeance ; la France
Beaucoup de ces noms sont des substantifs d'adjectifs qualificatifs ou d'adjectifs verbaux terminés par **-ant**.

vaillant → *la vaillance* *important* → *l'importance*
survivant → *la survivance* *résistant* → *la résistance*

-ence
l'agence ; la cadence ; la semence ; la licence ; la faïence
Beaucoup de ces noms sont des substantifs d'adjectifs qualificatifs terminés par **-ent**.

cohérent → *la cohérence* *corpulent* → *la corpulence*
véhément → *la véhémence* *indigent* → *l'indigence*

• Retenons deux exceptions à la règle de formation de ces noms.
exigeant (adjectif) → *l'exigence* (nom)
existant (adjectif) → *l'existence* (nom)

• On peut parfois retrouver la terminaison correcte en pensant à un mot de la même famille que l'on sait orthographier.

l'enfant → *l'enfance* *avancer* → *l'avance*
un affluent → *l'affluence* *absent* → *l'absence*

Attention

• Un seul des noms en [**ɑ̃s**] est masculin :
le silence

• Quelques noms ont des terminaisons particulières.
-anse : *la danse ; l'anse ; la panse ; la transe*
-ense : *la défense ; l'offense ; la dépense ; la dispense ; la récompense*

• En anglais, le nom *danse* s'écrit *dance* !

Exercices

1 ***Écrivez les noms en [ɑ̃s] dérivés de ces adjectifs ou de ces adjectifs verbaux.*** *Difficulté* ■□□

1. innocent → …	2. fréquent → …	3. négligent → …
4. puissant → …	5. insuffisant → …	6. somnolent → …
7. concurrent → …	8. complaisant → …	9. turbulent → …
10. persévérant → …	11. brillant → …	12. compétent → …
13. opulent → …	14. patient → …	15. arrogant → …

2 ***Écrivez les noms en [ɑ̃s] dérivés de ces verbes.*** *Difficulté* ■■□

1. prévenir → …	2. maintenir → …	3. tolérer → …
4. adhérer → …	5. offenser → …	6. espérer → …
7. expérimenter → …	8. connaître → …	9. tendre → …
10. agencer → …	11. influencer → …	12. défaillir → …
13. croire → …	14. renaître → …	15. se réjouir → …
16. subsister → …	17. endurer → …	18. diverger → …

3 ***Copiez ces phrases en les complétant avec un nom (en -ance ou -ence) de la famille du mot en bleu.*** *Difficulté* ■■□

1. élégant — Sonia porte une longue robe de soie blanche : quelle … !
2. suppléer — M. Martin assure la … du professeur de mathématiques.
3. prévoir — La … est la meilleure sécurité contre les accidents.
4. le régent — Avant la majorité de Louis XIV, sa mère a assuré la … .
5. obéir — L'… aux lois de la nature devrait être la règle suprême.
6. résonner — Dans cette salle, la … est d'une qualité exceptionnelle.
7. gérer — M. Brun a pris un commerce en … .

4 ***Copiez ce tableau et complétez-le avec, sur chaque ligne, des mots de la même famille.*** *Difficulté* ■■■

1. noms masculins	2. noms féminins en [ɑ̃s]	3. verbes	4. adjectifs
		concurrencer	
		souffrir	
l'attirail			
			romantique
l'avancement			
			dansant
		défendre	

5 ***Trouvez les noms terminés par le son [ɑ̃s] répondant à ces définitions.*** *Difficulté* ■■■

1. Celles de l'éléphant sont en ivoire. → les déf… (8 lettres)
2. On les présente lorsqu'il y a un décès. → les con… (12 lettres)
3. Le juge la prononce à l'issue du procès. → la sen… (8 lettres)
4. entre l'enfance et l'âge adulte → l'adol… (11 lettres)
5. La plupart des voitures l'utilisent pour rouler. → l'ess… (7 lettres)
6. Quand on fait son devoir, on l'a tranquille. → la cons… (10 lettres)
7. une partie de l'estomac des ruminants → la pa… (5 lettres)

Pour terminer — 10 min

Copiez ces phrases en complétant les mots comme il convient.

1. Ces deux pays ont fait alli… pour lutter contre les épidémies.
2. Cette chute est la conséqu… de votre imprud… .
3. Vous avez la ch… d'habiter dans une résid… de grand confort.
4. L'ambul… fait dilig… pour arriver sur les lieux : il y a urg… .
5. Une confér… se tient sous la présid… du ministre des Fin… .
6. M. Long a pris une assur… contre les nuis… sonores.
7. La différ… entre ces deux modèles saute aux yeux.
8. À l'intend…, on note la prés… des élèves au repas de midi.
9. La séance de voy… se déroule dans une ambi… de recueillement.
10. En récomp… de son travail, Flora a reçu le prix d'excell… .

Expression écrite

Une de vos cousines a passé le mois d'août au bord de la mer. Imaginez, en huit lignes, une journée mouvementée de ses vacances. Votre développement inclura six des noms proposés dont vous aurez complété l'orthographe.
L'événement sera raconté au passé.

la résid… - le port de plais… - l'abs… de vent - Max… (ou Hort…) - un excès de confi… - commettre une imprud… - nager sans surveill… - la souffr… causée par une crampe - l'expéri… des sauveteurs

52

Les lettres muettes

Pour débuter

Trouvez le mot de la même famille que le mot en bleu.

1. À la fin de cette phrase, placez un point d'exclamation.

   a) le poing
   b) pointer
   c) poindre

2. Nous avons manqué le début du film.

   a) débusquer
   b) un débutant
   c) débrouiller

3. Hugo nous a donné son accord : il viendra.

   a) accorder
   b) accomplir
   c) accourir

4. Es-tu certain que le résultat soit assez précis ?

   a) la précaution
   b) préciter
   c) la précision

5. Je suis installée au deuxième rang ; c'est parfait.

   a) ramper
   b) ranger
   c) rendre

À retenir

• À la fin de certains noms ou adjectifs, il peut y avoir une (ou des) **consonne(s) muette(s)**.
le plomb ; le flanc ; rond ; du persil ; gris
un tas ; vivant ; heureux ; une croix ; un poids

• Pour entendre la consonne finale et l'écrire, on peut :

- essayer de **former le féminin**
rond ➔ *ronde*　　*vivant* ➔ *vivante*　　*gris* ➔ *grise*

- chercher **un mot de la même famille**
le plomb ➔ *le plombier*
le flanc ➔ *flancher*
l'outil ➔ *l'outillage*
un tas ➔ *tasser*

• On peut trouver la consonne finale « **x** » dans des mots féminins, ou de même famille, lorsque le « **x** » se transforme en « **s** ».
une croix ➔ *croiser*
heureux ➔ *heureuse*

• Toutefois, il n'est pas toujours possible d'utiliser ces différents procédés.
le homard ; le croquis ; un hareng...

Les mots de la même famille peuvent parfois entraîner une erreur.
s'abriter mais *un abri* ; *juteux* mais *le jus*

Lorsqu'un doute subsiste, **il faut chercher l'orthographe des mots dans un dictionnaire**.

Attention

• On peut aussi rencontrer des lettres muettes à l'intérieur des mots.
le baptême ; l'automne ; le dévouement ; acquitter ; une sangsue ; un isthme

• Lorsqu'on accorde les mots ou lorsqu'on conjugue les verbes, on écrit aussi des lettres muettes.
des rues étroites ; de nouveaux journaux
tu bouges ; tu peux ; ils cherchent ; elle pâlit ; il sort

Exercices

Pour tous ces exercices, vous pouvez utiliser un dictionnaire.

1 *Expliquez la consonne finale muette de ces noms par un mot de la même famille dans lequel on entend cette consonne.* *Difficulté* ■□□

1. un intrus 2. un bourgeois 3. un champ 4. un chant
5. le teint 6. un sport 7. un combat 8. un tronc
9. un port 10. un quart 11. le hasard 12. un pays
13. un porc 14. un propos 15. le torrent 16. le fracas
17. un galop 18. l'échafaud 19. le flanc 20. un écart
21. le camp 22. l'univers 23. le sourcil 24. le désert

2 *Copiez ces phrases en les complétant avec des mots terminés par des lettres muettes ; vous pourrez vous aidez du mot en bleu.* *Difficulté* ■■□

1. instinctif — Dans certaines circonstances, il faut se fier à son … .
2. transférer — C'est officiel, le … de ce joueur de football est signé.
3. empoigner — Il est tombé des grêlons gros comme le … .
4. choisir — À la cafétéria, on a le … entre plusieurs entrées.
5. anéantir — Tous les efforts des sauveteurs sont réduits à … .
6. créditer — Pourquoi achèteriez-vous ce lecteur MP3 à … ?
7. farder — Un peu de … colore les joues des actrices.
8. une noisette — L'huile de … donne un goût savoureux à la sauce de salade.
9. l'anisette — J'adore sucer des bonbons à l'… .
10. préciser — Le renseignement est … ; tu ne peux pas te tromper.

3 *Complétez ces mots avec une lettre muette.* *Difficulté* ■■■

1. le secour… 2. le compa… 3. du taba… 4. un buvar…
5. un artichau… 6. un écla… 7. du lila… 8. une perdri…
9. un réchau… 10. un repa… 11. du siro… 12. du caoutchou…
13. un crapau… 14. un étan… 15. du vergla… 16. un rally…
17. la souri… 18. un talu… 19. le velour… 20. le camboui…
21. le concer… 22. le nœu… 23. un foular… 24. un radi…

4 *Complétez ces mots qui ont deux consonnes finales muettes.* *Difficulté* ■■■

1. le pou… 2. le doi… 3. succin… 4. le respe…
5. le ga… 6. le pui… 7. le remor… 8. le tem…
9. le cor… 10. le printem… 11. distin… 12. un entreme…

5 *Copiez ces mots en les complétant, si nécessaire, avec une lettre muette.* *Difficulté* ■■■

1. l'alc…ol 2. un to…st 3. la gai…té 4. un ad…érent
5. le surv…ol 6. un scul…teur 7. un ad…olescent 8. s'ass…oir
9. la soi…rie 10. le con…te 11. le dénu…ment 12. le com…teur
13. la soi…rée 14. bons…oir 15. un acom…te 16. un agré…ment

Pour terminer

Copiez ces phrases en complétant, éventuellement, les mots avec des lettres muettes.

1. Si tu veux obtenir ton permi…, apprends à tenir ton volan… !
2. Nous trouvons que cet îlo… est un vrai… paradi… .
3. La conda…nation est légère ; le juge a été indulgen… .
4. Cette forê… est un vrai maqui… ; mais il y fait frai… .
5. Ce chocola… au lai… a un goû… délicieu… .
6. Vêtu d'un justaucor…, le gymnaste exécute un gran… sau… et retombe sur le tapi… .
7. Le ri… est l'alimen… favori… de mon frère.
8. Les aboi…ments du chien-lou… font fuir le bandi… .
9. En a…oût, on organisera une sympat…ique réception au bor… du lac de Gérardmer.
10. Scul…ter des men…irs est tout un ar… .

Dictée préparée

Le vieux lion a le cafard. Il n'arrive plus à donner de la voix car il a un gros rhume. Il a pourtant besoin d'imposer à nouveau le respect aux tigres qui se moquent de lui. Pour ça, il a tenté d'avaler le dompteur et son fouet ! Heureusement, un employé est arrivé à temps et le lion a reçu un petit coup sur la gueule.
Honteux, le roi lion soupire à fendre l'âme au fond de sa cage.

A *Trouvez un mot de la famille des mots en bleu.*

B *Trouvez deux mots qui ont deux lettres finales muettes.*

C *Trouvez un mot du texte comportant une lettre muette à l'intérieur.*

53 La suffixation

Pour débuter

Trouvez le suffixe qui convient pour compléter ces mots.

1. Les livres et les magazines sont sur le présent… .

   a) -oir
   b) -eur
   c) -eure

2. Les acrobaties automobiles sont confiées au cascad… .

   a) -oir
   b) -oire
   c) -eur

3. Personne n'a jamais vu un Mar… sur Terre !

   a) -ron
   b) -tien
   c) -tion

4. La mer est démontée ; le marin est sou… .

   a) -cial
   b) -ceur
   c) -cieux

5. Il fait froid ; tu dois bout… ton manteau.

   a) -er
   b) -onner
   c) -iser

À retenir

• La grande majorité des noms - masculins et féminins - terminés par le son [œʀ] s'écrivent **-eur**.
le moteur ; un directeur ; un receveur ; la hauteur ; la largeur ; la grandeur
Exceptions :
le beurre ; la demeure ; l'heure ; un heurt (heurter) *; un leurre* (leurrer)

• Les noms féminins terminés par le son [**waʀ**] s'écrivent tous **-oire**.
une poire ; une armoire ; une patinoire

• Les noms masculins terminés par le son [**waʀ**] s'écrivent généralement **-oir**.
un tiroir ; l'espoir
Mais il y a des **exceptions** et il faut connaître les plus courantes :
le laboratoire ; le répertoire ; un interrogatoire ; un accessoire ; un territoire…

• Les noms et adjectifs terminés par le son [**sjɛl**] s'écrivent **-ciel** ou **-tiel**.
-ciel : *un logiciel ; superficiel* **-tiel** : *un potentiel ; torrentiel*
Les adjectifs doublent le « **l** » au féminin.
une idée superficielle ; une pluie torrentielle

• Les noms et adjectifs terminés par le son [**sjal**] s'écrivent **-cial** ou **-tial**.
-cial : *un commercial ; racial* **-tial** : *partial ; spatial*
Les adjectifs féminins ne doublent pas le « **l** ».
une attitude partiale ; une navette spatiale
Les adjectifs en **-ial** se terminent par **-aux** au masculin pluriel.
des centres commerciaux ; des préjugés raciaux

• Les adjectifs terminés par le son [**sjø**] s'écrivent le plus souvent **-cieux**.
gracieux ; spacieux ; précieux ; malicieux…
Quelques-uns s'écrivent **-tieux**.
prétentieux ; minutieux ; infectieux

• Les noms terminés par le son [**sjɔ̃**] s'écrivent le plus souvent **-tion**.
la position ; la portion ; la natation ; l'éducation
Quelques-uns s'écrivent :
-sion : *la version ; l'excursion* **-ssion** : *la passion ; la mission*
-xion : *l'annexion ; la réflexion* **-cion** : *la suspicion*

• Les verbes du 1er groupe terminés par [**ɔne**] s'écrivent avec deux « **n** ».
savonner ; tâtonner ; actionner
Exceptions : *téléphoner ; s'époumoner ; ramoner*

Exercices

Pour tous ces exercices, vous pouvez utiliser un dictionnaire.

1 ***Copiez ces phrases en les complétant avec un verbe dérivé du nom en bleu. Vous l'accorderez au présent de l'indicatif.*** Difficulté ■□□

1. pardon — On … souvent une faute spontanément avouée.
2. téléphone — Depuis qu'elle a son portable, Clarisse … souvent.
3. sillon — Les camions espagnols … l'autoroute A6.
4. espion — James Bond … le repaire du redoutable docteur No.
5. klaxon — La circulation est bloquée ; les conducteurs … !
6. soupçon — Je te … d'avoir une arrière-pensée en te rendant au stade.
7. abandon — Les personnes volontaires n'… jamais près du but.
8. passion — Janique se … pour les jeux de société d'autrefois.

2 ***Écrivez les noms dérivés de ces mots ; ils sont formés avec les suffixes -eur, -oir ou -oire.*** Difficulté ■■□

1. lire → le …	2. la bougie → le …	3. doux → la …
4. observer → l'…	5. le surf → le …	6. sécher → le …
7. créer → le …	8. le voyage → le …	9. mâcher → la …
10. gratter → le …	11. pâle → la …	12. isoler → l'…
13. jouer → le …	14. la terre → le …	15. l'empire → l'…
16. baigner → le …	17. guérir → le …	18. présenter → le …

3 ***Écrivez les noms féminins dérivés de ces mots ; ils sont formés avec les suffixes -tion, -sion, -ssion ou -xion.*** Difficulté ■■□

1. expulser → …	2. condamner → …	3. évoluer → …
4. annexer → …	5. réduire → …	6. transmettre → …
7. prévenir → …	8. animer → …	9. suspendre → …
10. supprimer → …	11. professer → …	12. connecter → …

4 ***Copiez ces phrases en complétant chaque mot avec un des suffixes suivants : -cial, -ciel, -tiel ou -tial. Accordez comme il convient.*** Difficulté ■■■

1. La famille Tardy habite un quartier résiden…. de la banlieue lilloise.
2. La Suisse a trois langues offi… : le français, l'allemand et l'italien.
3. Mme Abel présente sa carte de sécurité so… au pharmacien.
4. Avec cette calculatrice, nous n'avons obtenu qu'un résultat par… .
5. Une pluie providen… vient interrompre une longue période de sécheresse.
6. Dans cette phrase, il faut encadrer le complément circonstan… .
7. Dans une partie de l'usine, chacun porte une combinaison spé… .
8. Les fleurs artifi… n'ont pas le parfum des fleurs naturelles.

5 ***Transformez selon l'exemple.*** Difficulté ■■■

Ex : Gaston a de l'ambition. → Gaston est ambitieux.

1. Le candidat garde le silence.
2. Dans ce train, il y a de l'espace.
3. L'horloger opère avec minutie.
4. Ce gâteau : quel délice !
5. Bébé fait des caprices.
6. La danseuse évolue avec grâce.
7. Le renard est plein de malice.
8. Raoul fait preuve d'astuce.

Pour terminer — 10 min

Copiez ces phrases en complétant les mots avec les suffixes qui conviennent.

1. Le remorqu… permet au cargo de pénétrer dans le port.
2. Ces jeunes acteurs apprennent leur métier au conservat… .
3. Irène a l'impre… que vous lui cachez quelque chose.
4. Dans le désert, la progre… de la caravane est ralentie par le vent.
5. L'agence aérospa… prépare les fusées du futur.
6. On ne doit pas statio… sur les emplacements réservés aux handicapés.
7. Fanny consulte son répond… téléphonique chaque matin.
8. Avec ses baskets bleu fluo, Judith a fait sensa… .
9. Surtout n'ouvrez pas cette lettre confiden… qui ne vous est pas destinée.
10. Un prix littéraire vient souvent couro… la carrière d'un écrivain.

Expression écrite

Vous vous passionnez pour un objet que vous a offert un(e) ami(e).

Transformez les verbes de la liste suivante en noms féminins de la même famille à l'aide des suffixes étudiés dans la leçon :
émouvoir - collecter - colorer - initier - espérer - graver.
Utilisez ces nouveaux mots pour composer un texte d'une dizaine de lignes qui évoquera l'intérêt que vous portez à cet objet.

54

Les adverbes

Pour débuter

Trouvez l'adverbe qui convient pour compléter chaque phrase.

1 Pour gagner, le candidat doit répondre … à la question.

a) jamais
b) pas du tout
c) sur-le-champ

2 …, les machines à écrire mécaniques sont des objets de musée.

a) Demain
b) Aujourd'hui
c) Jadis

3 Les travaux de rénovation du bâtiment sont … terminés.

a) enfin
b) beaucoup
c) loin

4 Je préfère manger les carottes … crues que cuites.

a) trop
b) plutôt
c) tard

5 Le réfrigérateur est … vide ; il faudra faire des commissions.

a) mieux
b) presque
c) avant

À retenir

• Les **adverbes** sont des mots **invariables** qui modifient le sens :

- d'un **verbe**
Flavien boit souvent du lait. *Flavien boit volontiers du lait.*
Flavien boit encore du lait. *Flavien boit maintenant du lait.*

- d'un **adjectif** (ou d'un **participe passé**)
Ce trésor est bien caché. *Ces trésors sont mal cachés.*
Cette cassette est désormais cachée. *Cette cassette est toujours cachée.*

- d'un **autre adverbe**
Vous arrivez très tard. *Vous arrivez vraiment tard.*

• Les **locutions adverbiales** sont des groupes de mots équivalant à des adverbes.
Flavien boit tout de suite (maintenant) *du lait.*
Ce trésor est à peu près (bien) *caché.*

• Certains adjectifs sont employés comme **des adverbes** ; ils sont alors invariables.
Les véhicules s'arrêtent net (aussitôt). *Les voitures s'arrêtent net* (aussitôt).

• Il existe des adverbes de manière (**plutôt**, **mieux**, **bien**…), de lieu (**ici**, **partout**, **ailleurs**…), de temps (**jamais**, **tard**, **autrefois**…), de quantité (**assez**, **encore**, **trop**…), d'affirmation (**vraiment**, **bien sûr**, **sans doute**…), de négation (**ne … guère**, **ne … pas**, **ne … point**).

Attention

• Certains adverbes sont terminés par un « **s** » muet.
jamais ; toujours ; volontiers ; ailleurs ; auprès ; dehors ; dessus ; dessous ; dedans ; exprès ; autrefois ; là-bas…

• Les adverbes **debout**, **ensemble**, **à demi** sont invariables.
Les spectateurs sont restés debout.
Les joueurs s'entraînent ensemble.
La statue est à demi recouverte d'un voile blanc.

• L'adverbe peut parfois jouer le rôle d'un **déterminant**.
Avec « **un peu** », l'accord du verbe se fait au singulier.
Un peu de repos vous ferait du bien.
Avec « **beaucoup de** », il se fait au pluriel.
Beaucoup de personnes habitent la région parisienne.

Exercices

1 ***Copiez ces phrases en les complétant par les adverbes suivants.*** *Difficulté* ■□□

comme - aussi - beaucoup - lors - presque - environ - à peine

1. Au Sahara, il ne pleut pas … .
2. À la fin de l'heure, mon devoir était … terminé.
3. On n'est jamais … bien servi que par soi-même.
4. Si vous saviez … cette escalade est périlleuse !
5. Sur ce trajet, prendre un taxi est … plus rapide que de marcher.
6. Un litre de lait pèse … un kilogramme.
7. … des derniers Jeux olympiques, la France a remporté dix médailles.

2 ***Copiez ces phrases en les complétant par des adverbes de temps.*** *Difficulté* ■■□

1. Dem…, les robots exécuteront de plus en plus de tâches matérielles.
2. Quand le chef donne une indication, les musiciens l'exécutent aus… .
3. Sous l'effet du gel, la chaussée se transforma sou… en patinoire.
4. En 1650, la France était alo… gouvernée par Louis XIV.
5. Aut…, les paysans ne disposaient pas d'outils perfectionnés.
6. La nouvelle agence postale sera bie… ouverte au public.

3 ***Copiez ces phrases en les complétant par des adverbes de lieu.*** *Difficulté* ■■□

1. Vous ne trouverez nul… pa… un fauteuil aussi confortable que celui-ci.
2. De nombreuses cités se sont construites aut… du centre ville.
3. La bicyclette est posée con… la barrière métallique.
4. Ç… et l…, on peut rencontrer des daims en liberté.
5. Des panneaux publicitaires, nous en voyons par… .
6. En passant pa… i…, vous gagnerez un temps précieux.

4 ***Copiez ces phrases en remplaçant les adverbes en bleu par leur contraire.*** *Difficulté* ■■□

1. Vous trouverez ailleurs ce que vous cherchez depuis des heures.
2. Le jeu et les distractions, c'est agréable ; mais le travail passe après.
3. La scierie s'installe loin des forêts vosgiennes.
4. Le dimanche, toute la famille se lève tôt.
5. Dans ce plat, il y a peu d'épices et le goût en est dénaturé.
6. Le pêcheur a de l'eau au-dessous des genoux ; il porte des cuissardes.
7. Les autobus stationnent devant la gare routière.
8. On ne rencontre jamais des icebergs dans l'océan Antarctique.

5 ***Écrivez les noms en bleu au pluriel et faites les accords nécessaires en distinguant les adverbes des adjectifs.*** *Difficulté* ■■■

1. Le peuplier s'élève droit dans le ciel de la Beauce.
2. L'hirondelle vole bas ; la pluie n'est pas loin.
3. Ajoutez un brin de persil haché menu sur ce poisson.
4. Un menu détail permet de distinguer ces deux reproductions.
5. On prétend que ce gaucher est très fort dans le maniement du fleuret.
6. Voici un fort beau bijou qui doit valoir une fortune.
7. L'explorateur tient bon et il ne renoncera pas à son projet.
8. Ton ami te donne un bon conseil que tu suis.

Pour terminer

10 min

Copiez ces phrases en les complétant par des adverbes.

1. Personne n'est d'acc… ; il faudra reprendre la discussion.
2. Laurette a m… aux dents ; elle se rendra chez le dentiste.
3. Avec cet appareil numérique, on prend aut… de photos que l'on veut.
4. Il fait froid dans le garage, mais deh…, c'est enc… pire.
5. Marion se rend parf… en vacances chez sa sœur, à Biarritz.
6. Il y a tr… de bruit ; je ne resterai pas dav… dans cette salle.
7. Le château du Louvre est mai… transformé en musée.
8. Le parasol est ass… bien fixé ; il ne s'envolera pas.
9. Nadia ne mettra pas lon… pour retrouver la bonne direction.
10. À pe… écloses, ces roses se sont fanées.

Expression écrite

Vous avez visité des grottes en compagnie d'un guide. Racontez, dans un texte d'une dizaine de lignes au passé, votre promenade. Vous emploierez quelques-uns des adverbes suivants :

1. très - trop - fort - assez - tout (+ un adjectif)
2. aussitôt - de temps en temps - souvent - soudain
3. ici - là-haut - dehors.

55

Les adverbes en -ment

Pour débuter

Trouvez l'adverbe qui convient pour compléter chaque phrase.

1 Le cavalier est tombé … sur le sol.

a) lourdement
b) rendement
c) moment

2 Je regrette … de ne pas être partie avec vous.

a) groupement
b) amèrement
c) revirement

3 Le prix de cet ordinateur est … intéressant.

a) réellemant
b) réelle
c) réellement

4 Les résultats des élections ne sont que … connus.

a) partiellement
b) partie
c) partielemant

5 Camille a … défendu ses chances lors de la finale.

a) vaillant
b) vaillement
c) vaillamment

À retenir

Les adverbes sont des mots **invariables** qui modifient le sens d'un verbe, d'un adjectif ou d'un autre adverbe.

• Beaucoup d'adverbes **de manière** sont formés à partir d'un adjectif qualificatif au féminin ; ils se terminent par **-ment**.

doux / douce ➔ *doucement* — *brutal / brutale* ➔ *brutalement*
brave / brave ➔ *bravement* — *naturel / naturelle* ➔ *naturellement*

Dans certains cas, on place un accent sur le « **e** » qui précède la terminaison **-ment**.

confus / confuse ➔ *confusément* — *énorme / énorme* ➔ *énormément*

• Les adverbes correspondant à des adjectifs terminés au masculin par **-é**, **-ai**, **-i**, **-u** sont formés à partir de l'adjectif masculin.

aisé ➔ *aisément* — *vrai* ➔ *vraiment*
infini ➔ *infiniment* — *résolu* ➔ *résolument*

On ajoute quelquefois un accent circonflexe sur le « **u** ».

assidu ➔ *assidûment* — *cru* ➔ *crûment*

Astuce

Pour ne pas confondre les adverbes, les noms et les adjectifs terminés par le son [**ã**], on essaie de remplacer :

- l'adverbe (invariable) par l'expression « de manière… »
Les savants sont généralement modestes.
➔ *Les savants sont de manière générale modestes.*

- le nom (variable) par un autre nom
Ce savant découvre des changements.
➔ *Ce savant découvre des modifications.*

- l'adjectif (variable) par un autre adjectif
Voici des savants éminents. ➔ *Voici des savants célèbres.*

Attention

• Les adverbes formés à partir d'adjectifs terminés par le son [**ã**] s'écrivent :
-emment, s'ils sont formés à partir d'adjectifs terminés par **-ent**
impatient ➔ *impatiemment* — *prudent* ➔ *prudemment*
-amment, s'ils sont formés à partir d'adjectifs terminés par **-ant**
suffisant ➔ *suffisamment* — *brillant* ➔ *brillamment*

• Certains adjectifs qualificatifs (**immobile**, **content**, **familial**, **aigu**, **lointain**…) ne peuvent pas servir à former des adverbes. Il faut alors employer une périphrase.

Les enfants ouvrent rapidement leurs cadeaux.
mais : *Les enfants ouvrent leurs cadeaux d'un air content.*

Exercices

1 ***Copiez ces expressions en les complétant avec les adverbes de manière formés à partir des adjectifs en bleu.*** *Difficulté* ■□□

Ex : partir vrai → partir vraiment

1. s'amuser fou	2. répondre gentil	3. se reposer long
4. parler franc	5. arriver tardif	6. sourire innocent
7. agir inconscient	8. entrer silencieux	9. vivre misérable
10. répondre sec	11. avancer timide	12. se redresser fier

2 ***Copiez ces phrases en les complétant avec des adverbes formés à partir des adjectifs en bleu.*** *Difficulté* ■■□

1. moyen — Les Bastiais n'apprécient que … le report du match.
2. nul — Il n'est … obligatoire de répondre à ce questionnaire.
3. mortel — Le coup a fait mouche ; le buffle est … blessé.
4. fréquent — Cet électricien est … sollicité pour des dépannages.
5. public — Le maire a fait … l'éloge du doyen de la commune.
6. régulier — Le remplacement des ampoules est … effectué.
7. gai — Les enfants sont partis … en promenade.
8. évident — Trop lent, ce coureur ne pourra … pas dépasser son adversaire.

3 ***Copiez ce tableau et classez les mots suivants. Pour les noms, vous placerez un article.*** *Difficulté* ■■□

appartement - apparemment - grassement - plissement - abonnement - étonnement - équipement - séparément - tutoiement - localement - uniquement - frottement - traitement - subitement - hâtivement

noms	adverbes

4 ***Copiez ces phrases en remplaçant les mots en bleu par un adverbe de manière en -ment.*** *Difficulté* ■■■

1. La lumière s'est éteinte de façon brusque ; nous sommes dans le noir.
2. Ce magazine de mode paraît tous les mois.
3. Line a présenté avec clarté la situation au directeur.
4. Les arboriculteurs produisent des cerises en abondance.
5. L'actrice a jeté avec négligence une cape de soie sur ses épaules.
6. La caravane a de manière mystérieuse disparu derrière les dunes.

5 ***Copiez ces phrases en écrivant les noms communs au pluriel, accordez comme il convient, puis encadrez les adverbes.*** *Difficulté* ■■■

1. Le compliment toucha énormément Harold.
2. Le hurlement de la sirène est vraiment assourdissant.
3. Ta décision, mûrement réfléchie, semble irrévocable.
4. L'éboulement emporta totalement la vieille maison.
5. Eddie conserve précieusement un document ancien.
6. Ce logement vient d'être récemment refait à neuf.
7. Le règlement doit être obligatoirement respecté par tous.
8. L'aboiement du chien fait fuir rapidement le malfaiteur.

Pour terminer (10 min)

Copiez les phrases en les complétant par un adverbe en -ment dérivé de l'adjectif en bleu.

1. Les Bretons sont naturel d'excellents marins.
2. Le savant vérifie concret la valeur de ses hypothèses.
3. M. David a un pneu à plat ; heureux il a une roue de secours.
4. Les frites sont excellentes ; tu t'es servi copieux.
5. Les pièces de ce château sont riche décorées.
6. Ce cadre est léger éraflé ; il faudra le repeindre.
7. On ne peut pas impuni violer les règles du code de la route.
8. Nous ne disposons pas de suffisant de temps pour terminer ce chantier.
9. Parler courant le hongrois, ce n'est pas simple pour un Français.
10. La colle est apparent sèche, mais attendez encore un instant.

Dictée préparée

Les patineurs s'élancèrent élégamment sur la glace. Le couple évolua d'abord lentement, puis, gracieusement, le jeune artiste fit virevolter sa partenaire. L'assistance cessa momentanément tout bruit tant les mouvements des patineurs s'enchaînaient parfaitement avec le rythme de la musique. Lorsque la patineuse effectua deux renversements étourdissants, les applaudissements du public éclatèrent.

A ***Relevez les mots terminés par -ment. Soulignez les noms masculins et encadrez les adverbes.***

B ***Pour les adverbes en -ment, donnez les adjectifs à partir desquels ils sont formés.***

56 Les mots invariables

Pour débuter

Trouvez le mot qui convient pour compléter chaque phrase.

1 On croit que la Terre est immobile, … elle tourne sur elle-même.

a) beaucoup
b) pour temps
c) pourtant

2 Eloi a démonté l'appareil … d'un tournevis.

a) maintenant
b) quand
c) à l'aide

3 L'orchestre a joué … plus de trois heures.

a) pendant
b) jamais
c) pendent

4 Je quitterai la salle … la sonnerie aura retenti.

a) voilà
b) aussitôt que
c) quoi

5 … ! La représentation va commencer.

a) Chez
b) Chut
c) Chutte

À retenir

Dans une phrase, certains mots ne s'accordent ni en genre ni en nombre : ils sont **invariables**.

• Les **prépositions** introduisent :
- un nom ou un groupe nominal
  chercher la rue de la Gare — *se cacher sous la table*
- un pronom
  se cacher parmi eux — *passer avant lui*
- un verbe à l'infinitif
  Il s'allonge pour dormir. — *utiliser un fer à repasser*
- un adverbe
  marquer un point de plus — *attendre depuis longtemps*

• Les **conjonctions de subordination** servent à construire des propositions dont l'une dépend de l'autre.

Nous partirons	*quand il ne pleuvra plus.*
Je te remplacerai	*puisque tu es absent.*
propositions principales	propositions subordonnées

• Les **conjonctions de coordination** relient des éléments ayant la même fonction et le plus souvent la même nature.
La salle est vaste mais bruyante. ➔ **mais** relie deux adjectifs
Arnold appelle le médecin car il est malade.
➔ **car** relie deux propositions indépendantes

• Les **interjections** ne jouent aucun rôle grammatical ; elles correspondent à des cris, des appels, des exclamations.
Aïe ! Je me suis coupé le doigt. — *Eh bien ! Voilà une bonne nouvelle.*
Les interjections sont généralement suivies d'un point d'exclamation.

• Les **adverbes** (Voir leçons 54 et 55.)

Attention

• Lorsque les prépositions ou les conjonctions sont formées de plusieurs mots, ce sont des locutions prépositionnelles ou des locutions conjonctives.
Délia se trouve au milieu de la foule. (locution prépositionnelle)
Diego achètera ce pantalon à condition que le vendeur lui fasse une réduction. (locution conjonctive)

• Il ne faut pas confondre la préposition **par** et le nom féminin **(la) part**.
jouer deux par deux — *prendre part à un jeu* — *aller quelque part*

Exercices

1 *Copiez ces phrases en les complétant avec une des prépositions suivantes.* *Difficulté* ■□□

contre - durant - depuis - entre - dès - chez - malgré

1. Mme Gray achète sa viande … le boucher de son quartier.
2. Olga joue … une adversaire plus forte qu'elle, mais elle se défend bien.
3. … le début des soldes, la foule se presse au centre commercial.
4. … la parution de ce livre, Walter l'achètera.
5. … son voyage aux Antilles, Tahar a admiré les plages de sable blanc.
6. Le motard se faufile … les automobiles et les camions.
7. … les vents contraires, le navigateur poursuit sa route.

2 *Copiez ces phrases en les complétant avec une des conjonctions de coordination suivantes.* *Difficulté* ■■□

car - ou - sinon - mais - pourtant - donc

1. La péniche est à quai, … elle ne peut pas être chargée.
2. Appelle-moi … envoie-moi un message pour me prévenir de ton départ.
3. La plante a été arrosée, … elle devrait fleurir.
4. Cet œuf n'est pas cuit, … il est resté trois minutes dans l'eau bouillante.
5. Prends un bonnet et des gants, … tu vas avoir froid.
6. Ce MP3 ne fonctionne pas, … tu n'as pas mis de pile !

3 *Copiez ces phrases en les complétant avec une interjection.* *Difficulté* ■■□

1. Hé… ! Nous sommes arrivés trop tard, le magasin est fermé.
2. Hal… ! Le gendarme lève le bras et arrête le véhicule.
3. Att… ! Votre ceinture de sécurité n'est pas bouclée.
4. Al… ! Qui est au bout du fil ?
5. Cou… ! Encore deux kilomètres et vous serez arrivés.

4 *Copiez ces phrases en les complétant avec une conjonction de subordination.* *Difficulté* ■■□

1. Co… le sol est glissant, je prends beaucoup de précaution.
2. Qu… il y a du vent, le bateau avance plus vite.
3. Pui… le brouillard est épais, les véhicules allument leurs phares.
4. Alisson boit un verre d'eau af… que cesse son hoquet.
5. Tan… que tu laves la vaisselle, je balaie la cuisine.
6. Aus… qu'ils s'approchent du cratère, les vulcanologues transpirent.
7. Alo… que ce champignon est comestible, celui-ci est vénéneux.

5 *Copiez ces phrases en remplaçant les prépositions en bleu par leur contraire.* *Difficulté* ■■■

1. Nous arriverons avant dix heures sur les lieux du spectacle.
2. Le livre compte plus de deux cents pages.
3. Nous monterons dans le train sans nos bagages.
4. Les vestiaires se trouvent hors le gymnase.
5. Vous trouverez la banque à gauche de la boulangerie.
6. L'arrivée de la descente olympique se situe en haut de la station.

Pour terminer — 10 min

Copiez ces phrases en les complétant avec des mots invariables.

1. La longueur des jupes varie sel… les caprices de la mode.
2. Il n'est pas facile de chercher une aiguille da… une botte de foin.
3. Pour aller plus vi…, vous coupez à tra… le bois.
4. Cette tarte était excellente, au… tout le monde en reprit-il.
5. Nous avons un exposé à faire, par cons… nous irons le préparer au CDI.
6. Ou… ! J'ai enfin terminé la copie du résumé.
7. Pour étonner ses camarades, Fouad porte sa casquette à l'en… .
8. Le bébé s'endort par… que sa maman le berce doucement.
9. Pa… ! Tu as mis en plein dans le mille !
10. Bi… que l'annonce ne soit pas officielle, une usine va s'installer dans la ville.

Expression écrite

Les frères Dalton, de redoutables bandits, se sont échappés du pénitencier. Composez un texte, d'environ huit lignes, racontant la découverte de leur évasion par Lucky Luke.

Les verbes seront conjugués au présent et au passé composé de l'indicatif.

Vous utiliserez les mots invariables des listes suivantes après les avoir complétés :

1. à trav… - pa… - dan… - depui…
2. jam… - enco… - pl… - trè… - davant… - désorm…
3. Qu… ! - héla… - au sec…

Bilan n°8

49. Les noms terminés par le son [e]
50. Les noms terminés par le son [ɛ]
51. Les noms terminés par le son [ɑ̃s]
52. Les lettres muettes - 53. La suffixation
54. Les adverbes - 55. Les adverbes en *-ment*
56. Les mots invariables

Exercices

1 *Copiez ces phrases en complétant les noms par -é, -ée ou -er.*

1. À l'entr… du village, la chauss… est en réparation. 2. Tous les béb… de la maternit… sont adorables. 3. En janvi…, on échange des vœux de sant… et de prospérit… . 4. Ce caf… est trop fort : je préférerais prendre un th… . 5. Après le collège, nous irons tous au lyc… . 6. Le mausol… du Taj Mahal est l'un des plus beaux monuments du monde. 7. La conquête de l'Ouest s'est accompagnée d'une ru… vers l'or. 8. Dans ces montagnes, se trouve un défil… difficile à franchir en toute sécurit… . 9. Ajoute une pellet… de terre sur la butte pour l'égaliser.

2 *Copiez ces phrases en choisissant la terminaison qui convient pour compléter les noms terminés par le son [ɛ].*

1. Le perroqu… de *L'Oreille cassée* crie toujours : « Gros plein d'soupe ! » 2. Pour éviter les embouteillages, faites un petit croch… par la départementale 44. 3. Pour installer la clôture, le fermier plantera 214 piqu… . 4. Il paraît que l'on n'arrête pas le progr… . 5. Les alphab… grec et cyrillique se trouvent à la fin de ce livr… . 6. Les ouvriers installent un rel… de télévision sur la colline. 7. Chacun souhaite que la p… soit bientôt conclue au Proche-Orient. 8. Mon voisin a planté une h… de cypr… .

3 *Copiez ces phrases en complétant les mots avec les suffixes qui conviennent.*

1. Le surf… a emprunté deux pistes noires. 2. La profess… de mon père l'oblige à se déplacer souvent. 3. Pour Juliette, la marche est une véritable pa… . 4. Le séch… électrique permet de fixer toutes les coiffures. 5. L'or et l'argent sont des métaux pré… . 6. Le Territ… de Belfort est le plus petit des départements français. 7. Une coupure part… d'électricité est prévue pour demain. 8. Trente boutiques sont installées au centre commer… .

4 *Copiez ces phrases en les complétant avec le mot en bleu qui convient.*

1. Cette semaine de travail a été (intence / intense). 2. La polka est une (dance / danse) très entraînante. 3. La (concurrence / concurranse) est rude entre ces deux joueurs. 4. Clément a signé une (licence / lissance) au club de basket de son quartier. 5. L'(intolérance / intolérense) provoque souvent des conflits. 6. Votre (présence / présanse) m'apporte une aide morale précieuse.

Dictée préparée

Bertie a embarqué sur l'Arla, une baleinière.

Bertie se coucha tout habillé sur un canapé qui se trouvait là.

Comme par un fait exprès, le cahier qui servait de journal de bord à l'Arla était posé sur une table. Bertie l'ouvrit avec méfiance et lut des choses terribles.

Le 21 septembre précédent, deux mariniers étaient tombés à l'eau suite à une négligence et s'étaient noyés.

D'après Jack London, *Contes des mers du sud*, Hachette, 1948.

A *Relevez tous les noms terminés par les sons [e] et [ɛ] et classez-les dans un tableau selon leur terminaison.*

B *Quel est le genre des noms terminés par le son [ɑ̃s] ?*

Expression écrite

5 *Vous avez participé à un stage de cuisine. Dans un texte d'environ neuf lignes, racontez votre expérience en utilisant quelques-uns des mots suivants (adverbes et noms masculins) :*

a) aisément - délicatement - doucement - rapidement - fréquemment - activement - exactement ;

b) mouvement - instrument - fragment - encouragement - compliment - versement - rangement.

Vous conjuguerez les verbes au passé composé.

6 *Le père de Mathias a refait son aquarium.*

Décrivez le nouveau décor en cinq phrases rédigées à l'imparfait de l'indicatif. Vous utiliserez la plupart des mots invariables proposés après les avoir orthographiés correctement :

dev… - pui… - entr… - sou… - san… - sau… - trè… for… - au fu… et à mesur… .

7 *Inventez, en sept lignes, une suite à la phrase suivante :*

L'endroit, inconnu, était désert ; Maël l'avait imaginé plus accueillant…

Vous utiliserez quelques-uns des adverbes suivants :

jamais - souvent - toutefois - pourtant - agréablement - vite - longtemps - désormais.

Exploitation du test →

Repérez les numéros des questions sur lesquelles vous avez fait des fautes.

Révisez les leçons correspondantes et assurez-vous que vous avez bien compris en refaisant les exercices de ces leçons :

questions 1, 2
→ leçon 49 → Les noms terminés par le son [e]

questions 3, 4
→ leçon 50 → Les noms terminés par le son [ɛ]

questions 5, 6
→ leçon 51 → Les noms terminés par le son [ɑ̃s]

questions 7, 8, 9
→ leçon 52 → Les lettres muettes

questions 10, 11, 12
→ leçon 53 → La suffixation

questions 13, 14, 15
→ leçon 54 → Les adverbes

questions 16, 17
→ leçon 55 → Les adverbes en *-ment*

questions 18, 19, 20
→ leçon 56 → Les mots invariables

10 min Test

Difficulté ■□□

1. *Inscrivez ces notes sur la ... .*
   a. portée b. porter c. porté
2. *Le ... vend de bons fromages italiens.*
   a. crémiet b. crémié c. crémier
3. *À la pétanque, pour qu'un joueur gagne, ses boules doivent toucher le ... .*
   a. cochonnet b. cochonai c. cochonné
4. *On obtient le ... avec beaucoup de persévérance.*
   a. suxet b. succès c. suxcès
5. *L'... écoute attentivement les propos du conférencier.*
   a. asistance b. assistance c. assistense
6. *Sur cette pancarte, on lit : « ... d'entrer ! »*
   a. Défense b. Défanse c. Défence
7. *J'aime l'odeur du ... .*
   a. lilas b. lila c. lillat
8. *La guillotine est l'autre nom de l'... .*
   a. échafaux b. échafaud c. échaffaut
9. *Après son crime, le malfaiteur fut rongé par le ... .*
   a. remors b. remords c. remort
10. *La ... du soleil permet de calculer l'... .*
    a. hauteur / heur b. hauteure / heure
    c. hauteur / heure
11. *Les analyses de sang sont pratiquées en ... .*
    a. laboratoire b. laborantin c. laboratoir
12. *Ce vaccin protège contre les maladies ... .*
    a. infextieuses b. infectieuses c. infectées
13. *On ne le reverra pas de ... .*
    a. cîteaux b. sitôt c. si tot
14. *... vous aurez rendez-vous toutes les semaines.*
    a. Dorénavant b. Dorénavent c. D'or et navant
15. *Un vol d'oiseaux se détache dans le ciel ... .*
    a. clair b. claire c. clerc
16. *Les ... d'eau provoquent des ... .*
    a. écoulement / effondrement
    b. écoulements / effondrements
    c. écoulement / effondrements
17. *Les contacts sont ... rompus avec la navette spatiale.*
    a. complètements b. complètemant
    c. complètement
18. *Il n'est ... ... pour bien faire.*
    a. jamais trop tard b. jamais trot tart
    c. jamai trop tar
19. *... votre expérience, votre avis sera indispensable.*
    a. Par b. Pars c. Pares
20. *La flèche de Guillaume Tell transperça la pomme de ... .*
    a. part en pare b. par en par c. part en part

Pour aller plus loin

Difficulté ■■■

1. *Rien n'est comparable au ... du soleil.*
   a. levée b. levé c. lever
2. *Parfumé au jasmin, ce ... est encore meilleur.*
   a. thé b. taie c. têt
3. *La porte doit rester fermée à ... .*
   a. clef b. claie c. clés
4. *Je lirai un ... des poésies d'Apollinaire.*
   a. extrès b. extrait c.extrais
5. *Quelle est la ... de ce tonneau ?*
   a. contenense b. contenance c. contenanse
6. *La ... est une partie de l'estomac des ruminants.*
   a. pance b. panse c. pense
7. *Prenez soin de votre ... : faites des exercices physiques !*
   a. cor b. cors c. corps
8. *Cet ... est délicieux.*
   a. entremets b. entremet c. entremais
9. *Le ... annonce le retour des beaux jours.*
   a. printant b. printend c. printemps
10. *Recevez l'... de mes ... distingués.*
    a. expresion / sentiment
    b. expression / sentiments
    c. expretion / sentimants
11. *Les ... et les ... entament l'exploration du port d'Alexandrie.*
    a. Égyptiens / Français b. Égypsiens / Francais
    c. Égyptients / Franssais
12. *Ce ... ne fonctionne plus ; il y a un virus.*
    a. logisiel b. logitiel c. logiciel
13. *« ... » est un synonyme de l'expression « il y a longtemps ».*
    a. Naguère b. N'a guerre c. N'a guère
14. *..., on communique ... par Internet.*
    a. Aujourdui / volontié b. Aujour'dui / volontier
    c. Aujourd'hui / volontiers
15. *Le cheval sauta ... la haie.*
    a. hardiement b. hardiment c. ardiment
16. *Spartacus entraîna le ... de milliers d'esclaves.*
    a. soulèvement b. soulevage
    c. soulèvent
17. *... vous insistez, ... ma lettre de démission.*
    a. Puisque / voila b. Puique / voillà
    c. Puisque / voilà
18. *... la porte s'ouvrit, un vampire apparut.*
    a. L'orsque b. Lorsque c. Lorse que
19. *... à toi, un bon bain suffira à te réchauffer.*
    a. Quand b. Qu'en c. Quant
20. *... bien même je protesterais, je n'obtiendrais rien.*
    a. Quant b. Quand c. Qu'en

57 ou - où / la - là - l'a - l'as / sa - ça

Pour débuter

Trouvez les mots qui conviennent pour compléter chaque phrase.

1. Les oiseaux nichent … ils trouvent de la nourriture.

   a) où
   b) ou bien
   c) dans

2. Sais-tu quelle équipe s'est qualifiée ? l'Espagne … l'Italie ?

   a) ou bien
   b) où
   c) avec

3. Assieds-toi … et écoute ce que j'ai à te dire.

   a) l'avais
   b) là
   c) le

4. Cette pièce rare, M. Clerc … trouvée dans une brocante.

   a) l'avait
   b) là
   c) la

5. Dans … cité, Pierrick participe à des soirées musicales.

   a) ci
   b) l'avait
   c) sa

À retenir

Ne pas confondre ou - où :

• **ou**, conjonction de coordination, relie deux éléments d'une même phrase ou deux phrases. On peut la remplacer par **ou bien**.

Il passera jeudi ou vendredi.
➔ *Il passera jeudi ou bien vendredi.*
Ils visiteront le château ou ils iront au musée.
➔ *Ils visiteront le château ou bien ils iront au musée.*

• **où**, pronom ou adverbe, indique le lieu, le temps, la situation. On peut parfois remplacer **où** par **dans quel lieu**, **pendant lequel (laquelle)**.

Où doit-on s'arrêter ? ➔ *Dans quel lieu doit-on s'arrêter ?*
Le XVIe siècle, c'était une époque où les hommes portaient des culottes.
➔ *Le XVIe siècle, c'était une époque pendant laquelle les hommes portaient des culottes.*

Ne pas confondre la - là - l'a - l'as :

• **la**, article ou pronom personnel complément, peut être remplacé par **le**, **une** ou **les**.

La piscine, toutes les classes la fréquentent.
➔ *Le stade, toutes les classes le fréquentent.*

• **là**, adverbe de lieu, peut souvent être remplacé par **ici** ou **ci**.

C'est là que j'ai appris à nager. ➔ *C'est ici que j'ai appris à nager.*
Ce bassin est peu profond, mais dans celui-là on n'a pas pied.
➔ *Ce bassin est peu profond, mais dans celui-ci on n'a pas pied.*

• **l'a** est la contraction de « **la a** » ou « **le a** ». On peut la remplacer par **l'avait**.

La piscine, notre classe l'a fréquentée.
➔ *La piscine, notre classe l'avait fréquentée.*

Remarque : Lorsque l'auxiliaire **avoir** est à la 2e personne du singulier du présent, la forme contractée est **l'as**. On peut la remplacer par **l'avais**.

La piscine, tu l'as fréquentée. ➔ *La piscine, tu l'avais fréquentée.*

Ne pas confondre sa - ça :

• **sa**, déterminant possessif, peut être remplacé par un autre déterminant (**ses**, **son**…).

Léa sort sa trousse. ➔ *Léa sort son cahier. / Léa sort ses affaires.*

• **ça**, pronom démonstratif, peut souvent être remplacé par **cela**.

J'ai regardé le feuilleton, mais je n'ai pas trouvé ça très intéressant.
➔ *J'ai regardé le feuilleton, mais je n'ai pas trouvé cela très intéressant.*

Exercices

1 *Copiez ces phrases en les complétant par ou, où.* *Difficulté* ■□□

1. Le jour … tu fêteras tes treize ans, tu inviteras tous tes amis.
2. Que tu prennes à droite … à gauche, la durée du trajet sera la même.
3. À qui voulez-vous parler ? au principal … à son adjoint ?
4. Les Landes, c'est un département … les forêts de pins sont nombreuses.
5. Les tulipes … les jacinthes sont des fleurs de printemps.
6. Autrefois, on s'éclairait à la bougie … à la lampe à huile.
7. Claude hésite pour son futur métier : éleveur … vétérinaire ?
8. L'orage a endommagé les serres … sont cultivées les tomates.
9. … pouvons-nous commander une nouvelle literie ?

2 *Copiez ces phrases en les complétant par sa ou ça.* *Difficulté* ■□□

1. Marc veut suspendre le lustre, mais pour … il faut un escabeau.
2. Tu affirmes que cette histoire est véridique ; que répondre à … ?
3. Le pilote gagne … place aux commandes de l'avion.
4. M. Questa tente … chance au loto pour la dernière fois.
5. Yolande règle l'alarme de … montre sur sept heures.
6. L'escargot rentre dans … coquille dès qu'on le touche.
7. M. Sarde a vécu des moments pénibles ; mais de … il ne parle jamais.

3 *Copiez ces phrases en les complétant par la, l'a, l'as ou là.* *Difficulté* ■■□

1. Le basket, tu … pratiqué lorsque tu habitais à Pau.
2. … où le sol est humide, on peut cueillir des champignons.
3. … discussion est terminée ; les négociations en resteront … .
4. Cette année-…, … fonte des neiges a débuté dès … fin mars.
5. D'après … carte, le château se trouve … ou derrière … colline.
6. Les éoliennes sont installées … où le vent souffle constamment.
7. Ce document est écrit en vieux français, mais celui-… a été traduit.

4 *Copiez ces phrases en remplaçant les noms en bleu par les noms entre parenthèses et faites les transformations nécessaires.* *Difficulté* ■■■

1. Le pêcheur prépare son matériel (canne à lancer) ; demain, c'est l'ouverture !
2. Le croque-monsieur (pizza), tu le places dans le four à micro-ondes.
3. Un bon maçon nettoie toujours ses outils (truelle).
4. Le récit (histoire), un élève le lit à haute voix.
5. Grand-père est en admiration devant son petit-fils (petite-fille).
6. Le fleuve (rivière) est à sec, on le traverse sans se mouiller les pieds.

5 *Copiez ces phrases en écrivant les verbes en bleu au passé composé. Veillez à l'accord des participes passés.* *Difficulté* ■■■

1. Le tableau, le professeur l'efface avant de commencer son cours.
2. Ta fiche de lecture, tu la complètes sans difficulté.
3. La facture, M. Basset la règle avec sa carte bancaire.
4. L'ordonnance, tu la présentes au pharmacien.
5. Sa commande, Ronan la passe par Internet.
6. L'empreinte de pied, l'enquêteur la relève immédiatement.
7. L'attestation de sécurité routière, Sylvie l'obtient enfin.

Pour terminer (10 min)

Copiez ces phrases en les complétant comme il convient.

ou - où

1 Quel est votre romancier préféré ? Daniel Pennac … Michel Tournier ?

2 … réside le Président de la République ?

3 Voici un plan d'eau … l'on peut faire de la planche à voile.

la - l'a - l'as - là

4 De …, vous avez une vue splendide sur … baie du Mont-Saint-Michel.

5 L'autoroute, M. Vinet … prendrait si elle était gratuite.

6 Cette statue, tu … réalisée avec des matériaux légers.

7 … maison, le feu … encerclée en quelques minutes.

sa - ça

8 Un mur en pierres de taille, … c'est du solide !

9 Voici … dernière proposition ; c'est … ou rien.

10 La lave dévale les flancs du volcan ; devant …, on reste impuissant.

Expression écrite

Maxime et Rebecca ont vu les pompiers combattre un incendie à proximité de chez eux ; ils racontent l'événement à leur ami Simon qui n'a pas assisté à la scène.

Composez six phrases qui incluront les homonymes suivants :
sa - ça / la - l'a - là / ou - où.
Les passages de discours direct seront conjugués au passé composé. Respectez la ponctuation du dialogue.

58 quel(s) - quelle(s) - qu'elle(s) / quelque(s) - quel(les) que

Pour débuter

Trouvez le mot qui convient pour compléter chaque phrase.

1 Sur quelle … as-tu misé ?

a) numéro
b) case
c) nombres

2 … est ravie de la tenue qu'elle a choisie.

a) Steven
b) Sonia
c) Simon

3 La douleur a enfin disparu : quel … !

a) aubaine
b) peine
c) soulagement

4 Ces …, il est certain qu'elles sont authentiques.

a) signatures
b) documents
c) manuscrits

5 Encore quelques … de vis et la réparation sera achevée.

a) minute
b) tours
c) coup

À retenir

Ne pas confondre quels - quelle(s) - qu'elles :

• **quel**, adjectif interrogatif ou exclamatif, **s'accorde avec le nom qu'il précise**, et qu'il faut toujours rechercher.

De quel quartier êtes-vous originaire ? ➔ masculin singulier
De quelle ville êtes-vous originaire ? ➔ féminin singulier
Quels grands immeubles ! ➔ masculin pluriel
Quelles grandes maisons ! ➔ féminin pluriel

• **qu'elle(s)** est la contraction de « **que elle(s)** » ; « **que** » est un pronom relatif ou une conjonction de subordination suivi de « **elle** », pronom personnel féminin.

La limite, il est probable qu'elle a été franchie.
Les limites, il est probable qu'elles ont été franchies.
L'exercice qu'elle vient de commencer est difficile.

En remplaçant le pronom personnel féminin par le pronom personnel masculin, on entend la différence.

Le repère, il est probable qu'il a été franchi.
Les repères, il est probable qu'ils ont été franchis.
L'exercice qu'il vient de commencer est difficile.

Ne pas confondre quelque(s) - quel(les) que :

• **quelque(s)** est un **déterminant indéfini** qui s'écrit en un seul mot et qui s'accorde en nombre.

Il arrivera dans quelque temps. *Il arrivera dans quelques heures.*

• **quel(les) que** s'écrit en deux mots.

Quel que soit le parcours, tu l'accompliras.

Dans ce cas, **quel** s'accorde avec le sujet qui se trouve après le verbe **être** au présent du subjonctif.

Quelle que soit la distance, tu l'accompliras.
Quels que soient les exercices, tu les accompliras.
Quelles que soient les épreuves, tu les accompliras.

• **quelque** est un adverbe lorsqu'il est placé devant un adjectif ; il est donc **invariable**.

Quelque mouillés que soient ces vêtements, il faudra les enfiler.
Quelque appétissantes que soient ces brioches, je n'en reprendrai pas.

On peut le remplacer par un autre **adverbe**.

Aussi mouillés que soient ces vêtements, il faudra les enfiler.
Aussi appétissantes que soient ces brioches, je n'en reprendrai pas.

Exercices

1 *Transformez ces phrases selon l'exemple.* *Difficulté* ■□□

Ex : Cécile réfléchit. → Il faut qu'elle réfléchisse.

1. La standardiste répond. → Il conviendrait …
2. Alice choisit la bonne clé. → Il est préférable …
3. Les expériences réussissent. → Il est heureux …
4. La principale te convoque. → Il se peut …
5. Les actrices apprennent leur texte. → Il est souhaitable …
6. Les serviettes sont changées. → Il est temps …
7. Noëlle signe le chèque. → Il est nécessaire …

2 *Copiez ces phrases en les complétant avec quel(s), quelle(s) ou qu'elle(s).* *Difficulté* ■■□

1. Ta curiosité, je pense … sera satisfaite en lisant ce message.
2. Dans … région peut-on découvrir des volcans éteints ?
3. … chaleur ! Un peu de repos nous ferait du bien.
4. À … étage habite la tante Léonie ?
5. … souvenirs garderez-vous de votre séjour en Catalogne ?
6. … sont les variétés d'arbres de cette forêt ?

3 *Copiez ces phrases en écrivant les noms en bleu au pluriel et accordez.* *Difficulté* ■■□

1. Cette plante, il faut qu'elle soit arrosée quotidiennement.
2. Sur quel rayon les romans policiers se trouvent-ils ?
3. La valise, il ne faut pas qu'elle pèse plus de vingt kilos.
4. Dans quelle revue peut-on lire un reportage sur les dauphins ?
5. L'infirmière est fatiguée ; il faut qu'elle se repose un peu.
6. Pour qu'elle prenne le train, ma sœur devra se dépêcher.

4 *Copiez ces phrases en remplaçant les mots en bleu par ceux entre parenthèses et accordez.* *Difficulté* ■■■

1. (preuves) Sur quels indices le détective s'appuie-t-il pour découvrir la vérité ?
2. (ardeur) Avec quel zèle vous vous lancez dans l'aventure !
3. (falaise) Ce piton rocheux, il est certain qu'il est difficile à escalader.
4. (fleurs) Quels sont vos arbustes préférés ?
5. (couloir) Quelle issue prendre pour quitter la salle ?
6. (remise) Je me demande quel rabais va me faire ce commerçant.
7. (poésie) Ce poème, je suis sûr qu'il est de Jacques Prévert.

5 *Copiez ces phrases en les complétant avec quelque(s), quel(s) que ou quelle(s) que.* *Difficulté* ■■■

1. … soit l'étendue des dégâts, l'assurance remboursera M. Duval.
2. … discrètes soient ces personnes, elles ne passeront pas inaperçues.
3. … morceaux de bois et ce menuisier fabrique un petit meuble.
4. … soient les instructions, il faut les suivre à la lettre.
5. … articles sont encore à vendre, profitez-en !
6. … chanceux soient-ils, ces joueurs ne gagneront pas le gros lot.
7. … soit l'état du terrain, la partie aura lieu.

Pour terminer (10 min)

Complétez ces phrases avec quel(s), quelle(s), qu'elle(s) ou quelque(s).

1. À … profondeur se trouve la salle des stalagmites ?
2. Les hirondelles vont se regrouper avant … gagnent l'Afrique.
3. Regarde ces perroquets : … beau plumage multicolore !
4. Ce tapis persan que vous avez acheté, … merveille !
5. Quoi … me confient, je le garderai pour moi.
6. Pour … ait du lait, une vache doit d'abord mettre au monde un veau.
7. … que soient les programmes, je ne regarderai pas la télévision.
8. Ce trajet en autobus ne te coûtera que … euros.
9. … que soient tes soucis, une sortie te les fera oublier.
10. … rapides qu'ils soient, ces coureurs ne battront jamais le record du monde.

Expression écrite

Véga et Roxane sont inscrites à un concours. Dans un dialogue de huit répliques, elles imaginent ce qui se passera si elles gagnent.

Vous rédigerez le texte au futur simple de l'indicatif et vous emploierez les tournures suivantes dans l'ordre que vous voulez :

- quelle + nom : phrase exclamative
- quel + nom : phrase interrogative
- qu'elle + verbe dans une phrase complexe
- quelque(s) + nom
- quelque + adjectif + que soient ces questions…

59 se (s') - ce (c') / c'est - s'est - sait

Pour débuter

Trouvez les mots par lesquels on peut remplacer les mots en bleu.

1. Ce fauteuil n'est pas très confortable.

   a) Se plan
   b) Se reposé
   c) Cette chaise

2. Leslie se rend en salle informatique.

   a) Ce groupe te rend
   b) Je me rends
   c) Ceux qui rendent

3. Une voiture est accidentée, ce qui provoque un énorme bouchon.

   a) cela
   b) se
   c) cette

4. Lors des fêtes, c'est la ruée sur les jouets.

   a) c'était
   b) sais
   c) sait

5. Omar s'est perdu dans les couloirs du métro.

   a) sais
   b) s'était
   c) sait

À retenir

Ne pas confondre se(s') - ce(c') :

• **se (s'), pronom personnel réfléchi** de la 3e personne, fait partie d'un verbe pronominal. En conjuguant le verbe, on peut le remplacer par un autre pronom personnel réfléchi : **me** ou **te**.

Julien se lève tôt. → *Je me lève tôt.*
Les facteurs se lèvent tôt. → *Tu te lèves tôt.*

• **ce, déterminant démonstratif**, est placé devant un nom ou un adjectif. On peut le remplacer par un autre déterminant démonstratif si on change le genre ou le nombre du nom.

ce mouvement → *cette impulsion* → *cet acte*
ce brusque mouvement → *cette brusque impulsion* → *ces mouvements*

• **ce (c'), pronom démonstratif**, est souvent placé devant le verbe **être** ou un **pronom relatif**.

C'est à vingt heures que je me couche. *Ce sont des draps brodés.*
J'ai dormi, ce qui ne m'était pas arrivé depuis longtemps.
Dormir, voici ce dont j'ai le plus besoin.

Ne pas confondre c'est - s'est - sait :

• **c'est**, formé du verbe **être** au présent de l'indicatif, est précédé du pronom démonstratif élidé **c'** ; il peut souvent être remplacé par l'expression **cela est**.

Marcher sans chaussures sur le corail, c'est dangereux.
→ *Marcher sans chaussures sur le corail, cela est dangereux.*

• **s'est**, formé du verbe **être** au présent de l'indicatif, est précédé du pronom personnel réfléchi élidé **s'** ; il peut être remplacé par **me suis** en conjuguant le verbe **être**.

Boris s'est baigné dans un lagon bleu.
Je me suis baigné dans un lagon bleu.

• **sait (sais)**, verbe **savoir** conjugué aux personnes du singulier du présent de l'indicatif.
Il peut être remplacé par une autre forme conjuguée de ce verbe.

Dolorès sait sa leçon. → *Je sais ma leçon.* → *Tu sais ta leçon.*
Dolorès savait sa leçon. → *Nous savons notre leçon.*

Remarque :
Le déterminant démonstratif « **ce** » est parfois renforcé par une particule adverbiale placée après le nom et reliée à lui par un trait d'union.

ce mouvement-ci *ce mouvement-là*

Exercices

1 Conjuguez les verbes en bleu de ces expressions au présent, puis au passé composé de l'indicatif.
Vous encadrerez les pronoms personnels réfléchis. *Difficulté ■□□*

1. se réjouir de son succès
2. s'émerveiller devant un arc-en-ciel
3. s'appuyer contre la barrière
4. s'étendre sur le sable
5. se retourner brusquement
6. se retenir de rire
7. se décaler d'un rang
8. s'incliner sportivement

2 Copiez ces phrases en mettant les noms en bleu au pluriel et accordez. *Difficulté ■■□*

1. Ce bateau, c'est un chalutier.
2. Le moteur s'est arrêté.
3. La fenêtre s'est ouverte.
4. Ce sentier, c'est un raccourci.
5. La rue s'est animée.
6. Ce tracteur s'est embourbé.
7. Ce livre, c'est un dictionnaire.
8. Ce tableau, c'est un chef-d'œuvre.

3 Répondez à ces questions. Vous pouvez utiliser une encyclopédie ou un dictionnaire. *Difficulté ■■■*

Ex : Qu'est-ce que le Portugal ? ➔ C'est un pays européen.

1. Qui inventa la machine à vapeur ?
2. Qu'est-ce qu'un satellite artificiel ?
3. Qui déchiffra le premier les hiéroglyphes ?
4. Qu'est-ce que les oranges et les pamplemousses ?
5. Qu'est-ce que le Rhône ?
6. Quelle est la capitale de l'Italie ?
7. Qu'est-ce que la lettre « z » ?

4 Copiez ces phrases en les complétant par ce, c', se ou s'. *Difficulté ■■■*

1. … voyage … est bien déroulé et vous nous racontez … que vous avez vu.
2. Michel te montre … qu'il fabrique : … est une maquette de bateau.
3. Tu as enfin trouvé … que tu cherchais : … sont des voitures miniatures.
4. Mon voisin … spécialise dans la recherche des papillons.
5. Elliot … énerve pour un rien ; … n'est pas une attitude raisonnable.
6. Placé au bord de la route, … panneau … remarque de loin.
7. Les jardiniers … servent d'un motoculteur pour labourer … massif.
8. Lisette … concentre pour apprendre … texte par cœur.
9. … moteur ne … dérègle jamais ; … est une merveille.

5 Copiez ces phrases en les complétant avec s'est, c'est, sais ou sait. *Difficulté ■■■*

1. Au sortir de scène, l'actrice … démaquillée dans sa loge.
2. À l'aide de son ordinateur, Raphaël … mettre en page tous les textes.
3. Je ne … pas pourquoi ce rideau … déchiré.
4. Flore … confiée à sa meilleure amie car elle a du chagrin.
5. Ce bruit, … peut-être un fantôme ! Qui … ?
6. Senez, … un petit village où tout se … !
7. En saisissant la casserole, Corentin … brûlé : … douloureux.
8. Personne ne … comment … fossilisé cet animal.

Pour terminer (10 min)

Copiez ces phrases en les complétant par les mots qui conviennent.

se - s' - ce - c'

1. Que faire sous … déluge, sinon … mettre à l'abri !
2. … chargeur … adapte à tous les portables ; … est pratique.
3. Jeanne ne … laisse pas séduire par … nouveau jeu vidéo.
4. Térence ne … doute pas de … qui l'attend.
5. … qui devait arriver, arriva : … maladroit … est coupé.

s'est - c'est - sait - sais

6. Le clown … étalé de tout son long mais il ne … pas fait mal.
7. … avec plaisir que le chanteur part en tournée.
8. Thésée … hasardé dans le labyrinthe avec le fil d'Ariane.
9. Je ne … pas si … la bonne solution.
10. Tu ne … jamais ce que tu veux : … vraiment déroutant !

Expression écrite

Océane a mangé trop de sucreries. Elle a une crise d'urticaire. Vous décrirez, en huit lignes, l'état de la fillette dans un texte rédigé au passé.

Vous utiliserez quelques-unes des tournures proposées :
ce soir - se gaver de - ce que - ce problème - c'est évident - se gratter - savoir - ce (sujet du verbe **être** conjugué au présent du conditionnel).

60

leur - leur(s)

Pour débuter

Trouvez le mot qui convient pour compléter chaque phrase.

1. Les visiteurs du musée sont curieux ; le guide leur … .

   a) parlent
   b) tableaux
   c) répond

2. Les musiciens sont attentifs ; le chef d'orchestre leur … ses instructions.

   a) donne
   b) instrument
   c) font

3. Ces chats sont bien nourris ; leur … est luisant.

   a) caresse
   b) poil
   c) oreilles

4. Les parachutistes règlent leurs … avant de sauter.

   a) sangles
   b) avion
   c) chute

5. Les Inuits utilisent le traîneau qui leur … de parcourir de longues distances.

   a) chiens
   b) permet
   c) permettent

À retenir

• **Leur**, **pronom personnel** de la 3ᵉ personne du pluriel, accompagne un verbe et ne marque pas le genre. Il signifie **à eux** (ou **à elles**) et peut être remplacé par **lui**, 3ᵉ personne du singulier.

Le principal rencontre les délégués et leur présente le règlement.
➔ *Le principal rencontre les délégués et présente (à eux) le règlement.*
➔ *Le principal rencontre le délégué et lui présente le règlement.*

Voici les déléguées, présentez-leur le règlement.
➔ *Voici les déléguées, présentez (à elles) le règlement.*
➔ *Voici la déléguée, présentez-lui le règlement.*

• **Leur(s)**, **déterminant possessif**, placé devant un nom ou un adjectif, s'accorde en nombre avec le nom qu'il détermine.
Il peut être remplacé par un autre déterminant possessif : **ses**, **son** ou **sa**.
Les élèves corrigent leurs erreurs. ➔ *L'élève corrige ses erreurs.*
➔ *L'élève corrige son erreur.* ➔ *L'élève corrige sa faute.*

• Précédé d'un article, **leur(s)** est un **pronom possessif** qui prend le nombre de l'article.
Certains cherchent leur valise ; d'autres retrouvent la leur. (leur valise)
Certains cherchent leurs bagages ; d'autres retrouvent les leurs. (leurs bagages)

Astuce

Le choix du nombre pour **leur**, **adjectif possessif**, n'est pas toujours facile à déterminer. Il faut se laisser guider par le sens.
S'il n'y a qu'un seul objet pour chaque possesseur, on met le singulier.
Les skieurs prennent leur bonnet. (un seul bonnet par skieur)
S'il y a plusieurs objets pour chaque possesseur, on met le pluriel.
Les skieurs prennent leurs gants. (deux gants par skieur)

Attention

• Le pronom possessif **leur (leurs)** peut être précédé de deux articles ; dans ce cas, il prend le nombre de celui qui le précède directement.
Les élèves du collège ont gagné le cross par équipe ; tu étais un des leurs.

• Lorsque le verbe est précédé de deux pronoms personnels compléments, **leur** est toujours placé directement devant le verbe.
Le principal rencontre les délégués. Il leur présente le règlement et il le leur remet en mains propres.

Exercices

1 Complétez avec les déterminants leur ou leurs. *Difficulté ■□□*

1. … ombre	2. … secret	3. … salle	4. … réserves
5. … cadeaux	6. … rubans	7. … pétales	8. … placards
9. … frayeur	10. … souffle	11. … fourchette	12. … famille
13. … supporters	14. … trousseau	15. … garage	16. … habitudes
17. … traces	18. … ongles	19. … noms	20. … tenues

2 Copiez ces phrases en les complétant avec leur ou leurs. *Difficulté ■□□*

1. Les jongleurs rattrapent brillamment … anneaux.
2. Les mines de charbon ont fermé l'ensemble de … puits depuis longtemps.
3. Les Anglais envient nos fromages car les … sont moins crémeux.
4. Au début de l'année, les élèves remplissent … fiche de renseignements.
5. J'attends … accord pour inviter Salomé et Loana.
6. Ces enfants ne peuvent pas s'endormir sans … ours en peluche.
7. Les pieuvres déploient … tentacules : c'est impressionnant !

3 Copiez ces phrases en écrivant les noms en bleu au pluriel et accordez. *Difficulté ■■■*

1. Comment le spectateur fait-il pour calmer son impatience ?
2. Chaque soir, le menuisier range ses outils.
3. L'employé nettoie les sols ; il a un équipement moderne à sa disposition.
4. Le plongeur prend soin de son masque et de ses palmes.
5. Le naïf croit aux revenants ; comment lui prouver qu'il a tort ?
6. Cet animal a soif, donnez-lui à boire.
7. Chaque hiver, le vigneron doit tailler ses vignes.

4 Répondez à ces questions selon l'exemple proposé. *Difficulté ■■■*

Ex : Le pompiste remplit-il le réservoir des automobilistes ?
➔ Oui, il le leur remplit.

1. As-tu donné ton adresse aux surveillants ? ➔ Oui, je …
2. Le film a-t-il plu aux enfants ? ➔ Non, il ne …
3. Le bâtiment est-il accessible aux handicapés ? ➔ Oui, il …
4. Ce stade est-il réservé aux rencontres scolaires ? ➔ Non, il ne …
5. Le coiffeur a-t-il coupé les cheveux des enfants ? ➔ Oui, il …

5 Observez l'exemple et écrivez les phrases en évitant les répétitions. *Difficulté ■■■*

Ex : Comme tes amis t'appellent, tu réponds à tes amis.
➔ Comme tes amis t'appellent, tu leur réponds.

1. Les hôtesses sont débordées car on demande des informations aux hôtesses.
2. Quand il verra ses amis, il montrera sa collection de montres à ses amis.
3. Les jeunes écoutent l'architecte qui présente son métier aux jeunes.
4. Si mes voisins me demandent ma clé, je donnerai ma clé à mes voisins.
5. Les parieurs espèrent toujours que le tiercé apportera la fortune aux parieurs.
6. Pour que ses chiens ne se sauvent pas, M. Curt met une laisse à ses chiens.

Pour terminer

10 min

Copiez ces phrases en les complétant par leur ou leurs.

1. Ces commerçants ont baissé … rideau de fer en fin de journée.
2. Pourquoi ne … avez-vous pas laissé vos coordonnées ?
3. Au lavage, ces vêtements ont perdu … belles couleurs.
4. Les clients ont placé … achats dans … caddie.
5. Notre professeur de judo est ceinture noire ; le … est ceinture marron.
6. Les moniteurs de voile sont expérimentés ; on peut … faire confiance.
7. Les montagnards sont très attentifs à … cadre de vie.
8. Les élèves ont visité une entreprise, cela … a permis de découvrir des professions.
9. Les chalets ont … toits couverts d'une épaisse couche de neige.
10. Après sa performance, les athlètes reconnaissent Malik comme un des … .

Dictée préparée

Le père Barbeau était un homme courageux et avait déjà trois enfants quand la mère Barbeau s'avisa de lui en donner deux à la fois, deux beaux garçons. Leur ressemblance était si parfaite qu'on reconnut qu'ils étaient de vrais jumeaux.
Il fallut leur donner un nom et les distinguer car, ni leurs yeux, ni leurs cheveux, ni même leur voix ne permettaient de les identifier.
Quand même ! Leur faire une telle surprise, à sa femme et à lui ! pensait-on au village.

D'après George Sand, *La Petite Fadette*, 1851.

Indiquez la nature de chaque mot « leur(s) » et justifiez-en l'orthographe.

61 Des homonymes

Pour débuter

Trouvez le mot par lequel on peut remplacer les mots en bleu, en conservant un sens à la phrase.

1. Le plancher de la salle des fêtes est en bois.

   a) sol
   b) sole
   c) soles

2. Ce plat manque de poivre.

   a) sel
   b) selle
   c) scelle

3. M. Cholet élève des centaines de poulets.

   a) pores
   b) ports
   c) porcs

4. La quille de ce voilier est endommagée.

   a) coq
   b) coque
   c) coke

5. Le jardinier repique un pied de tomate.

   a) plans
   b) plan
   c) plant

À retenir

• Les **homonymes** sont des mots dont la prononciation est identique mais qui ont des orthographes et des sens différents.
saut ; sot ; seau ; sceau
Seul le contexte ou la consultation d'un dictionnaire permettent de trouver le mot exact.

l'épreuve de saut en hauteur	*Il n'y a pas de sot métier.*
porter un seau d'eau	*parler sous le sceau du secret*

• Certains **homonymes** ne se distinguent que par la présence d'un **accent**.

accomplir une tâche difficile	*effacer une tache d'encre*
ouvrir une boîte de chocolat	*Ce vieillard boite légèrement.*

Astuce

La présence de lettres muettes rappelle parfois une étymologie ou une filiation.

une plaine (plat) *fertile*	*une salle pleine* (la plénitude)
un pain (la panure) *aux raisins*	*un meuble en pin* (la pinède)

Attention

• Certains mots ont la **même orthographe** mais pas la même prononciation.
Pour entrer en Iran, un résident (nom) *français doit posséder un visa.*
Ces personnes résident (verbe **résider**) *en Iran plusieurs mois dans l'année.*

Tu as (verbe **avoir**) *trois cartes, dont un as* (nom) *de cœur.*

• Quelques mots ont la **même prononciation** mais sont difficiles à distinguer car ils appartiennent à la même famille. Il est préférable de consulter un dictionnaire.

souffrir le martyre	*se faire passer pour un martyr*
des adjectifs numéraux	*les numéros gagnants*

• Certains éléments de la phrase peuvent être **homonymes à l'oral**. Le sens permet de les distinguer assez facilement.

Je l'ai fait volontiers.	*l'effet de surprise*
Voici des filets de pêcheur.	*Les images défilaient rapidement.*

• Lorsque des homonymes ont des orthographes identiques, ils sont **homographes**.

Tu as les joues rouges.	*Tu joues avec ta console.*

Exercices

1 ***Copiez ces phrases en les complétant par des mots de la même famille que les mots en bleu. Attention aux accords.*** *Difficulté* ■■□

1. sanguin — Le … circule dans les veines et les artères.
2. centaine — Dans un quintal, il y a … kilos.
3. affamer — À table, nous avons une … de loup.
4. finale — La … du film t'a un peu déçu.
5. hauteur — Cette tour est plus … que notre immeuble.
6. hôtel — M. Vaillant loue des chambres d'… en hiver.
7. carriole — Le … de ramassage est en retard.
8. quartier — Le … des élèves de la classe apprend l'allemand.
9. vendeur — Dans ce magasin, on … des vêtements de sport.
10. venté — Le mistral est un … du nord, très froid.

2 ***Copiez ces phrases en les complétant avec l'homonyme en bleu qui convient.*** *Difficulté* ■■□

1. cou - coup - coût — Quel est le … de cette réparation ?
2. lice - lys - lisser — Le … est une fleur très odorante.
3. vos - veau - vaut — Que … cette horloge ancienne ?
4. étang - étend - étant — Les roseaux envahissent l'… de Sargon.
5. prix - pris - prie — Frida a … le temps de réfléchir à la solution.
6. chair - chaire - cher — La … du sanglier n'est pas très tendre.
7. maire - mer - mère — Où se trouve la … des Sargasses ?
8. reines - rênes - rennes — Le cavalier tient fermement les … .
9. air - aire - ère — Savez-vous calculer l'… d'un trapèze ?
10. mais - mai - mets — Cette statue est ancienne, … elle a été restaurée.

3 ***Copiez ces phrases en les complétant avec les mots en bleu qui conviennent. Attention aux accords.*** *Difficulté* ■■■

1. sensé - censé — Voici une réponse … qui nous satisfait.
2. heurt - heure — Au moindre …, ce verre en cristal se cassera.
3. plain - plein — Le salon est de …-pied avec la terrasse.
4. parti - partie — Tu ne prends … ni pour l'un ni pour l'autre.
5. à l'aine - haleine — Oscar a couru à perdre … .
6. à court - accourt — Gladys est … d'arguments pour se justifier.
7. bonheur - bonne heure — J'arriverai certainement de … .
8. des astres - désastre — On découvre chaque jour … inconnus.

4 ***Placez un article ou un pronom personnel devant ces mots. Il y a parfois plusieurs réponses.*** *Difficulté* ■■■

1. … goûte	… gouttes	… goutte	… goûtes
2. … cri	… cris	… crie	… cries
3. … balai	… balaie	… balaies	… balais
4. … calcule	… calcules	… calcul	… calculent
5. … pleures	… pleurs	… pleure	… pleurent
6. … lits	… lit	… lis	… lient
7. … rang	… rend	… rends	… rangs

Pour terminer (10 min)

Copiez chaque phrase en la complétant avec un homonyme du mot en bleu.

1. ***terre*** — Quand on ne sait pas répondre, il faut se … .
2. ***frêne*** — Avant d'aborder le virage, le conducteur … .
3. ***flan*** — Étendu sur le …, le cerf ne bouge plus.
4. ***guet*** — Ce récit n'est pas très … .
5. ***mât*** — M. Richon habite un ancien … provençal.
6. ***therme*** — Au … d'une année de travaux, le parking est enfin ouvert.
7. ***ras*** — Un …-de-marée a ravagé la côte du Sénégal.
8. ***sois*** — La … est un tissu léger, agréable à porter.
9. ***lasse*** — Philibert … ses chaussures de sport.
10. ***chant*** — Au printemps, ce … de colza se colore de jaune.

Expression écrite

Pour chacun de ces mots, trouvez le nombre d'homonymes demandés.
Vous emploierez ces mots dans des phrases qui permettront d'en préciser le sens.
Vous pouvez vous aider d'un dictionnaire.

ver (3) - ancre (1) - vin (3) - mettre (2) - poignée (1)

Ex : Mes parents projettent un voyage en **Grèce**.
Avant de le mettre au four, tu ôtes la **graisse** de ce rôti.

62 Les paronymes Les barbarismes Les contresens

Pour débuter

Trouvez le mot qui convient pour compléter chaque phrase.

1. Les stations balnéaires … affluer les vacanciers.

   a) voyent
   b) voillent
   c) voient

2. Le témoin dépose sous … devant le tribunal.

   a) serment
   b) sermon
   c) sergent

3. Ce petit signe « * » est un … .

   a) astérixe
   b) astérix
   c) astérisque

4. Ton air … prouve que tu ne crois pas à cette histoire.

   a) incroyante
   b) incrédule
   c) incriminée

5. L'… d'avion a fait plusieurs victimes.

   a) incidant
   b) action
   c) accident

À retenir

• Certains mots ont des formes et des prononciations proches, ce sont des **paronymes**. Pour choisir le terme correct, il faut bien examiner le sens de la phrase.

écouter les prévisions météorologiques

➔ des **prévisions** : des indications données sur un état probable

faire des provisions de nourriture

➔ des **provisions** : des réserves de choses nécessaires

• Quand on emploie un mot pour un autre, ou lorsqu'on déforme un mot, on commet un **barbarisme**.

avoir des problèmes pécuniaires

et non : *avoir des problèmes ~~pécuniers~~* (même si l'on dit des problèmes financiers)

Remarque :

L'origine du mot « **barbarisme** » est grecque. Dans la Grèce antique, **un barbare** était un étranger qui déformait la langue de la cité lorsqu'il s'exprimait.

• Lorsqu'on emploie à la suite deux mots qui signifient la même chose, c'est un **pléonasme**.

Avant de partir en promenade, tu as ajouté ~~en plus~~ des vêtements chauds.

(Lorsque l'on ajoute quelque chose, c'est évidemment en plus.)

Quand mes camarades sont sortis, je les ai suivis ~~derrière~~.

(Si l'on suit quelqu'un, on se trouve derrière lui.)

Béatrice nous propose une ~~double~~ alternative.

(Une alternative, c'est un choix entre deux choses possibles. Une double alternative serait donc le choix entre quatre choses !)

Attention

• Se tromper sur l'interprétation d'un mot ou d'une expression, c'est commettre un **contresens**.

ne pas avoir un sou vaillant

(C'est ne pas avoir un sou **qui vaille** - qui vaut quelque chose, et non avoir un sou courageux.)

• Assez souvent, le contresens provient d'un mot pris au sens propre et non au sens figuré.

être dans ses petits souliers

(C'est **être mal à l'aise**, et non porter des souliers trop petits.)

Exercices

Pour tous ces exercices, vous pouvez utiliser un dictionnaire.

1 Copiez ces phrases en les complétant par les mots de la liste suivante. *Difficulté* ■□□

indignation - indigestion - dénouement - dénuement - astrologue - astronome

1. Ces malheureux sont dans le plus complet … .
2. Le … de ce roman m'a beaucoup ému.
3. Cet … prédit l'avenir de ceux qui veulent bien le croire.
4. L'… observe une comète à l'aide d'un puissant télescope.
5. Si vous mangez toute la tarte, attention à l'… !
6. La maltraitance des animaux ne peut soulever que l'… .

2 Copiez ces phrases en les complétant par les paronymes des mots en bleu. *Difficulté* ■■□

1. frasques — On admire les … de cette église romane.
2. évider — Pour … les ennuis, mieux vaut respecter le règlement.
3. notoire — L'édification d'un pont apporte un changement … à la circulation.
4. intégral — Aucun doute, ce juge est parfaitement … .
5. stimule — Pour attirer l'attention, Léonard … une colère noire.

3 Copiez ces phrases en supprimant les pléonasmes. *Difficulté* ■■■

1. C'est le passage du tour de France ; venez tous le voir sans exception.
2. Les débris de la toiture se sont enchevêtrés les uns dans les autres.
3. Cet atelier a le monopole exclusif de la fabrication des pales d'hélicoptère.
4. Ce village compte au grand maximum quatre cents habitants.
5. Pour assembler ce puzzle, il faut commencer d'abord par trier les morceaux.
6. Utilisez cette pommade, car en effet elle apaise les démangeaisons.

4 Copiez ces phrases en écrivant correctement les mots en bleu qui sont des barbarismes. *Difficulté* ■■■

1. Dans cette usine, les ouvriers sont bien rénumérés.
2. Rien ne se passe comme prévu ; tout va de mal en pire.
3. La serveuse soupoudre la crêpe de sucre glace.
4. L'apparution d'un énorme requin effraie les baigneurs.
5. Certains serpents hynoptisent leur proie avant de la dévorer.
6. Tous les enfants sont aujourd'hui vaccinés contre la poliolite.

5 Cherchez le sens de ces expressions dans un dictionnaire et complétez les phrases comme il convient. *Difficulté* ■■■

un homme de paille - bâtir des châteaux en Espagne - le pot aux roses - sans merci - prendre la mouche - être comme chien et chat

1. Ces deux garçons se disputent souvent ; ils … .
2. Pascal rêve qu'il a touché le gros lot ; il … .
3. Miranda s'énerve pour un rien ; elle … .
4. Ces deux boxeurs veulent gagner à tout prix ; ils disputent un combat … .
5. Cet escroc cherche … pour signer les chèques.
6. Nasser a mis à jour un secret bien gardé ; il a découvert … .

Pour terminer — 10 min

Copiez ces phrases en les complétant par les mots qui conviennent.

1. ***tête - taie***
Galia ne trouve pas de … aux dimensions de son oreiller.

2. ***traite - traître***
À la fin du film, le détective démasque enfin le … .

3. ***ragaillardi - regaillardi***
Après une bonne douche, on se sent … .

4. ***aveuglement - aveuglément***
Pour monter ce meuble, il faut suivre … les instructions.

5. ***écharde - écharpe***
Cette actrice porte toujours une longue … blanche.

6. ***réflexion - réfection***
La … de la façade a embelli cet immeuble.

7. ***ignorer - savoir***
Vous n'êtes pas sans … que la Thaïlande se trouve en Asie.

8. ***égalise - égale***
Avant de semer le gazon, M. Linet … son terrain.

9. ***illusion - allusion***
À quoi faites-vous … en déclarant que le résultat est faux ?

10. ***effraction - infraction***
Ce véhicule stationne sur un passage protégé ; il est en … .

Expression écrite

À la suite d'un changement de métier, vos parents ont dû déménager. Racontez à un ami, dans un texte de huit à dix lignes, les travaux qu'ils ont effectués dans leur nouvelle maison (ou leur nouvel appartement).

Les verbes seront conjugués au passé composé.
Vous emploierez certains des paronymes de cette liste :
événement / avènement - aménager / emménager - constater / contester - original / originel - blanchissage / blanchiment - enduire / induire.

Bilan n°9

57. ou - où / la - là - l'a - l'as / sa - ça
58. quel(s) - quelle(s) - qu'elle(s) / quelque(s) - quel(les) que
59. se (s') - ce (c') / c'est - s'est - sait
60. leur - leur(s) - 61. Des homonymes
62. Les paronymes - Les barbarismes - Les contresens

Exercices

1 ***Copiez ces phrases en les complétant par la, là ou l'a.***

1. Cette démarche, je … reconnaîtrais entre mille. 2. Votre réponse, Yves … attendue trois jours. 3. … jeune fille habillée de blanc est … mariée, évidemment ! 4. Cette fenêtre est ouverte, mais celle-… est fermée. 5. L'ourse, le promeneur … rencontrée au détour d'un sentier.

2 ***Copiez ces phrases en les complétant par sa ou ça.***

1. Tu réponds à toutes les questions : … je ne l'aurais jamais cru. 2. Un séjour à Rome, Aude ne pense qu'à … . 3. Que prévoit Victoria pour … semaine de congé ? 4. La pente est rude, mais … ira, ne t'en fais pas ; je finirai bien par arriver au sommet. 5. Chacun a … façon de considérer ce problème.

3 ***Copiez ces phrases en les complétant avec les mots en bleu qui conviennent.***

1. (Quel / Quelle) belle petite fille ! (Quel / Quelle) est son prénom ? 2. (Quels / Quel) sont vos acteurs favoris ? 3. (Qu'elle / Quelle) sent bon ! Cette pivoine est vraiment odorante. 4. Le vainqueur, (ce / se) sera Quentin. (Ce / Se) soir, il sera sacré champion de France ! 5. « Mes amis, (l'heure / leur) est grave. Il y a un traître parmi nous ! » 6. « Je (sais / c'est) que (ce / se) livre plaît à vos élèves ; je le (leurs / leur) dédicacerai ! » promit le poète. 7. Nous respecterons votre décision, (quelle qu'elle / quelle quelle) soit.

4 ***Copiez ces phrases en les complétant avec les mots de la liste suivante.***

poing - point - seau - saut - serre - serres - cerf - sert - amende - amande - vois - voie

1. À la fin de la rencontre, Antoine … la main de son adversaire. 2. Si on téléphone au volant, on risque une forte … . 3. Fais attention : ce … du haut du plongeoir de 3 mètres peut être dangereux. 4. Cette … est sans issue : je le … bien. 5. La liqueur d'… parfume le tiramisu. 6. Le grand … brame au fond des bois. 7. Les … du faucon agrippent le … de son dresseur. 8. Mettez un … d'exclamation à la fin de cette phrase. 9. Ce … ne … plus à rien : il est percé.

5 ***Copiez ces phrases en corrigeant les pléonasmes et les barbarismes des mots en bleu.***

1. Vous êtes descendus en bas de l'échelle dans un temps record. 2. La tête de cet enfant est infectée de poux. 3. Il a vu de ses yeux le départ de la régate. 4. L'évasion de l'Europe par les Huns fut une catastrophe.

Dictée préparée

Nick se déshabillait sous sa tente. Il aperçut l'ombre de son père et de son oncle Georges à la lumière du feu. Il se sentit honteux, ce soir-là en se rappelant la nuit précédente.

Son père lui avait dit qu'au cas où il arriverait quelque chose pendant leur absence, Nick devait leur envoyer un signal : trois coups de fusil. C'est seulement après leurs adieux qu'il avait commencé à sentir la peur l'envahir, et ça, c'était horrible. Il n'avait pas respecté la consigne.

D'après Ernest Hemingway, *Trois coups de feu*, © Éditions Gallimard, 1977.

A ***Relevez les différents homonymes de sa, de ou, de la et de leur. Justifiez leur orthographe.***

B ***Trouvez un homonyme du mot tente et employez-le dans une phrase.***

Expression écrite

6 ***Votre frère (ou votre sœur) vous emmène au terrain de skate et vous fait ses recommandations.***

En huit lignes, rédigez ses conseils en conjuguant les verbes au présent de l'indicatif à la 2e personne du singulier. Utilisez les mots suivants :

où - ou - se - ce - s'est - c'est - ça - sa.

7 ***Vous souhaitez vous présenter au Conseil Communal Jeunes de votre ville. Rédigez un texte de six lignes au présent et au futur simple de l'indicatif, introduit par une phrase de récit au passé simple.***

Utilisez les tournures proposées après les avoir complétées avec des homonymes de quel et la :

1. Je m'approchai de l'estrade et, …, je
2. … projets
3. L'action … veut mener pour les jeunes
4. Cette décision, je … prends
5. Yann … dit et défendra

8 ***Composez des phrases qui éclaireront le sens des séries d'homonymes suivantes.***

Vous pouvez utiliser un dictionnaire.

a) port - porc - pore
b) tord (verbe) - tort
c) vaine - veine
d) sel - selle - celle
e) près - prêt
f) ma - mas - mât
g) bar - barre
h) boue - bout (verbe)
i) prix - prit (verbe)
j) quand - camp

Exploitation du test →

Repérez les numéros des questions sur lesquelles vous avez fait des fautes.

Révisez les leçons correspondantes et assurez-vous que vous avez bien compris en refaisant les exercices de ces leçons :

questions 1, 2, 3
→ leçon 57 → ou - où / la - là - l'a - l'as / sa - ça

questions 4, 5, 6
→ leçon 58 → quel(s) - quelle(s) - qu'elle(s) / quelque(s) - quel(les) que

questions 7, 8, 9, 10
→ leçon 59 → se (s') - ce (c') / c'est - s'est - sait

questions 11, 12, 13
→ leçon 60 → leur - leur(s)

questions 14, 15, 16
→ leçon 61 → Des homonymes

questions 17, 18, 19, 20
→ leçon 62 → Les paronymes - Les barbarismes - Les contresens

10 min

Test

Difficulté ■□□

1. ***Comment … va aujourd'hui ?***
   a. ça b. sa c. ca
2. ***De … -haut, on voit toute la vallée.***
   a. la b. l'a c. là
3. ***Le rayon … sont rangées les bandes dessinées est le troisième.***
   a. ou b. houx c. où
4. ***… que soient vos problèmes, je vous aiderai.***
   a. Quel b. Quels c. Quelles
5. ***… difficile que soit cet exercice, tu le résoudras.***
   a. Quelque b. Quelle que c. Quels que
6. ***Esther, je trouve … parle trop fort !***
   a. quelle b. qu'elle c. qu'elles
7. ***Fais … que tu veux, Nadine ne … préoccupe pas de toi.***
   a. ce / se b. se / ce c. ceux / ce
8. ***Je ne … pas … qui … passe dans cette salle.***
   a. sait / ce / se b. sais / se / ce c. sais / ce / se
9. ***… Fabrice qui … engagé dans … souterrain.***
   a. C'est / c'est / se b. S'est / sait / ce c. C'est / s'est / ce
10. ***Je … … que je dis.***
    a. sait ceux b. sais ce c. sait ce
11. ***Il est certain que … courage impressionne … amis.***
    a. leur / leurs b. leur / leur c. leurs / leurs
12. ***Nous … apportons des cadeaux pour … fête.***
    a. leur / leurs b. leur / leur c. leurs / leurs
13. ***… remarques … causeront des ennuis.***
    a. Leurs / leur b. Leur / leur c. Leurs / leurs
14. ***Cet enfant … déjà comme un savant.***
    a. résonne b. raisonne c. résone
15. ***Samia reçoit beaucoup d'… de la part de sa famille.***
    a. affliction b. infections c. affection
16. ***Le faon, …, s'enfuit dans les fourrés.***
    a. effarouché b. échauffouré c. enfarouché
17. ***La … est un superbe pays méditerranéen.***
    a. graisse b. Grèce c. Grèsse
18. ***Il faut … cette fuite avec de la mousse spéciale.***
    a. bouché b. boucher c. bouchet
19. ***Le … est la couleur de l'espérance.***
    a. ver b. vert c. vair
20. *Le … de Monte-Cristo* ***est un livre à découvrir absolument.***
    a. *Comte* b. *Compte* c. *Conte*

Pour aller plus loin

Difficulté ■■■

1. ***… désastre ! l'immeuble s'est effondré.***
   a. Quelle b. Quel c. Qu'elle
2. ***… …. je vais, personne ne peut m'accompagner.***
   a. La ou b. Là où c. La où
3. ***Tu … vue s'enfuir dans une ruelle sombre.***
   a. l'as b. l'a c. la
4. ***… camion a franchi toutes les dunes du rallye.***
   a. Se b. Ce c. Ceux
5. ***… lui … toi qui avez fait … dessins ?***
   a. C'est / ou / ses b. C'est / où / ces c. C'est / ou / ces
6. ***… vol, … sera … baptême de l'air.***
   a. Ce / ce / leurs b. Se / se / leur c. Ce / ce / leur
7. ***Alex … fait mal en tombant, mais … n'est pas grave.***
   a. s'est / se b. c'est / se c. s'est / ce
8. ***Mon père … enfin séparé de … costume affreux.***
   a. c'est / ce b. s'est / ce c. s'est / se
9. ***Les voyageurs regagnent … place.***
   a. l'heure b. leur c. leurs
10. ***Devant une … comble, les acteurs ont bien tenu … rôle.***
    a. sale / leur b. salle / leurs c. salle / leur
11. ***Il pleut à peine … gouttes.***
    a. quelque b. quelques c. quelles que
12. ***… … que soient ces nouvelles, tout le monde croit pourtant la rumeur.***
    a. Quelque fausses b. Quelques fausses c. Quelles fosses
13. ***… la présence des secours, plus de … personnes auraient péri.***
    a. Sans / sang b. Sans / cent c. S'en / sent
14. ***J'ai … … à la tête pour rester dans cette pièce.***
    a. trop mal b. trot mâle c. trop malle
15. ***Je … de … assoupie dans le train.***
    a. crin / m'être b. craint / mettre c. crains / m'être
16. ***Qui trouble le calme de … … ?***
    a. c'est lieux b. ces lieux c. ses lieus
17. ***Il n'y a pas d'… : il faut continuer tout droit.***
    a. alternative b. alternance c. autre alternative
18. ***Cet ogre a un ventre … .***
    a. prééminent b. prominent c. proéminent
19. ***Cette piste présente une … de 55 degrés.***
    a. inclinaison b. inclination c. inclinéson
20. ***Le … de tennis est en terre battue.***
    a. cours b. courre c. court

Classes grammaticales

MOTS VARIABLES

classes	sous-classes	exemples	définitions
noms Ils ont un genre, masculin ou féminin. ➔ Leçons 21, 22, 23, 41	**noms communs** Ils peuvent être **composés**, c'est-à-dire formés de mots reliés, ou non, par un trait d'union.	*un ami, un four, la fête, la date, la santé…* *un grand-père, une cité-dortoir, des sous-marins…*	Ils désignent, **en général**, des êtres, des objets, des actions, des états, des qualités, des relations… Ils varient en nombre et peuvent être précédés d'un déterminant.
	noms propres Ils prennent une majuscule.	*Marie, Mozart, l'Italie, Lyon, la Loire, Chambord, Pâques…*	Ils désignent, **en particulier**, des êtres, des lieux, des monuments, des fêtes…
déterminants Ils précèdent le nom et peuvent en indiquer le genre et/ou le nombre. Ils s'accordent avec le nom (sauf pour les adjectifs numéraux cardinaux). ➔ Leçons 26, 36, 39, 57, 58, 59, 60	**articles**	**définis** : *le, la, les, au, aux* **indéfinis** : *un, une, des* **partitifs** : *du, de l', de la*	
	adjectifs possessifs	*mon, mes, ton, son, ses, notre, votre, nos, vos, leur…*	Ils indiquent l'appartenance.
	adjectifs démonstratifs	*ce, cet, cette, ces*	Ils marquent ce qu'on montre.
	adjectifs indéfinis	*nul, plusieurs, chaque…*	
	adjectifs numéraux cardinaux	*deux litres, dix jours, cinquante kilos…*	Ils indiquent le nombre.
	adjectifs numéraux ordinaux	*le troisième rang* *la vingtième page*	Ils indiquent le rang.
	adjectifs interrogatifs	*quel, quelle, quels…*	Ils introduisent une proposition interrogative.
	adjectifs exclamatifs	*quel bruit ! quelle nuit !*	Ils traduisent l'étonnement.
pronoms Ils remplacent un nom ou un groupe nominal. ➔ Leçons 1, 37, 39, 59, 60	**pronoms personnels**	**sujets** : *je, tu, il, nous, ils, elles…*	Les pronoms sujets sont utilisés pour les conjugaisons.
		compléments : *me, te, lui, nous, se, moi, lui, soi, eux, en, y*	Ils désignent souvent des personnes ou des objets (3e personne).
	pronoms possessifs	*le mien, la mienne, les miens, le sien, le nôtre, les leurs…*	Ils remplacent un nom précédé d'un déterminant possessif.
	pronoms démonstratifs	*ce, c', celui, celle, ceux, celles, cela, celui-ci…*	Ils remplacent un nom précédé d'un déterminant démonstratif.
	pronoms relatifs	*qui, que, quoi, dont, où, lequel, auquel, duquel…*	Ils remplacent un nom, leur antécédent.
	pronoms interrogatifs	*qui, que, quoi, lequel…*	
	pronoms indéfinis	*chacun, personne, certain, rien, tout, aucun, tous, quelqu'un…*	Ils désignent des êtres ou des choses sans précision.

MOTS VARIABLES

classes	sous-classes	exemples	définitions
adjectifs qualificatifs Ils s'accordent avec les noms qu'ils caractérisent. ➔ Leçons 24, 25, 29, 32	 **participes passés** **participes présents**	*une petite route* *Le vent est froid.* *une porte fermée* *une route glissante*	Ils peuvent être placés avant ou après le nom ; ils sont parfois séparés du nom.
verbes Ils se conjuguent. ➔ Leçons 1 à 20, 27, 28, 30, 31, 33 à 38, 40	**auxiliaires**	*être avoir*	Pour conjuguer les autres verbes aux temps composés.
	1er groupe	*vider, laver…* (sauf *aller*)	infinitif en **-er**
	2e groupe	*agir (agissant)…*	infinitif en **-ir** (**-issant**)
	3e groupe	*fuir, rire, devoir…*	tous les autres verbes

MOTS INVARIABLES

classes	sous-classes		exemples	définitions
adverbes Ils modifient, ils précisent, ils apportent une nuance, à un verbe, à un adjectif, à un autre adverbe. S'ils sont composés de plusieurs mots, ce sont des **locutions adverbiales**. ➔ Leçons 38, 39, 54, 55, 56, 57	**adverbes de manière**		*mieux, mal, ensemble, cruellement, amèrement…*	Beaucoup sont formés sur un adjectif féminin.
	adverbes interrogatifs		*combien ? comment ? où ? pourquoi ? quand ? …*	Ils introduisent une proposition interrogative directe ou indirecte.
	autres adverbes	**lieu**	*ailleurs, par ici, dehors, là, devant, dessus…*	
		temps	*tard, déjà, soudain, enfin, bientôt…*	
		quantité	*aussi, encore, très, autant, moins, guère…*	
		affirmation	*bien sûr, oui, sans doute, vraiment, soit…*	
		négation	*non, ne pas, ne guère, ne jamais, aucun…*	
		doute	*peut-être, environ, par hasard…*	
prépositions ➔ Leçons 35, 56			*contre, sur, avec, dans, chez, pendant, sauf, parmi, de, depuis, entre, malgré…*	Elles introduisent un complément avec lequel elles forment un groupe.
conjonctions ➔ Leçons 35, 56, 57	**de coordination**		*mais, ou, et, donc, or, ni, car*	Elles relient deux mots ou deux propositions de même nature et de même fonction.
	de subordination		*que, quand, lorsque, si, parce que, quoique, tandis que, après que, afin que…*	Elles introduisent une proposition subordonnée conjonctive.
interjections Elles n'ont pas de fonction grammaticale précise. ➔ Leçons 42, 56	**onomatopées et autres interjections**		*Boum ! Chut ! Ouf ! Crac ! Paf ! Hue ! Hélas ! Pan !… Aïe ! Ah ! Courage ! Eh bien ! Bravo ! En avant ! Attention ! Par exemple !*	Elles manifestent un bruit, un cri, des sentiments, des avertissements, des surprises.

Attention !

Un même mot peut appartenir à plusieurs classes grammaticales.

Il est opprimé. ➔ verbe *opprimer*
un personne opprimée ➔ participe passé employé comme adjectif qualificatif
défendre les opprimés ➔ nom commun

Que voyez-vous ? ➔ pronom interrogatif
Je crois que tu m'entends. ➔ conjonction de subordination
Je te donne l'adresse que j'ai notée. ➔ pronom relatif
Que l'arrivée est lointaine ! ➔ adverbe

Tableaux de conjugaison

1er groupe — MARCHER

INDICATIF

Présent

je	march	e
tu	march	es
elle	march	e
nous	march	ons
vous	march	ez
ils	march	ent

Imparfait

je	march	ais
tu	march	ais
elle	march	ait
nous	march	ions
vous	march	iez
ils	march	aient

Passé composé

j' ai marché

Passé antérieur

j' eus marché

Passé simple

je	march	ai
tu	march	as
elle	march	a
nous	march	âmes
vous	march	âtes
ils	march	èrent

Futur simple

je	marcher	ai
tu	marcher	as
elle	marcher	a
nous	marcher	ons
vous	marcher	ez
ils	marcher	ont

Plus-que-parfait

j' avais marché

Futur antérieur

j' aurai marché

SUBJONCTIF

Présent

que	je	march	e
que	tu	march	es
qu'	elle	march	e
que	nous	march	ions
que	vous	march	iez
qu'	ils	march	ent

CONDITIONNEL

Présent

je	marcher	ais
tu	marcher	ais
elle	marcher	ait
nous	marcher	ions
vous	marcher	iez
ils	marcher	aient

IMPÉRATIF

Présent

marche marchons marchez

PARTICIPE

Présent	Passé
marchant	marché(e)

2e groupe — FINIR

INDICATIF

Présent

je	fini	s
tu	fini	s
elle	fini	t
nous	fini	ssons
vous	fini	ssez
ils	fini	ssent

Imparfait

je	finiss	ais
tu	finiss	ais
elle	finiss	ait
nous	finiss	ions
vous	finiss	iez
ils	finiss	aient

Passé composé

j' ai fini

Passé antérieur

j' eus fini

Passé simple

je	fini	s
tu	fini	s
elle	fini	t
nous	finî	mes
vous	finî	tes
ils	fini	rent

Futur simple

je	finir	ai
tu	finir	as
elle	finir	a
nous	finir	ons
vous	finir	ez
ils	finir	ont

Plus-que-parfait

j' avais fini

Futur antérieur

j' aurai fini

SUBJONCTIF

Présent

que	je	finiss	e
que	tu	finiss	es
qu'	elle	finiss	e
que	nous	finiss	ions
que	vous	finiss	iez
qu'	ils	finiss	ent

CONDITIONNEL

Présent

je	finir	ais
tu	finir	ais
elle	finir	ait
nous	finir	ions
vous	finir	iez
ils	finir	aient

IMPÉRATIF

Présent

finis finissons finissez

PARTICIPE

Présent	Passé
finissant	fini(e)

Tableaux de conjugaison

3e groupe — ALLER

INDICATIF

Présent			Passé simple		
je	vai	s	j'	all	ai
tu	va	s	tu	all	as
elle	va		elle	all	a
nous	all	ons	nous	all	âmes
vous	all	ez	vous	all	âtes
ils	v	ont	ils	all	èrent
Imparfait			**Futur simple**		
j'	all	ais	j'	ir	ai
tu	all	ais	tu	ir	as
elle	all	ait	elle	ir	a
nous	all	ions	nous	ir	ons
vous	all	iez	vous	ir	ez
ils	all	aient	ils	ir	ont
Passé composé			**Plus-que-parfait**		
je	suis	allé(e)	j'	étais	allé(e)
Passé antérieur			**Futur antérieur**		
je	fus	allé(e)	je	serai	allé(e)

SUBJONCTIF

Présent			
que	j'	aill	e
que	tu	aill	es
qu'	elle	aill	e
que	nous	all	ions
que	vous	all	iez
qu'	ils	aill	ent

CONDITIONNEL

Présent		
j'	ir	ais
tu	ir	ais
elle	ir	ait
nous	ir	ions
vous	ir	iez
ils	ir	aient

IMPÉRATIF

Présent		
va	allons	allez

PARTICIPE

Présent	Passé
allant	allé(e)

3e groupe — PARTIR

INDICATIF

Présent			Passé simple		
je	par	s	je	part	is
tu	par	s	tu	part	is
elle	par	t	elle	part	it
nous	part	ons	nous	part	îmes
vous	part	ez	vous	part	îtes
ils	part	ent	ils	part	irent
Imparfait			**Futur simple**		
je	part	ais	je	partir	ai
tu	part	ais	tu	partir	as
elle	part	ait	elle	partir	a
nous	part	ions	nous	partir	ons
vous	part	iez	vous	partir	ez
ils	part	aient	ils	partir	ont
Passé composé			**Plus-que-parfait**		
je	suis	parti(e)	j'	étais	parti(e)
Passé antérieur			**Futur antérieur**		
je	fus	parti(e)	je	serai	parti(e)

SUBJONCTIF

Présent			
que	je	part	e
que	tu	part	es
qu'	elle	part	e
que	nous	part	ions
que	vous	part	iez
qu'	ils	part	ent

CONDITIONNEL

Présent		
je	partir	ais
tu	partir	ais
elle	partir	ait
nous	partir	ions
vous	partir	iez
ils	partir	aient

IMPÉRATIF

Présent		
pars	partons	partez

PARTICIPE

Présent	Passé
partant	parti(e)

Tableaux de conjugaison

DIRE

3e groupe

INDICATIF

Présent

je	di	s
tu	di	s
elle	di	t
nous	dis	ons
vous	dit	es
ils	dis	ent

Imparfait

je	dis	ais
tu	dis	ais
elle	dis	ait
nous	dis	ions
vous	dis	iez
ils	dis	aient

Passé composé

j' ai dit

Passé antérieur

j' eus dit

Passé simple

je	d	is
tu	d	is
elle	d	it
nous	d	îmes
vous	d	îtes
ils	d	irent

Futur simple

je	dir	ai
tu	dir	as
elle	dir	a
nous	dir	ons
vous	dir	ez
ils	dir	ont

Plus-que-parfait

j' avais dit

Futur antérieur

j' aurai dit

SUBJONCTIF

Présent

que	je	dis	e
que	tu	dis	es
qu'	elle	dis	e
que	nous	dis	ions
que	vous	dis	iez
qu'	ils	dis	ent

CONDITIONNEL

Présent

je	dir	ais
tu	dir	ais
elle	dir	ait
nous	dir	ions
vous	dir	iez
ils	dir	aient

IMPÉRATIF

Présent

dis disons dites

PARTICIPE

Présent	Passé
disant	dit(e)

FAIRE

3e groupe

INDICATIF

Présent

je	fai	s
tu	fai	s
elle	fai	t
nous	fais	ons
vous	fait	es
ils	f	ont

Imparfait

je	fais	ais
tu	fais	ais
elle	fais	ait
nous	fais	ions
vous	fais	iez
ils	fais	aient

Passé composé

j' ai fait

Passé antérieur

j' eus fait

Passé simple

je	f	is
tu	f	is
elle	f	it
nous	f	îmes
vous	f	îtes
ils	f	irent

Futur simple

je	fer	ai
tu	fer	as
elle	fer	a
nous	fer	ons
vous	fer	ez
ils	fer	ont

Plus-que-parfait

j' avais fait

Futur antérieur

j' aurai fait

SUBJONCTIF

Présent

que	je	fass	e
que	tu	fass	es
qu'	elle	fass	e
que	nous	fass	ions
que	vous	fass	iez
qu'	ils	fass	ent

CONDITIONNEL

Présent

je	fer	ais
tu	fer	ais
elle	fer	ait
nous	fer	ions
vous	fer	iez
ils	fer	aient

IMPÉRATIF

Présent

fais faisons faites

PARTICIPE

Présent	Passé
faisant	fait(e)

Tableaux de conjugaison

3e groupe — COURIR

INDICATIF

Présent

je	cour	s
tu	cour	s
elle	cour	t
nous	cour	ons
vous	cour	ez
ils	cour	ent

Imparfait

je	cour	ais
tu	cour	ais
elle	cour	ait
nous	cour	ions
vous	cour	iez
ils	cour	aient

Passé composé

j' ai couru

Passé antérieur

j' eus couru

Passé simple

je	cour	us
tu	cour	us
elle	cour	ut
nous	cour	ûmes
vous	cour	ûtes
ils	cour	urent

Futur simple

je	courr	ai
tu	courr	as
elle	courr	a
nous	courr	ons
vous	courr	ez
ils	courr	ont

Plus-que-parfait

j' avais couru

Futur antérieur

j' aurai couru

SUBJONCTIF

Présent

que	je	cour	e
que	tu	cour	es
qu'	elle	cour	e
que	nous	cour	ions
que	vous	cour	iez
qu'	ils	cour	ent

CONDITIONNEL

Présent

je	courr	ais
tu	courr	ais
elle	courr	ait
nous	courr	ions
vous	courr	iez
ils	courr	aient

IMPÉRATIF

Présent

cours courons courez

PARTICIPE

Présent courant

Passé couru(e)

3e groupe — VENIR

INDICATIF

Présent

je	vien	s
tu	vien	s
elle	vien	t
nous	ven	ons
vous	ven	ez
ils	vienn	ent

Imparfait

je	ven	ais
tu	ven	ais
elle	ven	ait
nous	ven	ions
vous	ven	iez
ils	ven	aient

Passé composé

je suis venu(e)

Passé antérieur

je fus venu(e)

Passé simple

je	vin	s
tu	vin	s
elle	vin	t
nous	vîn	mes
vous	vîn	tes
ils	vin	rent

Futur simple

je	viendr	ai
tu	viendr	as
elle	viendr	a
nous	viendr	ons
vous	viendr	ez
ils	viendr	ont

Plus-que-parfait

j' étais venu(e)

Futur antérieur

je serai venu(e)

SUBJONCTIF

Présent

que	je	vienn	e
que	tu	vienn	es
qu'	elle	vienn	e
que	nous	ven	ions
que	vous	ven	iez
qu'	ils	vienn	ent

CONDITIONNEL

Présent

je	viendr	ais
tu	viendr	ais
elle	viendr	ait
nous	viendr	ions
vous	viendr	iez
ils	viendr	aient

IMPÉRATIF

Présent

viens venons venez

PARTICIPE

Présent venant

Passé venu(e)

Tableaux de conjugaison

DEVOIR

3e groupe

INDICATIF

Présent			Passé simple		
je	doi	s	je	d	us
tu	doi	s	tu	d	us
elle	doi	t	elle	d	ut
nous	dev	ons	nous	d	ûmes
vous	dev	ez	vous	d	ûtes
ils	doiv	ent	ils	d	urent

Imparfait			Futur simple		
je	dev	ais	je	devr	ai
tu	dev	ais	tu	devr	as
elle	dev	ait	elle	devr	a
nous	dev	ions	nous	devr	ons
vous	dev	iez	vous	devr	ez
ils	dev	aient	ils	devr	ont

Passé composé			Plus-que-parfait		
j'	ai	dû	j'	avais	dû

Passé antérieur			Futur antérieur		
j'	eus	dû	j'	aurai	dû

SUBJONCTIF

Présent

que	je	doiv	e
que	tu	doiv	es
qu'	elle	doiv	e
que	nous	dev	ions
que	vous	dev	iez
qu'	ils	doiv	ent

CONDITIONNEL

Présent

je	devr	ais
tu	devr	ais
elle	devr	ait
nous	devr	ions
vous	devr	iez
ils	devr	aient

IMPÉRATIF

Présent

dois devons devez

PARTICIPE

Présent	Passé
devant	dû, due

SAVOIR

3e groupe

INDICATIF

Présent			Passé simple		
je	sai	s	je	s	us
tu	sai	s	tu	s	us
elle	sai	t	elle	s	ut
nous	sav	ons	nous	s	ûmes
vous	sav	ez	vous	s	ûtes
ils	sav	ent	ils	s	urent

Imparfait			Futur simple		
je	sav	ais	je	saur	ai
tu	sav	ais	tu	saur	as
elle	sav	ait	elle	saur	a
nous	sav	ions	nous	saur	ons
vous	sav	iez	vous	saur	ez
ils	sav	aient	ils	saur	ont

Passé composé			Plus-que-parfait		
j'	ai	su	j'	avais	su

Passé antérieur			Futur antérieur		
j'	eus	su	j'	aurai	su

SUBJONCTIF

Présent

que	je	sach	e
que	tu	sach	es
qu'	elle	sach	e
que	nous	sach	ions
que	vous	sach	iez
qu'	ils	sach	ent

CONDITIONNEL

Présent

je	saur	ais
tu	saur	ais
elle	saur	ait
nous	saur	ions
vous	saur	iez
ils	saur	aient

IMPÉRATIF

Présent

sache sachons sachez

PARTICIPE

Présent	Passé
sachant	su(e)

VOULOIR

3e groupe

INDICATIF

Présent

je	veu	x
tu	veu	x
elle	veu	t
nous	voul	ons
vous	voul	ez
ils	veul	ent

Imparfait

je	voul	ais
tu	voul	ais
elle	voul	ait
nous	voul	ions
vous	voul	iez
ils	voul	aient

Passé composé

j' ai voulu

Passé antérieur

j' eus voulu

Passé simple

je	voul	us
tu	voul	us
elle	voul	ut
nous	voul	ûmes
vous	voul	ûtes
ils	voul	urent

Futur simple

je	voudr	ai
tu	voudr	as
elle	voudr	a
nous	voudr	ons
vous	voudr	ez
ils	voudr	ont

Plus-que-parfait

j' avais voulu

Futur antérieur

j' aurai voulu

SUBJONCTIF

Présent

que	je	veuill	e
que	tu	veuill	es
qu'	elle	veuill	e
que	nous	voul	ions
que	vous	voul	iez
qu'	ils	veuill	ent

CONDITIONNEL

Présent

je	voudr	ais
tu	voudr	ais
elle	voudr	ait
nous	voudr	ions
vous	voudr	iez
ils	voudr	aient

IMPÉRATIF

Présent

veuille veuillons veuillez

PARTICIPE

Présent	Passé
voulant	voulu(e)

VOIR

3e groupe

INDICATIF

Présent

je	voi	s
tu	voi	s
elle	voi	t
nous	voy	ons
vous	voy	ez
ils	voi	ent

Imparfait

je	voy	ais
tu	voy	ais
elle	voy	ait
nous	voy	ions
vous	voy	iez
ils	voy	aient

Passé composé

j' ai vu

Passé antérieur

j' eus vu

Passé simple

je	v	is
tu	v	is
elle	v	it
nous	v	îmes
vous	v	îtes
ils	v	irent

Futur simple

je	verr	ai
tu	verr	as
elle	verr	a
nous	verr	ons
vous	verr	ez
ils	verr	ont

Plus-que-parfait

j' avais vu

Futur antérieur

j' aurai vu

SUBJONCTIF

Présent

que	je	voi	e
que	tu	voi	es
qu'	elle	voi	e
que	nous	voy	ions
que	vous	voy	iez
qu'	ils	voi	ent

CONDITIONNEL

Présent

je	verr	ais
tu	verr	ais
elle	verr	ait
nous	verr	ions
vous	verr	iez
ils	verr	aient

IMPÉRATIF

Présent

vois voyons voyez

PARTICIPE

Présent	Passé
voyant	vu(e)

Tableaux de conjugaison

3e groupe — PEINDRE

INDICATIF

Présent

je	pein	s
tu	pein	s
elle	pein	t
nous	peign	ons
vous	peign	ez
ils	peign	ent

Imparfait

je	peign	ais
tu	peign	ais
elle	peign	ait
nous	peign	ions
vous	peign	iez
ils	peign	aient

Passé composé

j' ai peint

Passé antérieur

j' eus peint

Passé simple

je	peign	is
tu	peign	is
elle	peign	it
nous	peign	îmes
vous	peign	îtes
ils	peign	irent

Futur simple

je	peindr	ai
tu	peindr	as
elle	peindr	a
nous	peindr	ons
vous	peindr	ez
ils	peindr	ont

Plus-que-parfait

j' avais peint

Futur antérieur

j' aurai peint

SUBJONCTIF

Présent

que	je	peign	e
que	tu	peign	es
qu'	elle	peign	e
que	nous	peign	ions
que	vous	peign	iez
qu'	ils	peign	ent

CONDITIONNEL

Présent

je	peindr	ais
tu	peindr	ais
elle	peindr	ait
nous	peindr	ions
vous	peindr	iez
ils	peindr	aient

IMPÉRATIF

Présent

peins peignons peignez

PARTICIPE

Présent	Passé
peignant	peint(e)

3e groupe — CROIRE

INDICATIF

Présent

je	croi	s
tu	croi	s
elle	croi	t
nous	croy	ons
vous	croy	ez
ils	croi	ent

Imparfait

je	croy	ais
tu	croy	ais
elle	croy	ait
nous	croy	ions
vous	croy	iez
ils	croy	aient

Passé composé

j' ai cru

Passé antérieur

j' eus cru

Passé simple

je	cr	us
tu	cr	us
elle	cr	ut
nous	cr	ûmes
vous	cr	ûtes
ils	cr	urent

Futur simple

je	croir	ai
tu	croir	as
elle	croir	a
nous	croir	ons
vous	croir	ez
ils	croir	ont

Plus-que-parfait

j' avais cru

Futur antérieur

j' aurai cru

SUBJONCTIF

Présent

que	je	croi	e
que	tu	croi	es
qu'	elle	croi	e
que	nous	croy	ions
que	vous	croy	iez
qu'	ils	croi	ent

CONDITIONNEL

Présent

je	croir	ais
tu	croir	ais
elle	croir	ait
nous	croir	ions
vous	croir	iez
ils	croir	aient

IMPÉRATIF

Présent

crois croyons croyez

PARTICIPE

Présent	Passé
croyant	cru(e)

Tableaux de conjugaison

BOIRE (3e groupe)

INDICATIF

Présent			Passé simple		
je	boi	s	je	b	us
tu	boi	s	tu	b	us
elle	boi	t	elle	b	ut
nous	buv	ons	nous	b	ûmes
vous	buv	ez	vous	b	ûtes
ils	boiv	ent	ils	b	urent

Imparfait			Futur simple		
je	buv	ais	je	boir	ai
tu	buv	ais	tu	boir	as
elle	buv	ait	elle	boir	a
nous	buv	ions	nous	boir	ons
vous	buv	iez	vous	boir	ez
ils	buv	aient	ils	boir	ont

Passé composé			Plus-que-parfait		
il	a	bu	il	avait	bu

Passé antérieur			Futur antérieur		
il	eut	bu	il	aura	bu

SUBJONCTIF

Présent			
que	je	boiv	e
que	tu	boiv	es
qu'	elle	boiv	e
que	nous	buv	ions
que	vous	buv	iez
qu'	ils	boiv	ent

CONDITIONNEL

Présent		
je	boir	ais
tu	boir	ais
elle	boir	ait
nous	boir	ions
vous	boir	iez
ils	boir	aient

IMPÉRATIF

Présent		
bois	buvons	buvez

PARTICIPE

Présent	Passé
buvant	bu(e)

ÉCRIRE (3e groupe)

INDICATIF

Présent			Passé simple		
j'	écri	s	j'	écriv	is
tu	écri	s	tu	écriv	is
elle	écri	t	elle	écriv	it
nous	écriv	ons	nous	écriv	îmes
vous	écriv	ez	vous	écriv	îtes
ils	écriv	ent	ils	écriv	irent

Imparfait			Futur simple		
j'	écriv	ais	j'	écrir	ai
tu	écriv	ais	tu	écrir	as
elle	écriv	ait	elle	écrir	a
nous	écriv	ions	nous	écrir	ons
vous	écriv	iez	vous	écrir	ez
ils	écriv	aient	ils	écrir	ont

Passé composé			Plus-que-parfait		
il	a	écrit	il	avait	écrit

Passé antérieur			Futur antérieur		
il	eut	écrit	il	aura	écrit

SUBJONCTIF

Présent			
que	j'	écriv	e
que	tu	écriv	es
qu'	elle	écriv	e
que	nous	écriv	ions
que	vous	écriv	iez
qu'	ils	écriv	ent

CONDITIONNEL

Présent		
j'	écrir	ais
tu	écrir	ais
elle	écrir	ait
nous	écrir	ions
vous	écrir	iez
ils	écrir	aient

IMPÉRATIF

Présent		
écris	écrivons	écrivez

PARTICIPE

Présent	Passé
écrivant	écrit(e)

Verbes irréguliers

CONDUIRE (construire, cuire, détruire, instruire, produire, séduire, traduire)

indicatif

présent
je conduis
nous conduisons
elles conduisent

imparfait
je conduisais
nous conduisions
ils conduisaient

passé simple
je conduisis
elle conduisit
ils conduisirent

futur simple
je conduirai
nous conduirons
ils conduiront

passé composé : il a conduit

plus-que-parfait : ils avaient conduit

passé antérieur : il eut conduit

futur antérieur : ils auront conduit

présent du conditionnel
je conduirais
elle conduirait
vous conduiriez

présent du subjonctif
que je conduise
qu'il conduise
que nous conduisions

présent de l'impératif
conduis
conduisons
conduisez

participe
présent : conduisant
passé : conduit

CONNAÎTRE (apparaître, comparaître, disparaître, méconnaître, paraître)

indicatif

présent
je connais
elle connaît
ils connaissent

imparfait
je connaissais
nous connaissions
ils connaissaient

passé simple
je connus
il connut
ils connurent

futur simple
je connaîtrai
nous connaîtrons
elles connaîtront

passé composé : il a connu

plus-que-parfait : ils avaient connu

passé antérieur : il eut connu

futur antérieur : ils auront connu

présent du conditionnel
je connaîtrais
il connaîtrait
vous connaîtriez

présent du subjonctif
que je connaisse
qu'elle connaisse
que nous connaissions

présent de l'impératif
connais
connaissons
connaissez

participe
présent : connaissant
passé : connu

ESSUYER (appuyer, employer, ennuyer, essayer, nettoyer, noyer, payer)

indicatif

présent
j'essuie
nous essuyons
ils essuient

imparfait
j'essuyais
nous essuyions
vous essuyiez

passé simple
j'essuyai
elle essuya
ils essuyèrent

futur simple
j'essuierai
nous essuierons
ils essuieront

passé composé : il a essuyé

plus-que-parfait : ils avaient essuyé

passé antérieur : il eut essuyé

futur antérieur : ils auront essuyé

présent du conditionnel
j'essuierais
il essuierait
vous essuieriez

présent du subjonctif
que j'essuie
qu'elle essuie
que nous essuyions

présent de l'impératif
essuie
essuyons
essuyez

participe
présent : essuyant
passé : essuyé

Verbes irréguliers

JETER (appeler, ensorceler, épeler, étinceler, feuilleter, harceler, projeter, rejeter, renouveler)

indicatif

présent	imparfait	passé simple	futur simple
je jette	je jetais	je jetai	je jetterai
nous jetons	nous jetions	il jeta	nous jetterons
ils jettent	elles jetaient	ils jetèrent	ils jetteront

passé composé : il a jeté

plus-que-parfait : ils avaient jeté

passé antérieur : il eut jeté

futur antérieur : ils auront jeté

présent du conditionnel	présent du subjonctif	présent de l'impératif	participe
je jetterais	que je jette	jette	**présent :** jetant
elle jetterait	qu'elle jette	jetons	**passé :** jeté
vous jetteriez	que nous jetions	jetez	

ACHETER (congeler, crocheter, geler, haleter, marteler, modeler, peler, racheter)

indicatif

présent	imparfait	passé simple	futur simple
j'achète	j'achetais	j'achetai	j'achèterai
nous achetons	nous achetions	elle acheta	nous achèterons
elles achètent	ils achetaient	ils achetèrent	ils achèteront

passé composé : il a acheté

plus-que-parfait : ils avaient acheté

passé antérieur : il eut acheté

futur antérieur : ils auront acheté

présent du conditionnel	présent du subjonctif	présent de l'impératif	participe
j'achèterais	que j'achète	achète	**présent :** achetant
il achèterait	que nous achetions	achetons	**passé :** acheté
vous achèteriez	qu'elles achètent	achetez	

APERCEVOIR (concevoir, décevoir, percevoir, recevoir)

indicatif

présent	imparfait	passé simple	futur simple
tu aperçois	tu apercevais	j'aperçus	j'apercevrai
nous apercevons	nous apercevions	elle aperçut	nous apercevrons
ils aperçoivent	ils apercevaient	ils aperçurent	ils apercevront

passé composé : il a aperçu

plus-que-parfait : ils avaient aperçu

passé antérieur : il eut aperçu

futur antérieur : ils auront aperçu

présent du conditionnel	présent du subjonctif	présent de l'impératif	participe
j'apercevrais	que j'aperçoive	aperçois	**présent :** apercevant
elle apercevrait	qu'il aperçoive	apercevons	**passé :** aperçu
vous apercevriez	que nous apercevions	apercevez	

Verbes irréguliers

PRENDRE (apprendre, comprendre, entreprendre, reprendre, se méprendre, surprendre)

indicatif

présent	imparfait	passé simple	futur simple
je prends	je prenais	je pris	je prendrai
nous prenons	nous prenions	elle prit	nous prendrons
elles prennent	ils prenaient	ils prirent	ils prendront

passé composé : il a pris

plus-que-parfait : ils avaient pris

passé antérieur : il eut pris

futur antérieur : ils auront pris

présent du conditionnel	présent du subjonctif	présent de l'impératif	participe
je prendrais	que je prenne	prends	**présent :** prenant
elle prendrait	qu'il prenne	prenons	**passé :** pris
vous prendriez	que nous prenions	prenez	

ASSEOIR (1) (s'asseoir, se rasseoir)

(on utilise indifféremment l'une ou l'autre des deux conjugaisons)

indicatif

présent	imparfait	passé simple	futur simple
j'assieds	j'asseyais	j'assis	j'assiérai
nous asseyons	nous asseyions	elle assit	nous assiérons
elles asseyent	vous asseyiez	ils assirent	ils assiéront

passé composé : il a assis

plus-que-parfait : ils avaient assis

passé antérieur : il eut assis

futur antérieur : ils auront assis

présent du conditionnel	présent du subjonctif	présent de l'impératif	participe
j'assiérais	que j'asseye	assieds	**présent :** asseyant
il assiérait	qu'elle asseye	asseyons	**passé :** assis
vous assiériez	que nous asseyions	asseyez	

ASSEOIR (2) (s'asseoir, se rasseoir)

(on utilise indifféremment l'une ou l'autre des deux conjugaisons)

indicatif

présent	imparfait	passé simple	futur simple
j'assois	j'assoyais	j'assis	j'assoirai
nous assoyons	nous assoyions	elle assit	nous assoirons
elles assoient	vous assoyiez	ils assirent	ils assoiront

passé composé : il a assis

plus-que-parfait : ils avaient assis

passé antérieur : il eut assis

futur antérieur : ils auront assis

présent du conditionnel	présent du subjonctif	présent de l'impératif	participe
j'assoirais	que j'assoie	assois	**présent :** asseyant
elle assoirait	qu'elle assoie	assoyons	**passé :** assis
vous assoiriez	que nous assoyions	assoyez	

Verbes irréguliers

ENVOYER (renvoyer)

indicatif

présent
j'envoie
nous envoyons
elles envoient

imparfait
j'envoyais
nous envoyions
ils envoyaient

passé simple
j'envoyai
elle envoya
ils envoyèrent

futur simple
j'enverrai
nous enverrons
ils enverront

passé composé : il a envoyé

passé antérieur : il eut envoyé

plus-que-parfait : ils avaient envoyé

futur antérieur : ils auront envoyé

présent du conditionnel
j'enverrais
il enverrait
vous enverriez

présent du subjonctif
que j'envoie
qu'il envoie
que nous envoyions

présent de l'impératif
envoie
envoyons
envoyez

participe
présent : envoyant
passé : envoyé

LIRE (élire, réélire, relire)

indicatif

présent
il lit
ils lisent

imparfait
il lisait
ils lisaient

passé simple
il lut
ils lurent

futur simple
il lira
elles liront

passé composé : il a lu

passé antérieur : il eut lu

plus-que-parfait : ils avaient lu

futur antérieur : ils auront lu

présent du conditionnel
il lirait

présent du subjonctif
qu'il lise

présent de l'impératif
lis, lisons, lisez

participe
présent : lisant **passé :** lu

FALLOIR

indicatif

présent
il faut

imparfait
il fallait

passé simple
il fallut

futur simple
il faudra

passé composé : il a fallu

passé antérieur : il eut fallu

plus-que-parfait : il avait fallu

futur antérieur : il aura fallu

présent du conditionnel
il faudrait

présent du subjonctif
qu'il faille

participe
passé : fallu

VALOIR

indicatif

présent
je vaux
elle vaut

imparfait
je valais
ils valaient

passé simple
je valus
ils valurent

futur simple
je vaudrai
elles vaudront

passé composé : il a valu

passé antérieur : il eut valu

plus-que-parfait : ils avaient valu

futur antérieur : ils auront valu

présent du conditionnel
il vaudrait
ils vaudraient

présent du subjonctif
qu'il vaille
que vous valiez

participe
présent : valant
passé : valu

Alphabet Phonétique International

VOYELLES

[a] le marin ; un arbre
[ɑ] le pâté ; le bas
[i] midi ; une image ; une île ; un type
[o] la moto ; beau ; un étau ; le rôle
[ɔ] la colle ; la note
[ə] demain ; revoir
[ø] heureux ; bleu ; un nœud
[œ] peu ; le cœur
[e] école ; le pré ; les ; parler ; le nez ; le pied
[ɛ] tiède ; la laine ; la fête ; neigeux ; la perte ; le volet
[y] la rue ; mûr
[u] fou ; le goût
[ɑ̃] la dent ; ranger ; trembler ; la jambe
[ɛ̃]* le vin ; la main ; peindre ; imprimer ; l'examen ; la faim ; la symphonie
[œ̃]* lundi ; le parfum
[ɔ̃] le monde ; sombre

CONSONNES

[p] partir ; taper
[b] la balle ; la table
[t] tous ; le retour
[d] dur ; aider ; le sud
[k] le cou ; marquer ; skier ; le ticket ; la chorale ; acquitter
[g] la glace ; la vague
[f] fier ; un enfant ; une photo
[v] vite ; devant ; un wagon
[m] la maison ; le permis
[n] le navire ; la farine
[s] le son ; tracer ; passer ; la leçon ; la nation ; la science ; six
[z] le gazon ; zéro ; dixième
[l] la lune ; rouler ; la ville
[ʒ] le jeu ; manger
[ʃ] le cheval ; riche ; un schéma
[ʀ] rire ; un ours
[ɲ] l'agneau ; la montagne

SEMI-VOYELLES / SEMI-CONSONNES

[j] bien ; rayer ; la paille ; la bille ; le rail
[w] roi ; oui
[ɥ] la nuit ; lui

* **Remarque** : Les deux phonèmes [ɛ̃] et [œ̃] tendent à être confondus dans certaines régions.

Imprimé en Italie par Rotolito
dépôt légal : 65580 - 04/06
Edition 01
12/5396/2

AVOIR

INDICATIF

Présent
j'ai
tu as
elle a
nous avons
vous avez
ils ont

Imparfait
j'avais
tu avais
elle avait
nous avions
vous aviez
ils avaient

Passé composé
il a eu
ils ont été

Plus-que-parfait
elle avait eu
elles avaient eu

Futur simple
j'aurai
tu auras
elle aura
nous aurons
vous aurez
ils auront

Passé simple
j'eus
tu eus
elle eut
nous eûmes
vous eûtes
ils eurent

Passé antérieur
il eut eu
ils eurent eu

Futur antérieur
elle aura eu
elles auront eu

SUBJONCTIF

Présent
que j'aie
que tu aies
qu'elle ait
que nous ayons
que vous ayez
qu'ils aient

CONDITIONNEL

Présent
j'aurais
tu aurais
elle aurait
nous aurions
vous auriez
ils auraient

IMPÉRATIF

Présent
aie
ayons
ayez

PARTICIPE

Présent
ayant

Passé
eu, eue